張素貞著

韓非子難篇研究

——韓非子的辯論術

臺灣學生書局印行

增訂版序

本書名爲「韓非子難篇研究」，是選取韓非子難一、難二、難三、難四等四篇援引古事以發揮法家學說的辯難文章，細加剖析探究。難篇體例特殊，短峭明快。就闡述的義理推敲，是精采的法家政論；從援引的事例衡量，是豐富的史料掌故；由論難批駁的筆法品賞，是高妙的翻案文章；以批判前人的斷語揣度，是主觀的歷史論評。這是令人不能不珍惜的學術瑰寶。

筆者繼「韓非子思想體系」、「韓非子難勢篇的幾個論點」、「韓非子喻老篇析論」、「韓非解老喻老研究」、「國家的秩序——韓非子」之後，再度以韓非子爲研究對象，實因爲一般論議，多就整體思想約略褒貶，難篇富涵的各項足資探究的素材一直未有人做全盤的整理。區區之心，細察韓非子的時代背景及國情身世，深知其人關顧現實，意在救亡圖存，其學說實具振衰起敝的效用，勇於創新，能言人之所未能言，自有其完整思想體系；爲因應急世之需，不免近求功利，忽視人文，重視法治而罔顧教化。然而兩千多年來，士人捧讀，及珍爲帳中祕，必有其所以爲韓非子者在矣！素貞不揣愚陋，試就難篇闡發的精粹法家言，呈現的辯難體裁議論文，推原究委，剖析其得失利弊，並略作展望。深喜其思慮之密，論辯之奇，義理詞章，眞可以益人意智，長人慧巧。

本書先以導論略述韓非子學說的重要性及特色，難篇的研究價値與研究方向。正文分三輯，以韓非子的政治思想法、術、勢分列；最後結論，歸納研究心得。

韓非子中，以「難」字名篇的，除了難篇——難一、難二、難三、難四之外，尚有難勢篇，是有關威勢統治的辯難文章；另有說難篇、難言篇，前者解說遊說諫諍之艱難，後者感慨畏罪難於進言的苦況。三篇體例各殊，與難篇截然相異。但難勢篇是韓非子重要論勢文章，所提「人設之勢」寓含設立永久法的深心；「中主抱法處勢」之說，頗有彌縫人治「人亡政息」缺失的構想。說難篇剖析之細，設想之周，舉例之切，堪稱古文圭臬；文中反映戰國政壇，人君之跋扈，遊士求仕之艱辛，足供研治古史的借鏡；而提示諫說終極目標，可見法家積極進取，又不失輔弼諫諍的崇高理想。難言篇略嫌駁雜，議論排比及連串舉證，則相當特殊。茲別爲「輯餘」，取並讀會觀之意。

個人才思有限，蒐羅論議，難免有不盡周妥之處，但願博雅賢達，有所教正。

七十七年二月　張素貞　于台北

韓非子難篇研究　目次

增訂版序……I

導論……一

第一輯　法論……一一

一　郤子分謗——論罪刑法定（難一(七)）……一三

二　管仲遺言——論宜推介法術之言（難一(三)）……二八

三　舜耕歷山——論德化不如法治（難一(二)）……四一

四　兵不厭詐——論言切宜賞（難一(一)）……五一

五　高赫爲賞首——論無功不宜賞（難一(四)）……六一

六　踊貴屨賤——論刑當無多（難二(一)）……六八

七　桓公雪恥——論慈惠亂本（難二(二)）……八〇

八　子思隱惡——論告姦宜賞（難三(一)）……八五

九　趙簡子去楯櫓——論用衆之道（難二(七)）……九三

第二輯　術　論……九九

一　桓公告仲父——論使人不佚（難二㈤）……一〇一
二　桓公三難——論正名與用術（難三㈢）……一〇七
三　子產斷姦——論分層負責（難三㈤）……一一五
四　賞罰信於所見——論喜怒含藏（難三㈦）……一二五
五　管仲言室滿室——論術不欲見（難三㈧）……一三二
六　文王請解炮烙——論不輕炫示（難二㈢）……一四二
七　政在選賢——論防微知下（難三㈣）……一四七
八　陽虎奔齊——論防姦知微（難四㈡）……一五九
九　一人煬君——論以術用賢（難四㈣）……一七三
十　高渠彌報惡——論不宜懸怒不誅（難四㈢）……一八三
十一　寺人披求見——論寬容與控御（難三㈡）……一九四
十二　兩用抑專任——論用人貴術（難一㈨）……二〇〇

第三輯　勢　論……二〇七

一　韓魏孰與始強——論任勢自恃（難三㈥）……二〇九

二　霸業誰之功——論君臣協力（難二㈣）……二二〇
三　孫林父不臣——論臣主各守本分（難四㈠）……二三〇
四　管仲有三歸——論尊君明法（難一㈧）……二四三
五　師曠援琴撞君——論納諫與尊君（難一㈤）……二四八
六　小臣稷遁世——論隱逸與尊君（難一㈥）……二五四
七　窕言窕貨——論開發財源（難二㈥）……二六三

結論

結論……二七五
一　辯難體裁的創始……二七五
二　訓詁校讎的參證……二七九
三　法家思想的闡發……二八三
四　寫作章法的巧妙……二八六

輯餘

輯餘……二九三
一　難勢篇——威勢統治的辯難……二九五
二　說難篇——諫說艱難的省思……三二二

三　難言篇——難於進言的感慨……三五八
參考書目……三八三

導論

韓非子是先秦法家集大成的作品，是我國古代最完備的政治學典籍。韓非子（西元前二八〇至二三三年）的那個時代❶，封建貴族分治的崩潰離析局面已漸結束，而時代潮流正往帝國大一統的方向推動❷。韓非子出身韓國的公族，韓國的處境危迫，爲救亡圖存、振衰起敝，他因應局勢，參酌各家學說，總集法家思想，擬就了十餘萬言的不朽巨作。由於韓非子帝王政治理想的提出，直接促進貴族封建制度的瓦解與中央集權制度的建立，把中國歷史推向一個嶄新的局面。從秦始皇開創帝國，一直到淸末宣統皇帝遜位，中國兩千多年的政體大致不變。秦人驟興乍滅，顯露了法家思想的局限，但漢代繼蕭、曹的黃老治術之後，王霸之政❸及儒學的法家化❹，說明了實際政治融用各家思想的跡象，而法家學說實爲支撐兩千年帝王政治的骨幹。要了解我國兩千多年的君主政治，不能不硏究韓非子。

在先秦諸子中，韓非子是頗受論議的一家。一般認爲：秦始皇喜愛韓非子的孤憤、五蠹，李斯督責術亦多參引韓非子顯學、五蠹的文句，足證秦朝君臣服膺韓非子，秦代覆亡之速，正見韓非子弊病之深。事實上，韓非子尊君貴法的帝王政治理想，到了二世皇帝與李斯手裏，有多少私心蒙蔽與執行上的扭曲，是値得深思的問題。若據此以論斷韓非子的負面意義，甚或加以全盤否定，便是徒然拘囿於成見，喪失重要的學術瑰寶。自從孟子有王霸之辯❺，班固有傷恩薄厚之評❻，學者們入主出奴，韓非子便很難受到正視。韓非子生當紛亂競爭的時代，他提出的人主統御術，包融了法（固定的法則）、術（控制的手段）、勢（政治的權力），實針對振衰起敝的現實實際效用而發❼。就當時的情境分析，唯有在紛亂中先求安定强盛，治强之餘，才有可能談王道。換言之，必須先霸而後王，霸王並非對立，而是階段，帝王的境界仍是韓非子的理想。法家的法，原是因周文之弊，禮壞樂崩，才由禮離析出來，對應時代的需要，以客觀、平等、公開的特質，取代了禮的階級性、祕密性，成爲治國的最高準繩，這是人類政治的一大進展。爲求客觀、平等，在執法上只好嚴格厲行，儒家所重視的親親尊尊，都沒法顧及，司馬談批評說是「嚴而少恩」❽，很能道出其特色。這種冷智（cool reason），超乎人情，就政治哲學來說，應該是切合事理，不得不如此；如果以儒論法，說是「傷恩薄厚」，則是把人情置於法、理之上了。中國社會重視人情，固然是美德，使社會溫馨、和諧；但是一味重視人情，罔顧公法，有時干擾法治，人情便成了法治的包袱，使得公私混淆，事理不明。其實，法家與墨家一樣是平等主義，在法律之前，人人平等，墨子取消了父子之倫以及一切人與人間的遠近親疏的關係，不能爲重視五倫的孟子所諒解，斥之爲「無父」❾；同樣的，法家泯除尊卑貴賤親疏關係，便是「傷恩薄厚」，這多少帶有學派互爲批判的門戶之見。

韓非子受到冷落的另一因素，則是對於人性的懷疑。一般認爲，韓非子承襲荀子的性惡說，於是與孟子的性善牴牾，荀、韓便被忽視、被詆斥。事實上，荀子所謂性惡，是指人們有種種慾望，他認爲禮義的教化力量，可以改變人們天生的種種慾望，足以維繫社會安定的秩序。而韓非則相信人性自利，認爲自利是天性，無所謂好壞，只要因勢利導，便可以互惠，利己利人，利己利國。人既自利，自我打算的心理既然普遍存在，影響人們對事物的看法，也影響人們的行爲，那便是治國不能不留意的問題。他不否認人有善性，只是在當代爭奪紛競的環境下，人天生自利的劣根性顯露無遺，眞正能自我約束，知足知止的少之又少，而法家政治是講求普遍的、必然的實際效果的，自然不能冀望人人都向善，不敢期望德化，而要用法治。韓非子以其活潑的思路，冷雋的運想，客觀的理智，把道德由政治領域劃分出來，建立一套頗近似近代意味純政治的政治哲學，是韓非子對中國的不朽貢獻⑩。把政治和教化分離獨立，是客觀而又切實的作法，比較西方政治學的理論，韓非子早有睿智卓見，但儒學合教化與政治爲一，韓非子把道德劃分出來，並未被重視，反而被認爲峭刻而遭貶黜⑪。韓非子曾論及職業上自利心，不能用來論斷人的品格優劣：「輿人成輿，則欲人之富貴；匠人成棺，則欲人之夭死也。非輿人仁，而匠人賊也。人不貴，則輿不售；人不死，則棺不買。情非憎人也，利在人之死也。⑫」孟子也說過類似的話：「矢人豈不仁於函人哉！矢人惟恐不傷人，函人惟恐傷人。⑬」這都是理性客觀的分析，對於棺材匠、製箭的人，能跳出世俗的觀點，就事理辯護：他們不是有心害人，不是不仁。試問如果不是具備澄明的思慮，有同情的悲憫大愛，怎能看出卑微小人物之受鄙視，不過是情非得已？肯爲「壞人」說公道話，韓非子何嘗眞是峭刻呢？

韓非子因應環境構思的政治理論，認爲仁義的效果太緩慢，仁義只適合古代，在當代以實力競爭的局勢下，獎勵耕戰以致富强，是基本國策，儒者提倡仁義，講習文學，不切合功用。這種非薄仁義，看輕學術文化的論點，暴露了現實層面的近利，而缺乏遠程的理想，是韓非子學最受訾議的地方。基本理論上，法的公開平等，厚賞重刑，信賞必罰；術的因任授官，循名責實，行參揆伍，都是極其具有實效的理論，兩千年來支撐政治格局，迄今民主體制之下，法的精神也還有相同之處，術相近於銓敍人員的客觀管理學。而君主權力運作的任勢理論，在當代是順應時代風潮，以帝王政治理想爲依歸，集中權力於君主，因而力言君主要獨擅權勢，既集權自然就尊君。倘若法的分量較大，韓非子的學說可以接近西方的君主立憲；無奈法家的立法權却不能正本清源⑭，君權有擴張的趨勢，勢的比例壓過了法，尊君發展到濫殺無辜，術推展至隱晦一途，伺察之術，獎勵告姦，雖具有整體思想體系的理論基礎，但執行上極易產生偏差，還有除陰姦的主張，都逸出法的範圍，變成韓學的重大缺陷。

韓非子的學說，歷來雖受貶抑，也頗受喜愛，三國以前，都著重其義理，希望藉以運用於政治，諸葛孔明爲蜀後主謄寫申、韓、管子、六韜，劉備臨終詔勅後主，指其「益人意智」⑮，當代學者，「師商、韓而上（尚）法術，競以儒家爲迂闊，不周世用。⑯」每當國家危疑震撼之際，總是有賴政治家實際運用韓非子學說，三國擾攘，最似戰國，所以魏、蜀都重申、韓之術⑰。六朝、隋、唐佛老盛行，兩宋理學振興，韓學缺乏玄談妙理，吸引不住後代學人嚮往之心⑱，士人留意的是韓非子的詞章之美，只有宋朝王安石、明代張居正是在政治學上參酌韓非子學說。韓非子之文，結構謹嚴，析理透徹，議論精闢，文辭富贍，筆鋒犀利，辭氣酣暢。更巧妙的是，他善用寓言託意，援引史實論證，因此成爲士子習文的範本。明代胡應麟筆叢云：「余讀韓非書，若孤憤、五蠹、八姦、十過諸篇，亡論文辭瑰瑋，其抉摘隱微，燁如懸鏡，實天下之奇作也。」門無子刻韓子迂評跋云：「余晚年最愛韓子論事入髓，爲文刺心。求之戰國之後，楚漢之先，體裁特異，余甚珍之。」兩段文字，很能道出韓非子文章的特色及不朽的價值。

韓非子的難篇，原列第三十六、七、八、九篇，是辯難體式的短篇論文集，每節按例先援引古事，再加論駁，各自獨立，是精采的政論，也是難得的史評。每篇各包含數節，因爲資料不少，分爲四篇。韓非子的學術思想，往往就在難篇論議古事的「或曰」裡呈現，也可以說，難篇是借題發揮的綜括性政論；針對古事而發的論評，也反映韓非子的歷史鑑識，是帶有主觀批判性質的史評。作者的命意，顯然是政論重於史評。而在寫作章法上，一節節集中的論點，突破、翻駁、舉證，提出獨創立說，很有它特殊的靈巧手法。

筆者揣研韓非子有年，深覺難篇包涵多重研究的資源：韓非子援述的古事，是否有所依據？原來的資料可有異同，引述的重點可曾轉化？後代的資料有否承襲其思想或文筆之處？援述資料中的古人事蹟，可有相關資料，能見出某種特質，是否與「或曰」中論難的論據一致？對於援述的資料必須有周詳的理解，才能進一步審視辯難段落中的論點是否切合，才能見出史評是否公允？是否遷就其政論，而主觀批判，甚至斷章取義，寃抑古人？「或曰」以下辯難重點何在？是否貼合韓非子的思想體系？在其他篇目中有那些相同或相近的議論，有那些相反或矛盾的主張？這些辯難提出的論點，基於何種理論基礎？可能發展爲何種觀念？會有那些利弊？這些論點由論駁古事而伸展出來，是否鋪敍自然，義理完足？抑或事理旁出，借題發揮？這些論難的義理，後代有那些書籍引述？有那些異同之處？理由何在？論難文字中，韓非子又往往援引古事以爲證據，可有特殊涵義？用典切當嗎？就每節短論解析，結構如何，論點如何提出？如何論駁？如何轉折？共有幾層論議？遣字造句可有特色？後代文人可曾受到那些影響？由多角度的思考，來研究韓非子難篇，可以發現，難篇意蘊繁富，精簡有致。筆者再度體會到韓非子的思慮精深，論議透闢，結構完密，辭采粲然可觀。義理與詞章俱優，其說切應時代需要，有裨於治道，千載而下，不作第二人想。

難篇援述古事，據以駁議，可能是韓非子深有感悟，透過精密的思考，不能已於言者，因而剖析、論議、引證、歸納，精采絕倫。這是韓非子的古事今說，足以映現韓學的精華。明代趙用賢韓非子書序云：「余以爲彼盡絀聖賢之言，而獨能以其說擊排詆訾，歷千百年而不廢，蓋必有其所以爲韓非子者在矣，惡可忽哉，惡可忽哉！」值得留意的是，顯學、五蠹之文，與儒學採對應辯爭立場，難免有過激之辭；而難篇的論難，論點集中，雖大多援儒以抗辯，持說大抵理性客觀，頗能建立議論文章持平公正的典範。也因此，就思辨工夫而言，韓非子有其不朽的造詣。當然，韓非子思想體系上的缺陷，反映在難篇辯難文字中，還是無可避免，筆者著力的重點之一，便是客觀剖析其利弊得失，比較儒法兩家思想的殊異，而提供融用的理想。先秦學術風氣興盛，言論自由，各家自有體系，韓非子學說出於關顧現實、謀求興革的熱誠，在當代「絕有氣力光焰」⑲，時移境遷，至今仍有參酌的價值。我輩今日研究韓非子學說，並不僅止於稱揚或毀斥而已，重要的是，要透過深刻的思辨檢省，了解其正面、負面的意義，進而因應時代，有所惕勵。

王靜芝先生歸類韓非子各篇，認爲難篇並論法、術與君德⑳，頗切合韓非子的旨意。王氏所謂君德，指韓非子文中所謂「明主之道」，筆者以爲亦不外勢論。難篇共二十八節，各有議論重心，自成段落。筆者歸納整理，逐節標列題目，上半摘選原文引述資料重點，以見其辯難依據；破折號下頭所列，則是韓非子辯難重點，例加一論字冠於題首，表明其特質。重新就論難旨意組合歸類，列「法論」、「術論」、「勢論」三輯，各輯以韓非子思想重要性及相關性前後編次。難篇原是綜括式議論，約略歸納，取其明晰條貫，便於理解而已。法論多千古不易的原則，最接近今日民主法治的理念，故列爲第一輯；術論是韓非子學說的精華所在，頗能映現古代社會變遷過程中的人際關係，所論帝王政治的控御手段，也有與近代複雜的人事管理相通的，筆者列爲第二輯。至於勢論，原是韓非子帝王政治理想的大前提，有了政治權力，才能行法用術。但是尊君觀念使得君權擴張，許多弊病皆由此滋生，難篇的勢論又遠不如法論、術論精到，所以列爲第三輯。末節有關窕言窕貨的論難，是耕戰富强理論的範疇，由於孤例特殊，聊且歸入勢論，情非得已。

筆者研究韓非子難篇，掌握各節特質，大抵先考證引述資料，探析原義，再剖析其論難文字，歸納評述，進而引證比較，並作其他篇章的貫串繫聯，後代論評的追踪探索。因爲材料不同，各節可發揮的幅度不盡一致。二十八節短論，除難四篇四節有兩層論難，韓非子原文體例一樣，爲兼顧章法結構的探討，儘可能全文引錄，如果較爲繁瑣而筆調重複，便摘要引述。筆者逐節介紹，力避平板單調，有時以引述相關史蹟起筆，或者考證時代背景，以爲烘托，或由其他相關線索牽引出正題。在資料蒐羅上，陳啟天韓非子校釋、陳奇猷韓非子集釋滙集諸家考校心得與論評資料，惠我良多，不敢掠美，特申崇敬之忱。

註

❶ 根據不同資料考證，韓非子生年有三種說法：㈠生於韓釐王十五年（西元前二八〇年）前後，見錢穆先秦諸子繫年。㈡生於韓釐王初年，見陳千鈞韓非新傳。㈢生於韓襄王末年（約西元前二九八年），見陳奇猷韓非生卒年考。

❷ 章太炎國學略說云：「在貴族用事之世，唯恐國君之不能專制耳。國君苟能專制，其必有愈於世卿專政之局。」

❸ 漢書元帝紀載宣帝之言：「漢家自有制度，本以霸王道雜之，奈何純任德教，用周政乎！」

❹ 見余英時歷史與思想頁三二，意指儒學受法家影響有所改變，尤其是「尊君卑臣」觀念。余氏分析：黃老與法家滙流，在君人南面之術發展了具體辦法之後，才受到帝王的青睞。見前書頁一四。黃師錦鋐秦漢思想研究頁六六：「漢代無純儒，儒者實兼言道、法、陰陽諸家之術。」最能道出諸家學術融合的現象。

❺ 孟子告子下篇：「五霸者，三王之罪人也；今之諸侯，五霸之罪人也。」公孫丑上篇：「以力假仁者霸，霸必有大國；以德行仁者王，王不待大。湯以七十里，文王以百里。以力服人者，非心服也，力不贍也；以德

服人者，中心悅而誠服也，如七十子之服孔子也。」

⑥ 漢志諸子略序：「法家者流，蓋出於理官，信賞必罰，以輔禮制。易曰：『先王以明罰飭法。』此其所長也。及刻者為之，則無教化，去仁愛，專任刑法而欲以致治，至於殘害至親，傷恩薄厚。」

⑦ 呂思勉中國通史上冊頁三〇五：「法家是最主張審察現實，以定應付的方法的。所以最主張變法而反對守舊，這確是法家的特色。」

⑧ 見史記太史公自序引司馬談論六家要指。

⑨ 孟子滕文公下篇⑨：「墨氏兼愛，是無父也。」

⑩ 見韋政通先秦七大哲學家頁一九五。蕭公權中國政治思想史云：「韓非論勢，乃畫道德於政治領域之外，而建立含有近代意味純政治之政治哲學。無論其內容是否正確，其歷史上之地位則甚重要。」

⑪ 明代凌瀛初韓非子凡例：「今鉛槧之士，艷其文詞，珍為帳中物也，靡不家習而戶尊之。第是書自唐宋以來，病其峭刻，黜而不講。故其文字多舛駁而不讎，市亦無售，幾於失傳也。」「物」，纂聞引作「祕」。

⑫ 見備內篇。

⑬ 見公孫丑上篇⑦。

⑭ 梁啓超先秦政治思想史頁一四八：「法家最大缺點，在立法權不能正本清源。」

⑮ 見三國志蜀志裴注引。

⑯ 見三國志魏志杜畿傳載杜恕奏疏。

⑰ 王夫之讀通鑑論。

⑱ 見王邦雄韓非子的哲學頁二：「韓非之哲學，少有玄談妙理，以是之故，吸引不住後代學人嚮往之心。」

⑲ 見明代張鼎文校刻韓非子序。

⑳ 見王靜芝先生撰韓非思想體系頁七〇。

第一輯 法論

一　郤子分謗──論罪刑法定

韓非子的難篇，選取歷史傳說中的故事與言論，加以辯駁，進而闡說法家治國爲政的理論。究竟其中舉證資料是否充實？駁議是否周延？提示的言論是否足資參酌？明代門無子迂評，引張賓王之言，認爲難篇「可長人慧巧，益人筆力。」事實上，難篇頗多精采的議論，視之爲史評自無不可，視之爲政論，應該更接近作者原意。「郤子分謗」一段便是精密透闢的史評兼政論。難一篇第七節引述史實如下：

靡笄之役，韓獻子將斬人，郤獻子聞之，駕往救之，比至，則已斬矣。郤子因曰：「胡不以徇？」其僕曰：「曩不將救之乎？」郤子曰：「吾敢不分謗乎！」

根據左傳的記載，魯成公二年（西元前五八九年），晉國應魯、衞的求援，任命郤克（郤獻子）爲中軍主帥，韓厥（韓獻子）爲司馬，率領八百乘，去援救魯、衞，與齊國對敵。到了衞地，「韓獻子將斬人，郤獻子馳將救之。至則既斬之矣。郤子使速以徇，告其僕曰：『吾以分謗也。』」六月壬申，大軍長驅到了齊境靡笄（俗名千佛山，今山東歷城縣南十里），齊侯出面約了戰期，而在鞌（歷城東北十里）大戰，齊軍戰敗。如此看來，「郤子分謗」典出左傳，敍述較爲詳盡，而「靡笄」只是約戰地點，斬人在衞地，大戰在鞌，所謂「靡笄之役」，不過行文方便而已。國語晉語五，倒有幾段類似的用法：

8.靡笄之役，韓獻子將斬人。郤獻子駕，將救之，至，則既斬之矣。郤獻子請以徇，其僕曰：「子不將救之乎？」獻子曰：「敢不分謗乎！」

9.靡笄之役，郤獻子傷，……

10.靡笄之役，郤獻子師勝而返，……

11.靡笄之役，郤獻子見，公曰：「子之力也夫！」……

12.靡笄之役，郤獻子伐齊。……

敍述「郤子分謗」，語調較左傳更近韓非子，如果國語確實是左丘明所作，多處「靡笄之役」的筆法，足以證明韓非子有所根據；如果國語成書稍晚，極有可能便是受到韓非子難篇的影響。

對於郤克態度反覆，而又振振有辭，韓非子別具一番見解，難篇說：

或曰：郤子之言，不可不察也，非分謗也。韓子之所斬也，若罪人，則不可救；救罪人，法之所以敗也，法敗則國亂。若非罪人，則勸之以徇，是重不幸也；重不幸，民所以起怨者也，民怨則國危。郤子之言，非危則亂，不可不察也。且韓子之所斬，若罪人，郤子奚分焉？斬若非罪人，則已斬之矣，而郤子乃至，是韓子之謗已成，而郤子且後至也。夫郤子曰：「以徇」，不足以分斬人之謗，而又生徇之謗，是郤子之言，非分謗也，益謗也。昔者紂為炮烙，崇侯、惡來又曰：「斬涉者之脛」也，奚分於紂之謗？且民之望於上也甚矣，韓子弗得，且望郤子之得之也。今郤子俱弗得，則民絕望於上矣。故曰：郤子之言，非分謗也，益謗也。且郤子之往救罪也，以韓子為非也，不道其所以為非，而勸之以徇，是使韓子不知其過也。夫下使民望絕於上，又使韓子不知其失，吾未得郤子之所以分謗者也。[1]

韓非子簡稱郤獻子（郤克）爲郤子，韓獻子（韓厥）爲韓子，爲求明切，本文引用原名。這段論駁，前半理論根據，重點放在：韓厥所斬的軍士究竟有罪無罪？韓非子的理念，與現代各國刑法採行的「罪刑法定主義」相類，是非常理智客觀的分析。

在兩千多年前，法律還未能完全公開，人民在法律之前，也還未能一律平等，法令的規定與執行，多少含有祕密性、階級性。法家的主張，既求法令成文公布，又要求客觀平等，強調「罪刑法定」，是保障人權，突破性的建樹。韓非子說：「爵祿生於功，誅罰生於罪。」國家根據一個人的功罪而論定賞罰，人民「以過受罪，以功致賞。」[2]，這是個公平合理的法治社會。憑著這個「罪刑法定」的信念，韓非子批駁郤克的行事不妥當。軍士如是有罪，根本不該隨意赦免，赦免就敗法亂制，他罪有應得，韓厥不過依法行事，郤克談不上「分謗」！軍士如果無罪，韓厥處斬了，他勸說拿去示衆，那就加重無辜的冤屈。韓厥處斬無罪的軍士，殺都殺了，怨謗已經形成，又如何「分謗」？勸說示衆，只是「益謗」而已！韓非子的議論精闢，思慮周密，「罪刑法定」理念的揭示也極爲難得。

春秋時代，客觀平等的法觀念並不普遍，貴族用法，彈性很大，一罪數罰、同罪異罰的事例多著。左傳僖公二十八年（西元前六三二年）記載：晉文公爲報復曹共公偷窺駢脅的侮辱，發兵攻曹；同時回饋曹大夫僖負羈額外的禮遇，下令保護僖負羈的宅第，不准軍士騷擾。由於過分照護僖負羈，引起麾下魏犨和顛頡的不滿，二人私下放火焚燒僖負羈的房子，魏犨胸部受傷。晉文公愛惜他的才華，派人去探問，打算傷重了就乾脆殺了正法，輕傷就屈法寬宥。結果魏犨束了胸，又是跳遠，又是跳高的，晉文公赦免了他，卻殺了顛頡示衆。韓非子外儲說右上篇，曾讚譽晉文公斬顛頡，能做到「不辟（避）親貴，法行所愛。」所引敘的資料與左傳不同。根據左傳的資料看來，魏犨可殺也可宥，頗具彈性；而且殺顛頡宥魏犨，同罪異罰，還有理論支持，那便是殺卑賤者宥尊貴者，顯然是階級性的不平等。即使是改革派的鄭國賢相子產，曾爲了救世而鑄刑書，贊成法令成文公布，他處理公孫楚（子南）及公孫黑（子皙）的三角戀愛紛爭，放逐子南，也援用「幼賤有罪」的話❸。雖然子產不過權宜處變，卻足以證明：西元前五四一年，中國相當偉大的政治家，執法還不能完全客觀公平。子產是具有事功，為韓非子所稱揚的法家性質人物之一，尙且脫不了階級性的限囿，暴露了傳統執法者可殺亦可赦的模稜曖昧態度，那麼，早四十年，郤克有心赦宥軍士，赦宥不及，又改採完全相反的措施，翻雲覆雨，便未嘗不能理解了。三百年後，韓非子不顧史實背景，以法家立法行法的完美理想，憑著罪刑法定的理念去批駁郤克的行徑，理到辭暢，貫串有力，就政論而言，鞭辟入裏，極有創見；就史評而言，混同古今，氣勢非凡，無奈以後起的觀念，勉強苛求於先人，只能算是借題發揮，不是公允的批判了。當然，從韓非子有心藉此強調執法的客觀公平，突破貴族政治的祕密性、階級性而言，「郤子分謗」的駁議，還是値得重視的。

韓子（韓獻子、韓厥）所斬的軍士，究竟有沒有罪？韓非子沒有正面加以推論。依筆者看來，可能是犯了軍法的。韓厥當司馬，已有多年，而且頗有正直之名。據國語晉語，魯文公十二年（西元前六一五年），秦晉的河曲之役，韓厥受中軍統帥趙盾的推薦，就當了司馬。趙盾的車僕亂紀，韓厥抓了正法，趙盾不以為忤，還讚譽他忠信不偏黨。正因韓厥所斬的軍士確實有罪，郤克才有可能在援救不及之後，來個一百八十度轉變，說「以徇」。最初不過是想法外示恩，此刻既已不能挽回，乾脆站在韓厥的立場，要「分謗」了。既說「分謗」，骨子裏仍是認定軍士不該殺，偏偏又狠心要示衆，郤克的心理相當微妙。推究因由，原來晉齊的鞌之戰（韓非子難篇籠統說是「靡笄之役」）還有一些曲折的遠因。魯宣公十七年（西元前五九二年），郤克出使齊國，左傳記載說：

齊頃公帷婦人使觀之，郤子登，婦人笑於房。獻子怒，出而誓曰：「所不此報，無能涉河。」

筆簡意賅，原來郤克是個瘸子，登上階級的時候，一俯一仰，滑稽可笑。公羊傳與穀梁傳都指明婦人是蕭同姪子，史記齊世家作蕭桐叔子，晉世家作蕭桐姪子，左傳成公二年作蕭同叔子，是齊頃公的母親。穀梁傳把郤克引人發笑的場面描繪得非常戲劇化：

（魯）季孫行父禿，晉郤克眇，衞孫良夫跛，曹公子手僂，同時而聘于齊。齊使禿者御禿者，使眇者御眇者，使跛者御跛者，使僂者御僂者。蕭同姪子處臺上而笑之。

史記晉世家的敍述有些相似，郤克不是跛，不是眇，而是僂了。這些記載未必完全可信，大抵可以想見郤克屈辱的情狀，殘障心理憤恨難平，便念念在報復雪恥。他一再請兵伐齊，幸而有士會等老成大臣，沒讓他逞志。士會爲了避免他在國際間滋事，還主動辭讓，希望他接位之後，能有所滿足。郤克的憤恨，魯衞都很清楚，當兩國被齊侵擾多次之後，他們向同宗又兼霸主的晉國求援，公事上是外交事宜，在私情上，他們又走郤克的門路。於是晉派出的兵車由七百乘增加爲八百乘。在靡笄約定戰期的時候，他回應齊侯的話鋒稜尖銳，實因內心急於報仇雪恨，韓非子所抨擊的「有仇讎之志，而借力於國也。❹」雖是批評縱橫家之流各具私心，但看郤克借晉伐齊，伍子胥借吳伐楚，也正是這種心態，便不能不折服韓非子對人性犀利的剖判了。郤克既存報復之念，以中軍統帥之尊，當然希望將士用命，一舉馬到成功，所以他對軍士，能寬赦就寬赦，要他們感恩；對軍官，該尊重的還是很尊重，要他們休戚相共。於是，他便投機逢迎，兩面討好，完全不顧公理國法，使得前後行事矛盾，判若兩人。

日人竹添光鴻的左傳會箋援引賴韋的批評說：

> 克以婦人之笑，濟河自矢。吾欲逞志，而牽帥諸大夫，不委曲以深結其心，則不可以得其死力。是故馳以救之者，市恩軍士也；既斬而速徇者，懷私軍佐也。甘苦休戚，以示其相共相恤之意，然後可以使之效死而為我用。

分析極為透徹，洞照纖微，郤克的私心眞是無所遁形。當然，從好的方面去設想，郤克做中軍統領，也有可能是鑑於八年前晉楚邲之戰，晉將士離心自異，軍紀蕩然，以致戰敗，有意團結軍心，鼓舞鬥志，才如此「委曲求全」。但赦宥有罪之人，畢竟是法外徇情，轉而示衆，又嫌機巧，難以服衆。再則齊侯請約戰期，郤克盛氣凌人，以致齊軍敵愾同仇，兩軍戰鬥激烈；郤克受傷，幾乎不能撐持，全靠駕車的解張，拿自己早已受傷，「矢貫余手及肘……左輪朱殷」，來激勵慰勉，才打了勝仗。解張的持重老成，才是致勝的關鍵，勝利絕不是得自於郤克的高才多智。相反的，基於私念，郤克要求齊國以母后蕭同叔子做人質，顯然強人所難，使齊侯發狠要「背城借一」，奮戰到底；還賴魯衞兩國勸說，才訂了盟約，齊國送郤克國寶，歸還魯衞的土地。如此說來，郤克的私恨，不至僨事，實在是僥倖，先有士會的禮讓，後有解張的輔弼，鞌之戰的勞績，實在算不到郤克頭上。伍子胥借吳伐楚，還頗表現了對吳王的忠誠；郤克借晉伐齊，始終只留心個人的私怨。「郤子分謗」，根本就沒有誠意，因爲郤克領軍伐齊並沒有公忠爲國的整體顧慮，「分謗」不過勉強自圓其說罷了。

韓非子雖然否定郤克拿軍士示衆有分謗的作用，但卻不曾否認「分謗」的實存性，古代也確實有分謗的作法。管仲相齊桓公（西元前六八五——六四三年在位），尊王攘夷，對整個文化傳承而言，功業彪炳；但就私德而言，既不能爲公子糾盡死節，又有「鏤簋朱紘，山節藻梲❺」的奢侈，「樹塞門」、「反坫」的越禮❻，稱不上完美。至於他「有三歸」，一般解釋，是指娶三姓女❼，三處公館，各有管事人員，也是奢侈的事。出人意表的，戰國策及說苑都說是爲了「自傷于民」：

> 忠臣令誹在己，譽在上。……齊桓公宮中七市，女閭七百，國人非之。管仲故爲三歸之家，以掩桓公非，自傷于民也。❽
>
> 管仲故築三歸之臺，以自傷於民。❾

所謂「自傷于民」，是故意破壞自己完美的形象，爲桓公掩蓋缺失，便有「分謗」的意味。劉向編戰國策，說苑可能取材於戰國策，以三歸爲臺，解法特殊。較保守的看法，這兩處記載「未免設意牽強而美化管子」⑩。管仲是不太受道德羈束的人，他認爲國君愛打獵、好喝酒、好女色「惡則惡矣，然非其急也。人君唯優與不敏爲不可，優則亡衆，不敏不及事。⑪」他相信政治要求，只須避免優柔寡斷與不奮進，至於犬馬聲色，不算大惡；列子楊朱篇說：「管仲之相齊也，君淫亦淫，君奢亦奢。」大體是相當寫實的。他與國君同流，照樣不受道德羈束，他的僭禮與奢靡，除了見之於論語、禮記之外，晏子春秋雜下及韓非子外儲說左下都提及「管仲有三歸」。姑不論管仲的動機是否在於爲桓公分謗，至少他與君同受論議，奢靡享樂，有志一同，是可以論定的。

西元前五九七年的晉楚邲之戰，先縠擅自行動，以偏師陷陣，身爲司馬的韓厥向主帥荀林父建議，既已有「師不用命」之罪，不如進兵攻楚，到時候統領三軍的六卿同受處罰，總比一個人承擔罪過來得好，一念之間，造成晉師重大的損傷。這種「分過」，幾乎是僥倖求免，卸輕重責的鄙劣作法。然而在某些士人身上，「分謗」卻呈現了德行的光輝，那是一種道義上的支持，一種共患難的悲情。邲之戰，楚軍氣勢宏壯，晉軍潰敗，上軍統領士會爲了避免全軍覆沒，下令收兵撤退，存心要「分謗生民」。同樣是奔逃潰敗，那是「分謗」；減少傷亡，那便是「生民」。他親自殿後，終於保全了上軍的實力。士會的「分謗生民」表露了高風亮節的高貴心靈，境界之高，豈是郤克分謗的虛飾所能比擬的？

「分謗」一詞，後人也有襲用的。東漢官渡之戰後，袁紹勢力削弱，建安八年（西元二〇二年），袁紹死了，他的兩個兒子袁譚、袁尚不僅不能共同協力對抗曹操，還互相攻伐，劉表由荆州寫信規勸袁譚，曾說：「豈宜同生分謗，爭校得失乎？⑫」意指兄弟鬩牆，計較得失，兩人都要被譏嘲，實在不值得。而宋高宗（西元一一二七——一一六一年在位）時胡銓上封事，指斥秦檜「建白令臺諫從臣僉議可否，是明畏天下之議已而令臺諫從臣共分謗耳！」責備奸臣推諉責任，有意讓其他朝臣分擔他的罪過。大抵「分謗」有自己主動分擔謗議與推諉責任讓他人分擔謗議兩種景況，前者可貴，後者可鄙。管仲、士會、郤克的分謗都屬於前一種，但管仲自然而然，士會義高氣豪，郤克只是徇私虛飾，因而狀似高貴，實則可鄙。

韓非子有關「郤子分謗」的論難，前半由罪刑法定理念推述，後半則由道德修爲着眼。「郤子分謗」之不能成立，就道德修爲說，一則君德不厚，「使民絕望於上」，一則友道不足，使「韓子不知其失」。罪刑法定的理念是韓非子法家學說的精采部分，已詳於前；道德修爲的強調，以整個韓非子思想體系來衡量，卻很特殊，值得推敲。

韓非子重要篇目顯學篇末段，曾拈出「民智如嬰兒」之說，強調計其長利，有獨斷之必要，以建立軍國主義重農、重刑、重稅、強兵政策的理論。在「民智如嬰兒」之前，韓非子說：「今不知治者，必曰：『得民之心⑬』得民之心而可以爲治，則是伊尹、管仲無所用也，將聽民而已矣。」乍看起來，好像韓非子認定「得民之心」沒有必要，就難一篇「郤子分謗」的論駁看來，顯然不主張「使民絕望於上」，那麼，「得民之心」又未必是被否定了的。

在顯學篇中，爲了說明政治家往往是高瞻遠矚，不主張「聽民」（聽由民意），也不肯「適民」（投合民意）。爲了方便立說，便直斥儒者的「得民之心」是「聽民」、「適民」。

這個論點與儒家學說並不相應⓮。撇開這些糾葛，是否法家施政，果眞不求「得民之心」？難一篇「郤子分謗」一節既把「使民絕望於上」當做一大缺憾，那麼綜合歸納，似乎可以爲韓非子理出一個頭緒。兩篇都是韓非子的可信篇目，即使容肇祖撰韓非子的著作考，以最大的懷疑限度，也承認顯學可信，而難一「辯論文體，從文調上可證爲前後是一致的。」合理的推論是：基本上，法家爲政當然是希望百姓滿意，態度上是爲民計利。但執政者的眼光往往較爲長遠，百姓因爲無知無識，常是只見眼前小利，不肯吃苦，爲政者爲了國家大利，只要有把握，不妨專斷一些，等實際績效顯現出來，自然能取得百姓的諒解，所以韓非子說「法之爲道，前苦而長利。⓯」他列舉大禹治水、子產爲政，都是這種命意，商鞅所謂「民不可與慮始，而可與樂成」⓰，也蘊含最終能「得民心」的意義。且看西元前五四八年，齊國大夫崔杼弒齊莊公，晏子哭弔，左右請殺晏子，崔杼說：「民之望也，舍之得民。⓱」足見即使是亂臣賊子也念念在得民之心，何況法家爲政原未必是「暴政」，只是手段強猛一些，專斷一些而已！再說，若以史評看待這段議論，郤克領軍，一心在團結軍士，「民心」自是他所重視的，「郤子分謗」既不能替代韓厥，彌補「絕望於上」的悵恨，他的做法便算失敗，這個論證是切題的。

蕭公權中國政治思想史曾說：「韓非論勢，乃畫道德於政治領域之外，而建立含有近代意味純政治之政治哲學。無論其內容是否正確，其歷史上之地位則甚重要。」把道德因素由政治範疇中離析出來，在實際政治運作與效果上確有其必要，這是韓非子對中國政治學不朽的貢獻，與義大利十五、六世紀馬基維利（Niccolo Machiavelli）的君王論極爲相似，而馬基維利被尊爲西方政治學之父，韓非子卻因國人慣於以儒論法，入主出奴，把教化與政治混同談論，而頗受貶抑⑱。事實上，韓非子主張「不務德而務法」，是由效果上論說，認爲德化只有局部性、偶然性的效果，不如法治有普遍性、必然性的效果，並不曾否定道德⑲。六反篇所謂「君不仁，臣不忠，則可以霸王矣。」也是超乎道德價值判斷，期望各盡本分，各得其利，由自利而互惠，超乎人情，一切以公法爲準。韓非子推尊國法，和道家一樣，有意擺脫「仁」的價值觀念，對於「仁」所設定的涵義也接近道家，而迥異於儒家⑳。韓非子的立論，可以說是「非道德」（non-moral）的，而不是「不道德」（im-moral）的。換言之，這種立論是超乎道德觀念，認爲政治與道德（倫理）無關，並不是刻意要違反道德。「郤子分謗」評斥郤克對韓厥未能善盡朋友之道，就春秋時代士人德操要求來說，品評並不過分；以韓非子整個思想體系而言，平時論政不過劃道德於政治領域之外，此處兼論道德，在政治與道德未必衝突的情況下，要求兩者兼融，仍是可以理解的。韓非子的論說，除了以「霸王」爲目標，也流露着對「帝王」之政的歆羨：

> 聖人之治也，審於法禁，法禁明著則官治；必於賞罰，賞罰不阿則民用。民用官治則國富，國富則兵強，而霸王之業成矣。㉑

> 故明主之治國也，適其時事以致財物，論其稅賦以均貧富，厚其爵祿以盡賢能，重

其刑罰以禁姦邪。使民以力得富，以事致貴，以過受罪，以功致賞，而不念慈惠之賜，此帝王之政也。㉒

故明主之國，無書簡之文，以法為教；無先王之語，以吏為師；無私劍之捍，以斬首為勇。……既畜王資，而承敵國之釁，超五帝，侔三王者，必此法也。㉓

這種對儒家所倡議的帝王之政的嚮往，是否正意味着：他政治手段所希冀達致的境界，並不排除道德與政治融合的構想？一般拿「傷恩薄厚」㉔、「慘礉少恩㉕」簡括地界定韓非子的思想，忽略他「現實關心」的特質㉖；也未曾深思他倡議「霸王」有其時代背景與時勢需要；更不曾顧慮到，他劃道德於政治領域之外，有其實際運作的切實意義，而這個政治運作的過程，可以因應制宜，最終也有可能達致帝王的境界。難篇綜貫性的議論，除了罪刑法定的可貴論點，由道德修為的重視，正好足以提示另一個觀察韓非子思想的角度。

註

❶ 引文採陳啓天校釋本，刪「勸之以徇」重字，而重「郤子之言，非分謗也，益謗也。」

❷ 上引文見外儲說右下篇，下引文見六反篇。

❸ 詳見左傳昭公元年記載，時當西元前五四一年。子產鑄刑書在五年之後，見左傳昭公六年。

❹ 見五蠹篇。「志」原作「忠」，陳啓天校釋認為「忠」即「中」，心也。王煥鑣韓非子選疑為「志」，於義

較勝。
❺見禮記禮器篇及雜記篇。
❻見論語八佾篇，亦見於禮記禮器篇。
❼見包咸注。俞樾羣經平議云：「家有三處。」郭嵩燾解爲市租；日人太田方韓非子翼毳解爲三百乘。
❽見戰國策東周策。
❾見說苑善說篇。
❿見王瑞英管子新論，頁五七。
⓫見管子小匡篇。
⓬見後漢書袁譚傳。
⓭原作「欲得民之心」，從日人藤澤南岳評釋韓非子全書之說刪「欲」字。
⓮參閱拙作韓非論民智如嬰兒，中華文化復興月刊第十一卷第三期，收入增訂本韓非子思想體系。
⓯見六反篇。
⓰見史記商君列傳。
⓱見左傳襄公二十五年，亦見史記齊世家、晏子春秋雜上。
⓲參閱韋政通先秦七大哲學家，王讚源韓非與馬基維利比較研究。
⓳見顯學篇。
⓴參閱拙作韓非解老喻老研究第二章論德。
㉑見六反篇。
㉒同右。
㉓見五蠹篇。
㉔見班固漢書藝文志諸子略序。

㉕ 見史記老莊申韓列傳。

㉖ 見牟宗三講詞：中國文化大動脈中的現實關心問題，提及：儒家談的是基本方向的理想面——終極關心問題；法家談的是政治現實層面——現實關心問題。聯合報七十二年九月十二——十四日副刊。收入中國文化的省察。

二 管仲遺言——論宜推介法術之言

齊桓公四十一年（西元前六四五年），他的賢相管仲病了。臨危的時候，桓公親自去探問，眼見「仲父」已經病得很嚴重，桓公顧不得忌諱，率直地要求他留給自己一些誠言。當時齊桓公的心目中，念念不忘豎刁、易牙、衞公子開方。管仲痛陳利害，希望桓公能遠離這三個人。他的看法是：這三個人事奉齊桓公，都是用盡手段，違悖人情，足見狼子狠心，對國君不可能忠誠，必然另有陰謀。難一篇第三節引述管仲之言，說：

> 易牙為君主味，君惟人肉未嘗，易牙烝（蒸）其首子❶而進之；夫人情莫不愛其子，今弗愛其子，安能愛君？君妒而好內，豎刁自宮以治內；人情莫不愛其身，身且不愛，安能愛君？開方事君十五年，齊、衞之間不容數日行，棄其母，久宦不歸。其母不愛，安能愛君？臣聞之：矜偽❷不長，蓋虛不久。願君去此三子者也。

以上這段資料應當是相當可靠的，它不僅見於韓非子難一篇及十過篇，也見於管子小稱篇、呂氏春秋知接篇、史記齊世家與說苑的權謀篇。管仲以易牙、豎刁、衞公子開方三人的行事來推斷他們對桓公忠誠的可靠程度，可說是條理分明、剴切有力；歷史也證明，他觀察深刻，具有先知睿見。我們宗仰儒家學說博大親和，最主要的是因爲儒家講的一套由內而外、推己及人的愛的哲學，最切合人情之常。孟子說：「老吾老以及人之老，幼吾幼以及人之幼」❸，天下絕沒有不孝順的兒子、不慈愛的父親，可以開辦慈善事業，付出愛心去照顧安老院的老人和育幼院的孤兒的。易牙、豎刁、衞公子開方並不曾處於特殊狀況，諸如：戰爭、饑饉抑或緊急突發現象，他們愛子、愛身、愛母與愛君，原本可以得兼並行；却爲了巴結國君，求取利祿，而有超乎人情的舉動，連最基本的人倫都不能顧及。其心狠戾，可以想見。管仲的論斷，具有充足的理由，自可以成立，也可以博得後人的讚譽。

如上所述，管仲臨終的獻言有相當的論據，但是，韓非子的論難，毫不容情地批駁管仲請求貶斥易牙三人的理由不合道理，因爲管仲自己的政治經歷便是一大漏洞。「以不愛其身，度其不愛其君，是將以管仲之不能死公子糾，度其不死桓公也，是管仲亦在所去之域矣。」韓非子立言的主旨，本是想推翻人爲主觀的論斷，而代之以法術兼顧的「萬全」理論。他認爲人臣德操的講求，並不足以根本杜絕姦佞。「使去豎刁，一豎刁又至，非絕姦之道也。」法家講的是變道、權宜應世之道；不同於儒家的常道、守經法古之道。韓非說過：「夫聖人之治國，不恃人之爲吾善也，而用其不得爲非也。爲治者用衆而舍寡，故不務德而務法。❹」人性的善端並非完全不足取，他也不曾否定人類具有善性，只是深覺在繁雜的社會裡，要仰賴禮義教化，使人們都能自修自律，是可遇不可期之事，其效果不僅是局部狹小範圍而已，又僅僅是偶然可致，機會渺茫，這與法家冀望的「聖法無不治❺」的績效未免相去懸遠。韓非主張用法治，不期盼德治，便是想達到「普遍」而又「必然」的政治績效。他深信應該採取一套使臣民無法為非作歹的好治術，如果有這套完美的萬全治術，田常、子罕一類篡臣固不足畏，豎刁、易牙更不敢為禍。就韓非的語意探索，他並不認為管仲不死公子糾是個什麼大不了的「缺點」，這是他重實際政治、小看個人德操的緣故。不過，管仲的功罪並沒有因此被人們忘懷，兩千多年來，讀書人仍然議論紛紜，它依舊是個值得探討的問題。

孔子解答過子路與子貢的疑問，讚許管仲的「大仁」。論語記載：

> 子路曰：「桓公殺公子糾，召忽死之，管仲不死。曰未仁乎？」子曰：「桓公九合諸侯，不以兵車，管仲之力也。如其仁！如其仁！」❻
>
> 子貢曰：「管仲非仁者與？桓公殺公子糾，不能死，又相之。」子曰：「管仲相桓公，霸諸侯，一匡天下，民到于今受其賜；微管仲，吾其被髮左衽矣！豈若匹夫匹婦之為諒也，自經於溝瀆，而莫之知也！」❼

孔子本身是個完美的聖哲，他要求弟子們修身，也著重躬行實踐，久而久之，弟子們對於士人的德操也就要求崇高而又完美。他們由史書裡發現了德操與功業衝突的顯例，那就是管仲的「背君事讎」與「尊王攘夷」。當齊襄公在位無道的時候，他的兩個弟弟為了避免災禍殃及，前後流亡國外。鮑叔牙輔佐公子小白逃亡莒國，管仲與召忽輔佐公子糾投奔魯國。後來公孫無知弒了襄公，大夫雍廩又殺無知。小白趕回齊國，魯國也派兵送公子糾回國，管仲奉命率軍隊埋伏，射中小白的帶鉤，小白佯裝死亡，先抵達都城，做了國君，就是齊桓公。他逼迫魯國殺公子糾，召忽自殺殉節，管仲却要求拘囚自己，希望將來還能有所作爲。果然經由好友鮑叔牙的推薦，做了齊桓公得力的助手；桓公成爲春秋第一個霸主，管仲也成爲中國歷史上的名政治家。孔子之所以讚美管仲，因爲他不僅是替齊國奠定霸業的基礎，而且爲中國開創了一個嶄新的局面。一個普通的讀書人，能掌握機緣，施展抱負，扭轉乾坤，維護華夏文明，有如此偉大的貢獻，其他小節何必去斤斤計較呢！

齊桓公糾合諸侯，一匡天下，是了不起的霸業；他存亡繼絕，尊王攘夷，很有爲中國大局設想的心意。更難得的是他並非完全依憑武力，因此後人對齊桓公推崇備至。但是，齊桓公的霸業，無論如何不能剔除管仲的功勞。管仲曾運用自己的影響力，不露形跡地轉化桓公的私心，使他能尊禮重信，宗奉周王，親善諸侯，因而能有別於戰國七雄，爲顧炎武所讚譽。如果沒有管仲的輔翼，齊桓公嗜欲頗深，也許只不過是個耽於犬馬聲色之娛的庸主。管仲死後，他不聽賢相的遺囑，重用豎刁等人，便是被臣子識破弱點，終於聽任擺佈，釀成悲劇，足見桓公的自持力與鑑別力都是相當有限的。

齊桓公五年，柯之會，曹沫刼持齊桓公，要求歸還所侵略的魯國土地。管仲勸桓公遵守諾言，因而贏得諸侯的信賴，才得以稱霸諸侯。廿三年，齊伐山戎救燕；廿六年，逐狄救邢；

廿八年，平狄，城楚丘，立衞公。都是深獲諸侯感戴的「攘夷」義擧。桓公卅年，因爲蔡姬盪舟，戲弄得他暈頭轉向，一怒之下遣回蔡姬，蔡人把蔡姬改嫁了，桓公便擧兵伐蔡，又由於蔡國親楚，就乘勢攻伐楚國。這原本出師無名，管仲却藉此責問楚人何以不貢苞茅？昭王南征罹難，何以不曾善加護衞？這便使得宮闈間的意氣爭執成了「尊王」的懿行。桓公卅五年，襄王賜文武胙、彤弓矢、大路，交代桓公不必拜受。管仲勸齊桓公還是要謹守君臣之禮，做諸侯的榜樣。這年秋天，齊桓公自認爲有功，漸露驕慢之色，他想禹、湯、文、武受命，也不過如此，一心要「封泰山、禪粱父」❽，簡直自居爲天子了。管仲諫說無效，便告訴桓公：必須要有遠方珍怪物品出現，才可以行封禪之禮。總算勉強遏制桓公僭越的私心。由上述事蹟看來，管仲固然未得桓公破格任用，便不能一展長才，桓公確實愛才識才，知人善任，具備霸主的相當條件；但我們不能不留意，桓公最爲人稱美的霸主道義，是管仲政治理想的付諸實現。管仲的偉大在此，他眞正是影響中國歷史的關鍵性人物。

至於子路、子貢疑慮的問題，管仲爲什麼不爲公子糾殉節？管子記載召忽談及公子糾如果事敗，自己決定自殺殉主，管仲向他表明心跡：

> 夷吾之為君臣也，將承君命，奉社稷以持宗廟，豈死一糾哉！夷吾之所死者，社稷破，宗廟滅，祭祀絕，則夷吾死之。非此三者，則夷吾生。夷吾生則齊國利，夷吾死則齊國不利。❾

這段話顯示：管仲以天下國家爲己任，具有一種「社稷爲重，君爲輕⑩」的價值觀念。他認爲自己有足夠的才力可以爲齊國謀利，只要國家存在，他便不看輕自己，孔子也替他解釋：「豈若匹夫匹婦之爲諒也，自經於溝瀆，而莫之知也。⑪」管子的文字，雖有可能是後代法家者流揣摩管子心意加以美化而構成理論，却也可以看出法家人物對於出仕的積極態度。清代大儒黃宗羲（梨洲）在明夷待訪錄中也有近似的看法，他說：「我之出而仕也，爲天下，非爲君也。爲萬民，非爲一姓也。⑫」他的幅度比管子大匡篇所敍的還要廣泛。他的政治理想是：國君要爲天下萬民謀福利⑬，臣子也要爲天下萬民謀福利。眞正是孟子「民爲貴，君爲輕⑭」的觀念，因而超出家族的拘囿與君主本身的限制，成爲專制政體下尊君卑臣思想的一種嶄新突破。讀書人有志用世，把握各種機會，以圖一展宏猷，原不足爲非。伊尹有所謂：「何事非君？何使非民？治亦進，亂亦進。⑮」便是這種積極進取的心理反映。韓非子也表現過這一類的觀點：

> 伊尹為宰，百里奚為虜，皆所以干其上也。此二人者皆聖人也，然猶不能無役身以進，如此其汙也。今以吾為宰虜，而可以聽用而振世，此非能士之所恥也。⑯

在法家的變道哲學裡，勇於創新，勇於面對現實、迎接困難，而爲國興利之心絕不爲傳統的道德觀念所羈束。由這個角度來論管仲不死公子糾而改事齊桓公，應該可以有相當的理解。不過，話必須說得清楚：管仲能建立不朽的功業，維護先王禮樂與衣冠文物，那不僅「夷吾生則齊國利」，而且是天下萬世蒙其利，他不殉節，便有足以曲諒的理由；如果沒有建樹，僅是尸位素餐，苟且偷生，他背君事讎，貪慕榮利，便失去強勁有力的辯辭了。

齊桓公在我國歷史上可以說是赫赫有功，名垂不朽；但他的下場，却是個罕見的大悲劇。由於素好女色，三個夫人之外，另有六個如夫人（與夫人地位相近的妾），同父異母的五個兒子都想繼承君位，平時勾心鬥角，私下培養勢力不用說，桓公一死，五公子就忙著爭奪君位，沒有人想到要爲老父斂葬。桓公停屍床上六十七天，屍體長了蛆蟲，甚至爬到門檻外頭。這時離開管仲之死，不過兩年。肇亂的因由，在於桓公不僅不曾聽納管仲的遺諫，遠離豎刁、易牙、衞公子開方，反而任由他們勾結黨羽。桓公死，易牙就進了宮，「與寺人貂（豎刁）因內寵以殺羣吏。⑰」一場擾亂延續了兩個多月，齊國從此一蹶不振。

爲何齊桓公與管仲不能預先杜防禍亂？君臣二人曾經立公子昭（後來的孝公）爲世子，囑託宋襄公照拂，却沒有更進一步的安排。北宋蘇洵寫過「管仲論」，有這麼一段文字：

> 嗚呼！仲以為威公⑱果能不用三子矣乎？仲與威公處幾年矣，亦知威公之為人矣！威公聲不絕乎耳，色不絕乎目，而非三子者，則無以遂其欲。彼其初之所以不用者，

徒以有仲焉耳。一日無仲，則三子者可以彈冠相慶矣！仲以為將死之言，可以縶威公之手足耶？夫齊國不患有三子而患無仲，有仲則三子者匹夫耳，不然，天下豈少三子之徒哉！雖威公幸而聽仲誅此三人，而其餘者仲能悉數而去之耶！嗚呼！仲可謂不知本者矣！因威公之問，舉天下之賢者以自代，則仲雖死而齊國未為無仲也。夫何患三子者？不言可也。

他的看法與韓非相同，認爲桓公嗜欲很深，即令誅貶易牙等三人，也難保不再受小人包圍；因而他確信管仲還不如積極地趁機推薦賢者來接替自己輔弼國君，自然可以杜絕小人倖進，桓公也不致「蟲流出戶不葬」了。蘇洵並且進一層分析：比起晉文公的霸業來說，齊桓公與管仲的才器遠超過晉文公與舅犯等晉臣，國家的聲威也較盛，齊桓公更是維持近四十年的霸主身分，晉文公却不到十年。但晉文公死後一百多年，晉國仍能勉強撐持霸主的局面，齊國從桓公過世之後，就根基動搖，一蹶不振。究其原因，不外：晉國的新君還有許多老成持重的大臣相輔，齊國的管仲却是後繼無人。蘇洵的意見是可取的。卿相是諸侯政治的核心人物，上輔君主，下治百吏。有管仲在，齊桓公的嗜欲有相當的節制，豎刁等人也不能成其爲禍害；沒有管仲，桓公縱欲無拘，豎刁等人巧佞巴結，藉機排擠賢臣，自攬政權。如果管仲能推薦理想人選做自己的接棒人，齊國的霸業或者可以延續。

但是，若說管仲不薦賢自代，是釀成禍因，誤盡齊國，似乎也責之過嚴。管子戒篇、韓非子十過篇、莊子徐旡鬼篇、列子力命篇、呂氏春秋貴公篇，都提及管仲否決鮑叔牙接替自己的職位，而力薦隰朋。依據他的分析看來，大抵以君國利益著想，不全是基於私人情感。管鮑至交是人所熟知的，史記管子傳用絕大的篇幅描摹兩人的交情，管仲得於鮑叔牙的貞多。此刻桓公欲用鮑叔牙，管仲另薦隰朋，絕不是心胸狹窄，忘恩負義，而是大公無私，客觀論人，因才器使。問題是：管仲推薦隰朋，隰朋却只比他多活了十個月，看情形是年邁羸弱，於齊國政局沒有多大的裨益。由此也可以推證：管仲輔佐齊桓公四十年，居然沒有培養理想的接棒人，以致人亡政息，齊國霸業無法垂久，無論如何，這是管仲政治生涯的最大缺陷。

在先秦諸子中，儒法兩家的最大殊異，在於儒家主張人治，法家主張法治。儘管漢書藝文志把管子列入道家，隋書經籍志則列入法家，後人都推管子爲法家之首，管仲的許多政績也確實是後代法家稱揚的楷模，我們還是得說：管仲臨終進諫遠黜豎刁等人以及舉薦隰朋的論點，是比較接近孔孟儒家色彩的。也正因爲如此，戰國晚期的韓非子要特意就此加以駁論，重心就放在法治思想的強調。韓非子一直在探索一種永久通用的原則，可以避免「人存政舉，人亡政息⑲」那種人治主義，以「人」爲政治樞紐的弊病。韓非子論辯說：

或曰：……明主之道不然，設民所欲以求其功，故爲爵祿以勸之；設民所惡以禁其姦，故爲刑罰以威之。慶賞信而刑罰必，故君擧功於臣，而姦不用於上，雖有豎刁，其奈君何？且臣盡死力以與君市，君垂爵祿以與臣市，君臣之際，非父子之親也，計數之所出也。君有道，則臣盡力而姦不生；無道，則臣上塞主明而下成私。管仲非明此度數於桓公也，使去豎刁，一豎刁又至，非絕姦之道也。且桓公所以身死蟲流出戶不葬者，是臣重⑳也；臣重之實，擅主也。有擅主之臣；則君令不下究，臣情不上通，一人之力能隔君臣之間，使善敗不聞，禍福不通，故有不葬之患也。明主之道，一人不兼官，一官不兼事。卑賤不待尊貴而進，大臣不因左右而見。百官修通，羣臣輻湊，有賞者君見其功，有罰者君知其罪。見知不悖於前，賞罰不弊於後，安有不葬之患？管仲非明此言於桓公也，使去三子，故曰管仲無度矣。

韓非子認爲管仲所說的，「非絕姦之道也」，桓公如果不能克服內心的嗜欲，便禁不住豎刁、易牙一類邪臣的蠱惑，事實正是如此。他借題發揮，提出法術兼顧的政治主張。他相信國家要有固定的用人原則（法），國君要有高明的控制手段（術），管仲應該提示這些道理，它是治國的根本辦法。難一篇第三節，由管仲的遺言說起，觝排管仲的見解，提揭個人行法用術的理論。管仲雖是韓非認可的理想政治家之一，由於主觀意念的融會，韓非堅信歷史進化觀，對於管仲的言行不免有褒有貶，這不僅不成其爲不敬，相反地，應當是可喜的現象。這證明偉大的思想家自有其獨立而完密的思緒，因而對於前人的思想不完全接納，而會有所批判；於此也顯見，管子與韓非各有其活潑的思想與獨特的見解。當然，前修未密，後出轉精，韓非後於管子四百年，他的主張自然有其周詳可取之處。

綜觀韓非的論難，他以爲桓公死得悲慘，癥結在於人臣任用方面有弊端。他指出兩個可行的重點：杜絕倖進，專任分職。用人必須避免有些臣子投機倖進，蒙混求利；必須避免臣子權勢太大，壟斷政局。就前者而言，國家必須有一套公平客觀的銓敘辦法，國君運用循名責實的參驗方術去考核獎懲、銓敘官吏。根據多方面考察與諮詢的資料，評斷功罪，決定賞罰與遷貶。由於方法周密、客觀、切實，臣子沒有門徑取巧，便會安分守法，豎刁一流的姦臣便不敢蠢動，這是杜絕倖進蒙混的基本辦法。所以難一篇說：「君舉功於臣而姦不用於上，雖有豎刁，其奈君何！」這正是顯學篇所謂「用其不得爲非」的道理。他的理想是：國君明定賞罰，貫徹實行，公平而有法度，臣子自然竭盡心力，最後境界是臣子祿利得遂，國君功德兼備。

就專任分職而言，韓非提倡君主集權的帝王政治理想，國家的政治大權當然要由國君掌握，絕不能落入權貴重臣之手。否則大臣專擅權柄，一手遮天，國君便成了傀儡，羣臣的各種情態不能了解，政情好壞，禍福吉凶，也由不得自主。他說：「桓公所以身死蟲流出戶不葬者，是臣重也。臣重之實，擅主也。」韓非在孤憤篇裡，曾爲「重人」專權、虧法、耗國的自私自利大發憤慨，可以與難一篇並讀會觀。要避免重臣專擅的困擾，維護君主的威勢，韓非認爲應該：「一人不兼官，一官不兼事；卑賤不待尊貴而進，大臣不因左右而見。」強調劃分職權，分工專任，每個臣子各有職司，不兼任，不兼事，便可以杜防專攬重權的弊端，也不致有互相推諉塞責的毛病。他倡言的循名責實之術，雖不允許臣子言論托空，侈言求榮，却主張廣開言路，只要有切實可行的建言，不受權貴重人的壟斷與左右嬖幸的蒙蔽。賞罰必定要有具體可見的功罪，絕不偏聽權貴大臣的一面之詞。這是韓非威勢統治融合人君控御方術的理論，其實也是一套很客觀的用人方法，因此歷代學者抨擊韓非學說的不乏其人，而對於他的實證精神却多讚譽之辭。卽使在今日民主社會裡，各種企業管理的人事任用，也都還有參酌借資的價值。

韓非子冀望依據客觀的準則，擬定周密可行的法制，以求垂諸久遠，這種構意，比起儒家人本主義的賢者政治來說，並不遜色，而且相當進步，其精神近似後人的法治。齊桓公與管仲的是非榮辱已是歷史的陳跡，後人却能藉由韓非子對他們的議論，披揀許多寶貴的箴言，這是韓非子永恒的價值之一。

註

❶ 首子，乾道本作「子首」，此從迂評本、趙本、凌本。韓非子二柄、十過篇亦當作「首子」，卽長子也。淮南主術訓、精神訓亦言易牙烹(或蒸)其首子。按南蠻之俗，有啖食長子，美則以遺其君者，事見墨子魯問篇、列子湯問篇、後漢書南蠻傳，詳楊樹達易牙非齊人考、許蓋臣管子集斠。

❷「矜」字，管子小稱、說苑說叢作「務」，文義較明，俞樾平議、松皐圓纂聞據改。唯作「矜」亦自可通，龍宇純補正、陳奇猷集釋皆主各從本書。

❸ 見梁惠王上篇。

❹ 見顯學篇。

❺ 見尹文子。
❻❼ 見憲問篇。
❽ 見史記齊世家。
❾ 見大匡篇。
❿ 孟子盡心下篇：「民爲貴，社稷次之，君爲輕。」
⓫ 論語憲問篇。
⓬ 明夷待訪錄原臣篇。
⓭ 明夷待訪錄原君篇。
⓮ 同❿。
⓯ 見孟子公孫丑上篇。
⓰ 說難篇。「吾」下原有「言」字，於義不適，玆從高亨補箋刪。
⓱ 見左傳僖公十八年。
⓲ 「威公」卽「桓公」也，宋人避欽宗之諱，以「威」代「桓」，下文同。
⓳ 見禮記中庸。
⓴ 「重」或「勢重」在韓非子中，意卽威勢，孤憤篇稱有權勢而不守法之當道顯貴爲「重人」，內儲說下與喻老篇，用「勢重」指權勢、威勢。

三　舜耕歷山——論德化不如法治

舜（約西元前二二五五至二二〇八年在位）在我國歷史上，是頗具傳奇性質的美德化身，幾乎忠、孝、仁、義，無不完美，韓非子難一篇第二節引述舜的事蹟：

> 歷山之農者侵畔，舜往耕焉，朞年甽畝正❶。河濱之漁者爭坻❷，舜往漁焉，朞年而讓長。東夷之陶者器苦窳，舜往陶焉，朞年而器牢。仲尼歎曰：「耕、漁與陶，非舜官也，而舜往為之者，所以救敗也，舜其信仁乎！乃躬藉處苦而民從之。故曰：聖人之德化乎！」

舜耕、漁、陶而使人受化向善的事蹟，錯見於多種記載，而地點，詳略各有不同。淮南子說：

> 昔舜耕於歷山，而田者爭處墝埆，以封壤肥饒相讓；釣於河濱，而漁者爭處湍瀨，以曲隈深潭相予。當此之時，口不設言，手不指麾，執玄德於心，而化馳若神。使舜無其志，雖口辯而戶說之，不能化一人。❸

此指舜誠摯無爲而德化。「口辯而戶說之，不能化一人」，文句與韓非子「釋勢委法，堯、舜戶說而人辯之，不能治三家❹。」頗近似，辯者主語不同而已。所述耕、陶地點與韓非子難一篇相同，其自然德化之效驗，比難一篇更見夸飾。墨子尚賢中篇云：「舜耕歷山，陶河瀕，漁雷澤。」呂氏春秋愼人篇云：「舜耕於歷山，陶於河濱，釣於雷澤。」所記地點相同，却有異於韓非子。史記同墨子、呂氏春秋，而較爲詳細：

> 舜耕於歷山，歷山之人皆讓畔；漁雷澤，雷澤上人皆讓居；陶河濱，河濱器不苦窳。❺

新序雜事一所載，同於史記。在著墨上與淮南子一樣，是舜參與勞動行列，乃自然無爲而德化。而韓非子援舉的事蹟，則是先有爭執，然後舜往，而愚頑卑劣者受化，顯係有所爲而爲。韓非子引述孔子的批評，也強調舜並不負某種任務，却親自和農人、漁人、陶工一起工作，是有目的的，是爲了挽救頹敗的風氣！舜是眞正的仁者，他表現了聖人仁德感化的偉大力量。說苑反質篇大抵承襲了難一篇的筆意：

> 歷山之農者善侵畔，而舜耕焉；雷澤之漁者善爭陂❻，而舜漁焉；東夷之陶器窳，

而舜陶焉。故耕、漁、陶，非舜之事，而舜為之，以救敗也。

除了「雷澤」地點不同，取意完全一致，孔子的評語也融入敍述中。

事實上，以儒家學說成己成物的修養歷程來衡量，舜的德化，理當是自然而無爲的，難一篇孔子所以救敗之論，大致是依託聖人以自重，未必是確有依據，不過衡情酌量，言之成理罷了。孟子說過：舜的偉大就在於能「與人爲善」：

孟子曰：「子路，人告之以有過則喜；禹聞昌言則拜。大舜有大焉：善與人同，舍己從人，樂取於人以為善；自耕稼、陶、漁，以至於為帝，無非取於人者。取諸人以為善，是與人為善者也。故君子莫大乎與人為善。❼」

孟子相信人人皆有善性，良心偶然爲外物所蔽，也可以透過不斷的自省改過，而恢復澄明。舜對人的大愛，表現在他「善與人同」，他可以平和地去體諒他人，欣賞別人，放棄自己固定的模式，而學習著與人溝通，而終究他個人生命的淳良完美，能激發他人向他看齊仿效，達到無爲而感化大衆的效果。舜的道德修養代表了儒家修身哲學的完美境界，孟子以子路和禹來比較，他們都是勇於改過的有德君子，但改過階段便不像舜那樣完全自然，不著痕迹。從孟子推揚舜「與人爲善」看來，韓非子引述的孔子「救敗」之說，明顯便是「上義爲之而有以爲」，孟子所說的境界才是「上仁爲之而無以爲」❽，明代王道老子億曾分析過：

> 仁，人心也，萬物一體之本體也。惻怛慈愛，自然及物，雖有推行之迹，而無强矯之心。天下之人被其恩者，亦與之相忘而已矣。此去上德不遠，孟子所謂以德行仁者也，故曰：「上仁為之而無以為。」義則有裁割斷制之施，而人始懷畏威寡罪、凛不可犯之意，所謂其次畏之者也，故曰：「上義為之而有以為也。」

由此看來，「上仁」不露形迹，君民相忘於恩，接近老子的聖人之化；「上義」裁割斷制，便是勉強而爲，接近法家的法治❾。難一篇在引述古事之際，略加闡釋，仍不免流露法家主觀意念，因而筆者以爲，所謂孔子歎曰云云，不過依託之言而已。

韓非子對於這則古事的論難，以活潑的問句起筆：

> 或問儒者曰：「方此時也，堯安在？」其人曰：「堯為天子。」然則仲尼之聖堯奈何？聖人明察，在上位，將使天下無姦也，今耕漁不爭，陶器不窳，舜又何德而化？舜之救敗也，則是堯有失也。賢舜則去堯之明察，聖堯則去舜之德化，不可兩得也。楚人有鬻楯與矛者，譽之曰：「吾楯之堅，物莫能陷也。」又譽其矛曰：「吾矛之利，於物無不陷也。」或曰：「以子之矛陷子之楯，何如？」其人弗能應也。

夫不可陷之楯與無不陷之矛，不可同世而立，今堯、舜之不可兩譽，矛、楯之說也。且舜救敗，朞年已一過，三年已三過。舜有盡，壽有盡，天下過無已者；以有盡逐無已，所止者寡矣。賞罰使天下必行之，令曰：「中程者賞，弗中程者誅。」令朝至暮變，暮至朝變，十日而海內畢矣，奚待朞年？

本文論難的重點有二：一是聖堯賢舜不能並美，一是舜的德化效果有限，不如用法治，可以無爲而治天下。

儒者「祖述堯舜」[10]，堯舜是儒家推尊的聖王偶像，韓非子却認爲孔子讚美舜的德化效果，便等於否定堯的政治績效。換言之，必定是堯的治績欠佳，才需要舜勞苦化民。他舉矛盾相衝突的寓言，來證明聖堯與賢舜是不可同時兩譽的。矛盾之說又見於難勢篇，文字小異，用來說明賢治與勢治不能相容[11]：「夫賢之爲勢不可禁，而勢之爲道也無不禁，以不可禁之賢與無不禁之勢[12]，此矛楯之說也。夫賢勢之不相容亦明矣。」這個矛盾寓言，「說明一個人心中有欲望時就不能對事有公平的論斷。[13]」韓非子用來說明儒家主張賢者任勢，任賢又任勢，是矛盾難行。事實上，賢者任勢並非形如水火，在儒學本身，賢者任勢（在位），還是「人存政舉」[14]，使政治轉見生機的關鍵。韓非把賢與勢看成對立，但儒家的賢人爲勢，却非「不可禁」，只是重在誘導引發，希望終能臻於刑措罷了[15]。矛盾之喻，極爲巧妙生動，但在難勢篇並未運用得貼切；同樣的，在難一篇，聖堯與賢舜也未必完全對立，一如矛盾說所云，論語中孔子對堯舜也不曾「求全責備」：

> 子路問君子，子曰：「修己以敬。」曰：「如斯而已乎？」曰：「修己以安人。」曰：「如斯而已乎？」曰：「修己以安百姓。修己以安百姓，堯舜其猶病諸！⑯」子貢曰：「如有博施於民，而能濟衆，何如？可謂仁乎？」子曰：「何事於仁，必也聖乎！堯舜其猶病諸！夫仁者，己欲立而立人，己欲達而達人。能近取譬，可謂仁之方也已。」⑰

「修己以安百姓」，是內聖外王，道德事業圓滿兼備的理想境界；「博施於民，而能濟衆」，不僅是物質上的周濟，還兼賅己立立人，己達達人，要透過自己，感化天下之人，使「每一個人民都是經由自己的修養，挺立生命通達人間」⑱；這是堯舜都擔憂做不到的。堯時雖然天下大治，難保仍有教化不及之處，那麼舜的感化作用自有其存在的意義，聖堯又賢舜，有何不可？

從韓非子的思想體系來衡量，「賢舜，則去堯之明察」，還有一層較深的意義，就是：人臣「不得以行義成榮」⑲，「行惠取衆」是「匹夫之私譽，人主之大敗」⑳。所以，子路爲郈令，以私粟犒勞服力役的百姓，以爲是「行仁義」，孔子卻派子貢去阻止，理由是「過其所愛曰侵。㉑」這雖是韓非子法家的詮釋，說苑承襲其說，也表明子路「不明君之惠，見

（現）汝之德義㉒」是不妥的。「行惠施利，收下爲名，臣不謂仁。㉓」田常下大斗斛以施惠收民，在韓非子看來，是劫君奪國的徵象㉔。舜的德化，竟是「一年而所居成聚，二年成邑，三年成都。㉕」如果以韓非子的視察角度判斷，豈不是田常之流亞？然而，在帝堯的眼光中，舜的德化績效，也許正是政治才能獲得肯定，是遴選禪讓人才的一大憑藉。套一句韓非子的話，那是「世異則事異」㉖，批判角度不同，此處姑且代韓非子略抒政論罷了。

韓非子的另一個論難重點是：舜的德化效果有限，效率也緩慢。這是精釆的評論。明代門無子的韓非子迂評說：「此言德化不如法，以勢行法易，以德行化難。」堪稱簡切中肯。法治的效果，是朝至暮變，不僅迅捷，而且普遍，所謂「一國可使齊。爲治者用衆而舍寡，故不務德而務法。㉗」正可以說明。再進一層分析：舜的個人示範性德化，辛勤勞苦，躬親瑣事，是無術：

> 舜猶不以此說堯令從，己乃躬親，不亦無術乎！且夫以身為苦而後化民者，堯、舜之所難也；處勢而矯下㉘者，庸主之所易也。將治天下，釋庸主之所易，道堯、舜之所難，未可與為政也。

就政治的運作而言，人主應當講究方術，以一御萬，韓非子說：「救火者，令吏挈壺甕而走火，則一人之用也；操鞭箠而趣使人，則制萬夫。是以聖人不親細民，明主不躬小事。㉙」

如果能指派官吏，分層負責，自能迅捷地達到普遍的效用，比舜親自一一花長時間去改正好得多。而憑著個人親身參與勞動行列，既勞心還得勞力，辛勤地去化民，即使堯舜那樣的賢君，做起來也不容易！孟子與陳相討論「賢者與民並耕而食」的可行性，特意標明「勞心」與「勞力」的區分㉚，便有意爲知識分子定位，抬高士人的地位，而有別於從事勞力的農工，頗具分工專職的理念，分工合作的社會，當然比君民並耕的社會效率好，進步而繁榮。孟子的看法倒與本文有會通之處。

論難中，認爲「處勢嬌下」，卽使庸主也容易做到，韓非子的難勢篇，曾論及「抱法處勢」，普通的中主就可以把國家治好。在理想中，韓非子有意探尋一套永久可以奉守的國法，讓人君遵行，不論賢、不肖，都有固定的軌則，可以遵行，也可以約制。所以，本段說庸主也易於處勢嬌下。至於筆調方面，試比較下列兩段文字：

> 盡思慮，揣得失，智者之所難也。無思無慮，挈前言而責後功，愚者之所易也。明主操愚者之所易，不責智者之所難，故智慮不用而國治也。㉛
>
> ……嚴其境內之治，——明其法禁，必其賞罰；盡其地力，以多其積；致其民死，以堅其城守；……此必不亡之術也。舍必不亡之術，而道必滅之事，治國者之過也。㉜

第一段，智愚、難易相對，結論以正面設說；難一篇此節以堯、舜（賢主）與庸主相對，難與易相對，結論則以反面著筆。難篇末數句，「釋……而道……」的句型同第二段的「舍……而道……」，而「庸主之所易……堯舜之所難……」的句型，仍與第一段相類。足見綜合映襯與類疊的技巧，韓非子必自覺差強人意，因而反覆使用；我輩今日看來，仍不禁要再三玩味。

註

❶ 畔，田界；甽，同「畎」，田中水溝，甽畝正，謂經界正，卽將侵佔之土地歸還原主。

❷ 坻，水沚，水渚，漁場也。

❸ 見淮南子原道訓。

❹ 見難勢篇末段。

❺ 見史記五帝本紀。

❻ 陂，蓄水場。

❼ 見孟子公孫上篇⑧。

❽ 見老子第三十八章。

❾ 參閱拙作韓非解老喻老研究頁三二。

❿ 見中庸第三十章。

⓫ 見梁啓雄韓子淺解。

⓬ 迂評本、趙本、凌本作「以不可禁之勢與無不禁之道」，從顧廣圻識誤校改。

[13] 見黃錦鋐先秦諸子的文學觀。

[14] 見中庸第二十章：「其人存，則其政擧。」

[15] 參拙作韓非子難勢篇的幾個論點。

[16] 見論語憲問篇㊺。

[17] 見論語雍也篇㉘。

[18] 見王邦雄人生的理想——論語義理疏解頁三〇。

[19] 見八經篇㈧類柄。

[20] 見八說篇。

[21] 見韓非子外儲說右上篇一㈣。

[22] 見說苑臣術篇㉒。

[23] 見韓非子有度篇。

[24] 詳二柄篇。

[25] 見史記五帝本紀。

[26] 見五蠹篇。

[27] 見顯學篇。

[28] 矯，乾道本作「驕」，迂評本、趙本、凌本作「令」，茲依顧廣圻識誤校改。

[29] 見外儲說右下篇四㈡。

[30] 見滕文公上篇④。

[31] 見韓非子八說篇。

[32] 見韓非子五蠹篇。

四　兵不厭詐——論言切宜賞

春秋時代的城濮之戰（西元前六三二年），是歷史性的關鍵戰爭之一。晉文公（西元前六三六——六二八年在位）在即位的第五年，遏阻了楚國北向發展的勢力，進而營造王宮，有踐土之盟，奠定了霸業的基礎。春秋記載：

> 夏四月己巳，晉侯、齊師、宋師、秦師，及楚人戰于城濮，楚師敗績。

當年楚成王親自率領陳、蔡、鄭、許四國軍隊圍宋，魯國迫於情勢，已屈從楚國，曹、衞又附楚，楚國聲勢壯大。晉文公爲了解救宋圍，便侵曹伐衞，一方面報復流亡時期曹、衞的無禮，一方面逼迫楚國放棄圍宋而來援救。又用計謀，私許恢復曹、衞，離間曹、衞與楚國的關係，結果以少敵衆，出奇制勝。唯有晉文公能請得動齊、秦之師會合，他臨事謹愼，廣納衆言，而幾個大臣計謀運用得當，才建立了不世之功。

左傳僖公二十八年，詳敘晉國君臣戰與不戰的爭議，以及作戰策略的運用。韓非子難一篇第一節、呂氏春秋義賞篇、淮南子人間訓、說苑權謀篇却都記載：晉文公詢問舅犯（狐偃字子犯，文公之舅，又稱咎犯）與雍季該如何應戰：

晉文公將與楚人戰，召舅犯問之，曰：「吾將與楚人戰，彼衆我寡，為之奈何？」舅犯對曰：「臣聞之，繁禮君子，不厭忠信；戰陣之間，不厭詐僞。君其詐之而已矣。」文公辭舅犯，因召雍季而問之，曰：「我將與楚人戰，彼衆我寡，為之奈何？」雍季對曰：「焚林而田，偷取多獸，後必無獸；以詐遇民，偷取一時，後必無復。」文公曰：「善。」辭雍季，以舅犯之謀與楚人戰以敗之。歸而行爵，先雍季而後舅犯。群臣曰：「城濮之事，舅犯之謀也，夫用其言而後其身可乎？」文公曰：「此非若所知也。夫舅犯言，一時之權也；雍季言，萬世之利也。」仲尼聞之曰：「文公之霸也，宜哉！既知一時之權，又知萬世之利。」

以上韓非子的資料，可能是最早的，呂氏春秋記載的略有出入：

……咎犯對曰：「臣聞繁禮之君，不足於文；繁戰之君，不足於詐。君亦詐之而已。」……雍季曰：「竭澤而漁，豈不獲得，而明年無魚；焚藪而田，豈不獲得，而明年無獸。詐僞之道，雖今偷可，後將無復，非長術也。」……孔子聞之曰：「臨難用詐，足以却敵；反而尊賢，足以報德，文公雖不終始，足以霸矣。」

兩說似乎各有所本，用「詐」則一。韓非子難一篇中，舅犯的對答，「忠信」與「詐僞」相對，立意明朗；而呂氏春秋中，雍季的對答，只就詐僞而言，彈性較大，不像韓非子中引申發揮「以詐遇民」，與戰陣軍旅不相干。結論兩書同樣援用孔子之言，韓非子短峭簡切有力，呂氏春秋重在尊賢報德意念之強調。淮南子大抵沿襲韓非子，咎犯之言，以「仁義之事」與「戰陣之事」相對，取義比韓非子更顯豁易解❶，沒有引述孔子的論評。說苑中咎犯的回答是：「服義之君，不足於信；服戰之君，不足於詐。詐之而已矣。」可說折中於呂氏春秋與淮南子，雍季之言，則大致同於呂氏春秋，也不曾引述孔子的論評。

晉文公流亡到楚國時，楚成王盛宴款待，極盡禮遇；此刻，一聽晉軍前來，便主張不與爭鋒，「無從晉師」。左傳寫兩位君主互敬互諒，惺惺相惜，非常動人。倘若依楚成王的調度，晉國君臣的種種計謀便要蹈空，城濮之戰根本不會發生。但楚帥子玉好大喜功，剛愎無禮，不肯撤離，還要請戰，因而中了晉人的計謀。戰事經過，左傳記載頗詳，雖不曾明點「詐僞」，而前後細節確實是「詐而已」的最佳註腳：第一、中軍統帥先軫定計，私下應允封曹復衞，條件是曹、衞須與楚斷絕關係；又故意拘執使者宛春，激怒楚，子玉果然縱兵而來，宋圍自然解除了。第二、晉軍遵從晉文公對楚成王「辟君三舍」的允諾，以退爲進，一則報答楚恩，一則誘楚前進，把戰爭的罪過全推給楚國。而在兩軍對陣時，晉軍先攻楚的弱處，下軍佐胥臣「蒙馬以虎皮，先犯陳蔡」，楚右師潰敗；下軍將領欒枝「使輿（廝役）曳柴而僞遁」，誘敵追馳，中軍部隊再加橫擊。這些出奇制勝的手法，無一不是「詐僞」。由此可見，舅犯的說辭是切實有效，被付諸實行而奏功的，就韓非子聽言觀行必須切合功用的標準來衡量，舅犯是有功宜賞的好臣子，而晉文公竟然「先雍季後舅犯」，自然有一番辯駁了。難一篇云：

或曰：雍季之對，不當文公之問。凡對問者有因，因小大緩急而對也。所問高大，而對以卑狹，則明主弗受也。今文公問「以少遇衆」，而對曰「後必無復」，此非所以應也。且文公不知一時之權，又不知萬世之利。戰而勝，則國安而身定，兵強而威立，後雖無復❷，莫大於此；萬世之利，奚患不至？戰而不勝，則國亡兵弱，身死名息，拔拂❸今日之死不及，安暇待萬世之利？萬世之利，在今日之勝；今日之勝，在於詐敵；詐敵，萬世之利也。故曰：雍季之對，不當文公之問。且文公又不知舅犯之言。舅犯所謂「不厭詐僞」者，不謂詐其民，謂詐其敵也。敵者，所伐之國也也；後雖無復，何傷哉！文公之所以先雍季者，以其功耶？則所以勝楚破軍者，舅犯之謀也；以其善言耶？則雍季乃道其後之無復也，此未有善言也。舅犯則以兼之矣。舅犯曰「繁禮君子不厭忠信」者，忠所以愛其下也，信所以不欺其民也；夫既以愛而不欺矣，言孰善於此！然必曰「出於詐僞」者，軍旅之計也。舅犯前有善言，後有戰勝。故舅犯有二功而後論；雍季無一馬而先賞；「文公之霸，不亦宜乎」，仲尼不知善賞也。

韓非子除了肯定舅犯的言辭切當之外，並讚譽它不僅是一時之權，也是萬世之利。認爲舅犯只談詐敵，不是要詐民。大凡作戰，總不免要用計謀，要出人意表，速戰速決，以最小的代價，獲致最大的勝利，所以欺敵、誤敵、誘敵，無所不用其極。孫子兵法說：「兵者，詭道也。❹」最能說明作戰的本質。舅犯說的「詐僞」正是軍旅權宜之道，而他所謂的「繁禮君子，不厭忠信」，關顧的才是對待人民的態度，可說是平時治國的守常之道，正是「萬世之利」。相對於舅犯的，雍季未能掌握問題的重點，韓非子認爲「後必無復」又非善言，筆者倒以爲，最大的缺漏，在於「以詐遇民」對「詐」字對象的誤引，使得論議偏離本題。呂氏春秋義賞篇與說苑權謀篇用語涵蓋面似乎稍廣，仍不切題。雍季，也許是晉文公之子，襄公之弟公子雍，襄公死，趙盾曾想立他爲君，說是「好善而長，先君愛之。❺」左傳中的城濮之戰，並沒有提及公子雍在場，但韓非子雍季所說的話，倒與歷史中的公子雍性格相近。雍季的看法，混淆了政治與軍事，把對象轉移，語病在「以詐遇民」，難一篇的批駁是中肯有力的。

如果依照呂氏春秋與說苑，雍季沒有明說「以詐遇民」，他反對「詐」，就可能仍指軍旅之事而言，那麼，他便是拘泥於「義戰」了。周朝早年的天子，以義師聲討有罪的諸侯國，以大臨小，爭義不爭利，並非不可能；但時代演進，齊桓公（西元前六八五——六四三年在位）多次興兵，已不能不計利了，所以孟子說：「春秋無義戰。❻」韓非子曾舉徐偃王（西元前？——九八二年在位）行仁義而亡國的例子，五蠹篇指出他不知鬥狠用力，喻老篇指出他「稱王」而又不忍鬥爭，終於被滅。淮南子氾論訓說徐偃王「知仁義而不知世變者也」，大抵與韓非子歷史演化觀一脈相承❼。宋襄公（西元前六五〇——六三七年在位）服膺「義戰」，在泓之戰（西元前六三八年）與楚軍對陣，堅守「不重傷」、「不禽（擒）二毛」、「不鼓不成列」的原則，結果失了先機，宋軍傷亡慘重，他「傷股」而死❽，他的大悲劇正好說明了德義不適用於戰陣之間的道理。晉文公旣問戰陣之事，又是以寡敵衆的狀況，「攻其無備，出其不意❾」等的「詐僞」戰術，當然比「義戰」要切實得體，雍季之言顯然不如舅犯之言實際可行。墨子非儒篇所謂「君子勝不逐奔，揜函弗射，施則助之胥車。❿」談的是一種原則性的寬愛，尤其是側重在勝利者對戰敗者的態度上，與實際軍旅爭戰不能混爲一談。韓非子難一篇稱許舅犯而以爲雍季「不當文公之問」，仍是切當的論評。

以舅犯——狐偃個人來說，城濮之戰他勸晉文公與楚一戰，但他不是主將，也不是主謀之臣。可是前一年，當楚軍圍宋，宋人告急時，他看準了該由曹、衞著手：「楚始得曹，而新婚於衞，若伐曹、衞，楚必救之，則齊、宋免矣。」後來果然是用這個高招，足見他是晉文公左右獻策的良臣，韓非子難一篇設定文公問計於他，頗合情理。他曾檢討：「爲君行詐僞以反（返）國者衆矣。⓫」公子重耳流亡齊國，娶了齊女，安逸不想動了，姜氏與舅犯合謀「醉而遺之」，純粹是善意用詐！在五鹿，狐偃勸重耳接受野人無禮給予的土塊，解釋爲有士的象徵，更是英雄妙想，用心良苦。若說這些是詐僞，也値得喝采。事實上，狐偃有很多行爲，顯現他是重德行，講究「萬世之利」的人，而不是專意「詐僞」的人。國語記載：當驪姬之子奚齊被殺之後，里克欲納重耳，狐偃認爲「不哀喪而得國」，「因亂而入」，旣艱難且危殆，反對重耳回國爲君⓬，是從根本的倫理道德考慮；晉文公卽位以後，狐偃勸納周襄王以示民義，伐原以示民信，大蒐以示民禮⓭，也是由根本處奠定國本。再看韓非子難一篇的「繁禮君子，不厭忠信」，狐偃重視君德的輔弼，是無庸置疑了，而韓非子讚譽「言孰善於此」，也不算過譽了。

綜括言之，城濮之戰，晉與楚爭，以寡敵衆，晉居弱勢，狐偃「詐僞」的原則，是再精當不過的對策，他就事論事，並不代表本人就主張凡事「詐僞」，也不表示其人沒有高遠深入的見解。晉文公深明「詐僞」是切事的對應方策，因而採行，也確實克奏膚功，那麼爲何他行賞時要先雍季後舅犯呢？他所謂的一時之權、萬世之利，韓非子駁論得極爲痛切，單就城濮之戰一事來說，韓非子論點集中，以言論務切實用來衡量，斷定晉文公不宜濫賞，連帶地孔子稱揚晉文公，便不懂得什麼叫「善賞」。從心理上分析，晉文公事前知道重用狐偃之言，事後偏偏先賞雍季，是因爲他拋不開仁義的高遠目標與藉詞，若由好的方面說，他不忘仁義；由修爲上說，晉文公表裏不盡一致。韓非子說難篇首段論及投合所說之心如何之難，說到：「所說陰爲厚利而顯爲名高者也，而說之以名高，則陽收其身而實疏之，說之以厚利，則陰用其言，顯棄其身矣。」王先愼集解云：「陰用其言，顯棄其身，如晉文公行爵先雍季而後舅犯之類。」舉證貼切。也許正因爲晉文公言行表裏不能如一，所以孔子才說他「譎而不正」吧⑭！

然而，晉文公未必就不如齊桓公。晉文公假仁藉義，以力服人，雖不能建立尊王攘夷的功業，維繫周禮於不墜，但他仍能向人民示義、示信、示禮。而他手下謀臣忠誠謙讓，以德禮薦人，齊心輔弼，使晉國於文公卒後仍能持續稱霸，比起齊桓公與管仲來，在「人才接力」方面，優勝多多。清初顧棟高治經最嗜左傳，他說：

> 晉文規模之正大，事事不如齊桓，至論城濮之戰，則勝召陵遠甚。何則？召陵雖盟，而楚滅弦圍許，毫無顧忌；蔡、鄭亦未敢卽從齊。至城濮一勝，而天下之諸侯如決大川而東之。其功之大小，寧可以數計哉！……聖人宜錄其不世之功，不宜以為譎而訾之也。⑮

評騭齊桓、晉文，頗爲持平。城濮之戰影響深遠，而最初決定作戰，商議對策，實際作戰，都有狐偃在其中，此其人之重要性，不言可喻。若是由重耳逃亡算起，他幾乎與晉文公的榮辱，與晉國的歷史血脈關聯。值得注意的是：「戰陣之間，不厭詐僞。」不過就城濮爭戰一事的權宜論說；「繁禮君子，不厭忠信」，才是治國久遠策略，正因爲守經達權，所以韓非子譽之爲「善言」，而大學戒言利，却要稱述舅犯「仁親以爲寶」爲美訓。我輩讀韓非子，自不宜拘泥晉文公譎而不正，舅犯兵不厭詐，而忽略其高遠目標——忠信仁義的重視與追求。

註

❶ 原文作：「仁義之事，君子不厭忠信」，從劉文典之說，以相對爲文，刪「君子」二字。

❷ 「後雖無復」，原作「雖有後復」，據王煥鑣韓非子選改。

❸ 「拔拂」，顧廣圻識誤以爲當衍一字，王先愼集解云：「拔今日之死不及，與孟子救死猶恐不暇語意正同。」王煥鑣韓非子選以「拔」乃「捄」之誤，「捄」卽「救」字。陳啓天校釋從日人松皐圓纂聞改「拔」爲「祓」，「祓拂」，謂以巫術求免也。

❹ 見始計篇。

❺ 見左傳文公六年及晉世家。

❻ 孟子盡心篇下。參閱徐文助「司馬法思想研究」，國文學報第十四期頁八。

❼ 參閱拙作「韓非解老喻老研究」頁二〇九、二一〇，長歌出版社。徐偃王被滅，史記「周穆王十七年（西元前九八五年）征徐戎，克之。」竹書紀年列在穆王十四年（西元前九八一年）。韓非子稱「荆文王」（西元前六八九年卽位）、淮南子稱楚莊王（西元前六一三年卽位）滅之，傳聞有異。其事並見於淮南子人間訓、氾論訓，論衡非韓篇，後漢書東夷傳及荀子注，水經注。

❽ 見左傳僖公二十二年，事亦見史記宋世家，襄公死於次年。韓非子外儲說右上云：「戰於涿谷」、「三日而死」，與左傳、史記不合。

❾ 見孫子兵法始計篇。

❿ 孫詒讓疑「函」爲「亟」之誤，「搇」通「掩」，困迫也，謂敵困急則不忍射之也。參見劉正浩著周秦諸子述左傳考，頁六五、六六。

⓫ 見韓非子外儲說左上，這段記載補足了左傳僖公二十四年，晉文公返國到黃河邊，要投璧立誓的理由。
⓬ 見國語晉語二。
⓭ 見左傳僖公二十七年。
⓮ 見論語憲問篇。
⓯ 見竹添光鴻左傳會箋僖公二十八年引。

五　高赫爲賞首——論無功不宜賞

遠在周貞定王十六年（西元前四五三年），趙襄子被圍困在晉陽，賴張孟談的計謀，聯合韓、魏，滅了知伯，後來三分晉國，演成戰國的局面。據說趙襄子解圍以後，論功行賞，高赫第一個受賞，張孟談提出異議，襄子却自有理由，韓非子難一篇第四節引述這段故事：

襄子圍於晉陽中，出圍，賞有功者五人，高赫為賞首。張孟談曰：「晉陽之事，赫無大功，今為賞首，何也？」襄子曰：「晉陽之事，寡人國家危，社稷殆矣。吾群臣無不有❶驕侮之意者，惟赫❷不失君臣之禮，是以先之。」仲尼聞之曰：「善賞哉！襄子賞一人，而天下為人臣者莫敢失禮矣。」

以上資料，亦見於呂氏春秋孝行覽義賞篇，淮南子氾論訓、人間訓及史記趙世家，說苑復恩篇。文意大抵相近。在敘述典故方面，以淮南子人間訓最接近韓非子難篇，而呂氏春秋「高赫」作「高赦」，淮南子氾論訓抗議者是「群臣」，不是「張孟談」；淮南子氾論訓、人間訓皆不曾援引孔子論評，而另以「忠」、「義」涵蓋：

故賞一人而天下為忠之臣者，莫不終忠於其君，此賞少而勸善者衆也。(氾論訓)

由此觀之，義者人之大本也，雖有戰勝存亡之功，不如行義之隆。故君子曰：「美言可以市尊，美行可以加人。」(人間訓)

史記趙世家「高赫」作「高共」，「張孟談」作「張孟同」，前者疑係壞字訛誤，後者乃史遷避父諱。亦不曾援引孔子論評。孔子卒於西元前四七九年，當三晉滅知伯，已過二十七年，韓非子論評古事，常引述相對的評論，再加以嚴厲的批駁。此處引述孔子之言，顯係杜撰，却是由孔子思想出發，想當然耳，中情中理。既是政論，如能證合史實，足以加強說服性；此處明顯是無中生有，不免缺憾。但由這一條事例，可以見出韓非子的獨創性，同時也可以推測，韓非子書中許多引述某人某事，極有可能出於立說方便，未必全是事實。呂氏春秋與說苑既與韓非子難篇引證資料相近，足見其間的承襲性質。

韓非子的議論，由「無功不宜賞」出發，否認孔子「襄子善賞」的評斷：

或曰：仲尼不知善賞矣。夫賞罰者，百官不敢侵職，群臣不敢失禮。上設其法，而下無姦詐之心，如此則可謂善賞罰矣。使襄子於晉陽也，令不行，禁不止，是襄子無國，晉陽無君也，尚誰與守哉！今襄子於晉陽也，知氏灌之，臼竈生鼃，而民無反心，是君臣親也。襄子有君臣親之澤，操令行禁止之法，而猶有驕侮之臣，是襄子失罰也。為人臣者，乘事而有功則賞。今赫僅不驕侮，而襄子賞之，是失賞也。明主賞不加於無功，罰不加於無罪。今襄子不誅驕侮之臣，而賞無功之赫，安在襄子之善賞也？故曰：仲尼不知善賞。

照韓非子的看法，「善賞罰」的君主，該做到使臣下毫無姦詐爲惡之心，藉法的嚇阻與勸喻的作用，使人各安其分，這也就是五蠹篇所謂的：「法不敗，而群官無姦詐矣。」人人安分守法，姑不論是出於自約抑或他律，對於維繫社會秩序而言，法家的要求是外在的整齊劃一，撇開道德層次高低的考慮，這種要求大致仍切合當代的政治環境需要。韓非子認爲趙襄子失賞失罰，高赫既沒有顯著的功勞，不能隨意賞賜。就當時的情況分析，襄子守晉陽，艱難萬狀，百姓都沒有背叛之心，足見君臣親和，只要「操令行禁止之法」，誅「驕侮之臣」，何必拋棄原則，獎賞毫無功勞的高赫？他純粹把法令當第一順位，全由「賞罰以功罪爲憑」的切實觀念出發，自有一貫的思維程序，但細加剖析，似又不無缺漏。

根據韓非子十過篇與戰國策趙策一，張孟談運籌帷幄，趙襄子言聽計從。當知伯索地不遂，將欲伐趙的時候，張孟談建議選擇晉陽做防守的據點。他的理由是：因爲董閼于❸和尹鐸先後細加經營，務修其教，如今「餘教猶存」。結果發現「聖人之治藏於民」，表面看不出來，一旦有令，粟米、錢財、甲兵都不成問題，要箭有箭，要銅有銅。知伯久攻不下，改用水灌，圍困了三年。「城中巢居而處，懸壺而炊，財食將盡，士大夫羸病」❹，趙襄子怕守不住了，才有張孟談陰結韓、魏，大敗知伯的事。史記趙世家描繪得更爲生動：

城中懸釜而炊，易子而食，群臣皆有外心，禮益慢，唯高共（當作「赫」）不敢失禮。

城中的窘困之境，韓非子難篇只用「臼竈生鼃」四字，臼灶久湮於水，蛙類繁衍其中，足見不得不另想烹煮辦法，那便是「懸釜而炊」了。說苑權謀篇折衷難篇與趙世家之說：「今城未沒者三板，臼竈生鼃，人馬相食。」在如此生計維艱、食物匱乏的情形之下，「民無反心」❺，艱苦與共，確實不易；但若說「君臣親」，只怕不盡然了。

從十過篇與趙策的資料看來，趙襄子固守晉陽，「君臣親」，全賴長期教化之功，要感激父親擁有賢良的家臣。董閼于治晉陽，和西門豹治鄴一樣是「稸積於民」❻，是儒家理想的實現。古代原本禮法不分，後起的法家把法由禮中析離出來，強調其平等性與客觀性，順應時代思潮，自有其劃時代的意義，但並不表示禮與法就此對立，像「君臣親」固然是儒家的德目，仍然是法家所冀盼的。韓非子難篇肯定趙襄子守晉陽，「有君臣親之澤」，又說：「善賞罰者，百官不敢侵職，群臣不敢失禮。」都是禮法融合的意念。不過，當危城苦苦撐持的時候，臣子自約性的禮受到了嚴重的考驗，雖然董閼于的「餘教猶存」，現實困境的逼壓，使大多數的臣子驕慢失禮。史記的敍筆綜會了趙襄子事後的解析，是接近事實的，這麼一來，便談不上「君臣親」了。在群臣皆「有外心」的惡劣局勢之下，趙襄子是否可能堅持號令，嚴加責罰「驕侮之臣」，以求「不失罰」？大約是不可能的。再說，「罰不加於無罪」是韓非子思想體系中不易的罰則，「驕侮」固然不夠「尊君」，在西元前四五三年是否就具體到足以構成罪名？何況「三軍大敗，不可誅也；獄訟不治，不可刑也。❼」聖人爲政，須從根本教化開始，也必須考慮臣民實踐的環境，寬以責之。襄子如果珍惜臣民共同苦撐的義氣，也了解物質艱辛的重大壓力，對於臣子「驕侮」之意，想必能寬諒；而當用人孔急之秋，「易子而食」、「人馬相食」之際，趙襄子也不可能嚴格執法，誅罰「驕侮之臣」。所以，韓非子難篇針對趙襄子「賞無功之赫」所提的「正賞罰」的議論，完全是就理論推述的政論，未必就能貼合歷史人物的實際運作。

就趙襄子執法的情境分析：在危城窮窘狀況之下，「群臣皆有外心，禮益慢」，獨獨高赫不失人臣之禮，顯見亂世孤忠的風標。對於群臣的驕慢，趙襄子素能忍辱負重❽，內心雖可能不舒坦，必然是一副寬和態度；對於高赫的「不失禮」則可能大感安慰，甚至「感動莫名」，他所能表示的，只有表揚獎賞，難怪滅知伯之後，他要好好地獎勵高赫了。適當的獎勵，足以使人見賢思齊，守禮守分。群臣不失禮，便能謹守本分，上下有序，也就忠誠不二，不侵官，不姦詐了，儒法兩家的政治指標可以說是相同的。高赫不失禮，不過是消極意義，趙襄子事後獎賞，臣子們是否就能「都」仿效學習，以達到「下無姦詐之心」的效果，不無疑問。而就事論事，既是賞「有功者」，論功行賞，以實質功績論，不能不先賞張孟談，高赫受賞，教化的意義大於政治意義，趙襄子的作法也許反映戰國初期人們重禮的風習，仍有「情」重於「法、理」的趨向。韓非子難篇很可以就此發揮，「不失禮」確實不是「有功」，另作表揚足夠了，作爲「賞首」，以法家實證觀點分析，自然是不妥當的。

至於難一篇批駁「仲尼不知善賞」，旨在以法破儒，孔子的言論頗合儒家旨趣，駁議也還能自圓其說；可惜忽略時代背景，杜撰掌故，理雖精到，畢竟不實，孔叢子答問篇已辨明其謬妄：

昔我先君（按：指孔子）以春秋哀公十六年四月己丑卒……後悼公十四年，知氏乃亡，皆先後甚遠。而韓非公稱之，曾無怍意，則世多好事之徒，皆非之罪也。

就年代推論，極精確有力；文末痛斥誣妄，認爲有啓引後代好事之徒公然杜撰的罪過，語氣相當淩厲。據羅根澤的考證，孔叢子在漢書藝文志中沒有著錄，辭氣也沒有漢人的氣勢，隋書經籍志則已有著錄，顯然登錄「孔鮒」不過是依託，極有可能是王肅譌託❾。那麼孔叢子的作者本身便是僞者評僞斥妄，有些不倫。韓非子書中多有與傳聞異者，如「澹臺子羽，君子之容」一段，與史記仲尼弟子列傳所述便完全相反❿，有時候倒反而有參考價值。但難一這段依託孔子的評論，不管是得自傳聞抑或依託，「無參驗而必之」、「弗能必而據之」⓫，韓非子難脫「愚誣」之譏，後世文人眞應引以爲戒。

註

❶「不有」原作「有不」，依纂聞、翼毳校改。淮南子氾論訓、人間訓正作「不有」。

❷原作「赫子」，淮南子氾論訓、人間訓、史記趙世家、說苑復恩篇皆作「赫」，當刪「子」字。唯陳奇猷集解以爲：「子」乃春秋戰國普通之稱謂，示尊敬之意。

❸趙簡子家臣，韓非子十過篇、七術篇（內儲說上）作「闞于」，難言篇、觀行篇作「安于」。按：闞、安古通，左傳定公十三、十四年、國語晉語、史記趙世家、說苑政理篇作「安」，淮南子道應訓作「闞」。唯戰國策趙策作「董闞安于」不妥，當衍其一。

❹以上所引皆見韓非子十過篇，戰國策趙策略有小異。

❺國語晉語：「沈竈產鼃，民無叛意。」與難一篇意近似。

❻見淮南子人間訓。

❼見說苑政理篇，頁五十四：「……民不知子父訟之不善者久矣，是則上過也。……不孝而誅之，是虐殺不辜也。三軍大敗，不可誅也；獄訟不治，不可刑也。上陳之教而先服之，則百姓從風矣，躬行不從，而后俟之以刑，則民知罪矣。」

❽史記趙世家：「晉出公十一年，知伯伐鄭，趙簡子疾，使太子毋卹（後來的襄子）將而圍鄭，知伯醉，以酒灌擊毋卹，毋卹群臣請死之，毋卹曰：『君所以置毋卹，爲能忍詢。』」

❾參閱張心澂著僞書通考頁六二七、六二八。

❿見顯學篇。

⓫見顯學篇首段斥儒墨之文。

六　踊貴屨賤——論刑當無多

左傳昭公三年（西元前五三九年），齊景公的賢相晏嬰與晉國的宰輔叔向，有過一次歷史性的晤面，談了一些當代政局預言性的推測：齊國政權將爲田氏所有，晉國政權將爲六卿所有。事見左傳及晏子春秋問下，史記齊世家與田敬仲世家只談及齊，晉世家只談及晉，趙世家則齊晉兼顧。以後代歷史發展看來，晏嬰與叔向都具慧見，而孤臣難撐大局，無由力挽狂瀾的感慨也溢於言表，是知識分子閔時憂國的寫照。且說齊國方面的政情：晏嬰的論斷，主要根據兩個理由，「公棄其民而歸之陳氏（田氏）」，田氏私下行惠，「以家量貸而以公量收之」，而齊景公懵懂不知，此其一；齊景公還用刑繁多，以致「國之諸市，屨賤踊貴」，百姓痛苦，田氏呵護安慰，此其二[1]。

「屨賤踊貴」只見於左傳昭公三年及晏子春秋問下，在敘事之後，左傳補敘用典的來歷：

> 初，景公欲更晏子之宅，曰：「子之宅近市，湫隘囂塵，不可以居，請更諸爽塏者。」辭曰：「君之先臣容焉。臣不足以嗣之，於臣侈矣。且小人近市，朝夕得所

求，小人之利也，敢煩里旅。」公笑曰：「子近市，識貴賤乎？」對曰：「既利之，敢不識乎？」公曰：「何貴何賤？」於是景公繁於刑，有鬻踊者，故對曰：「踊貴屨賤。」既已告於君，故與叔向語而稱之。景公為是省於刑。君子曰：「仁人之言，其利博哉！晏子一言，而齊侯省刑。詩曰：『君子如祉，亂庶遄已。』其是之謂乎！」

晏子春秋雜下大抵抄錄左傳，「辭曰」上加「晏子」，「利」上多一「竊」字，「於是」換作「是時也」，「景公繁於刑」及「景公爲是省於刑」，省「景」字，「於」作「于」。「而屨賤」多「而」字，省去「既已告於君……稱之」兩句，多加一句「公愀然改容」。在典故運用上，變成「踊貴屨賤」了，韓非子難二篇第一節，也援引這段資料，較晏子春秋雜下語調活潑而富有創意：

> 景公過晏子曰：「子宮小，近市，請徙子家豫章之圃❷。」晏子再拜而辭曰：「且❸嬰家貧，待市食而朝暮趨之，不可以遠。」景公笑曰：「子家習市，識貴賤乎？」是時景公繁於刑，晏子對曰：「踴貴而屨賤❹。」景公曰：「何故？」對曰：「刑多也。」景公造然變色曰：「寡人其暴乎！」於是損刑五。

點明「踊貴屨賤」的怪現象，原因是「刑多」，義理甚明；而「景公造然變色」造句近似晏子春秋。若晏子春秋果然成書於戰國末期，在左傳、孟子之後，韓詩之前，與管子、列子、墨子、荀子都是同時代的作品❺，韓非子可能稍晚，可能受晏子春秋影響；如果以創意而論，晏子春秋承襲左傳，也有可能受韓非子語句影響，而由後學者羼入。

依據晏子這段「踊貴屨賤」的警句，使齊景公猛省而減省刑罰的事例，韓非子提出駁議：

> 或曰：晏子之貴踴，非其誠也，欲便辭以止多刑也。此不察治之患也。夫刑當無多，不當無少，無以不當聞，而以太多說，無術之患也。敗軍之誅，以千百數，猶北且不止；卽治亂之刑，如恐不勝，而姦尚不盡。今晏子不察其當否，而以太多為說，不亦妄乎！夫惜草茅者耗禾穗，惠盜賊者傷良民。今緩刑罰，行寬惠，是利姦邪而害善人也，此非所以為治也。

這段議論，有兩個論點值得注意：韓非子認爲「踊貴屨賤」不是實情，只不過晏嬰藉辭方便，目的在於勸止齊景公不要用刑太多。其次，他提出一個「當否」的觀念，做爲考量執行刑罰的標準。「刑」究竟當不當，是大原則，應優先考慮；一味想減刑，便可能姑息姦人，對善良的百姓反而有害。

首先，我們衡量「踊貴屨賤」究竟是當代實事，還是晏嬰託辭方便？細玩左傳的語意，當代有「鬻踊者」，刖者之履（踊）須特別製作，賣「踊」的生意人將本求利，原來定價就可能比「屨」（普通草鞋）昂貴許多；如今用刑繁多，受刖刑去足的人不少，刖者又非「踊」不可，生意人豈有不藉機哄抬的道理？售價可能又要高於往昔了。如此看來，「踊貴屨賤」是當代一項經濟實況，而這個事實也反映了政治陰影。晏子善於應對，試看晏子春秋雜下晏子使楚回答楚王：「橘生淮南則爲橘，生於淮北則爲枳」，以影射齊人在齊不爲盜，入楚始爲盜，乃楚教化有缺；以及「使狗國者，從狗門入」，「嬰最不肖，故直使楚」，使楚之無禮，自取其辱❻，可以了解：晏嬰辭令鋒銳，折衝樽俎，能顧全國家的威信與個人的尊嚴。但若因爲他應變得體，寓託有方，便認定他無中生有，又不盡合宜，司馬遷史記管晏列傳說晏嬰：「其在朝，君語及之，即危言。」，大抵晏嬰是誠篤君子，諫說國君，還不致以無爲有。「踊貴屨賤」當是實事，晏嬰勸諫景公之後，再和叔向晤談，便自然用爲典故，如果依韓非子論斷，「踊貴屨賤」只是爲了諫說方便，揑造的論據，那麼，他與叔向晤談仍然援用，就難以理解，與晏嬰個性不貫。值得注意的是：韓非子引述左傳大意，略去「叔向」一段旁支情節，在發揮議論時，便於否定「踊貴屨賤」的眞實性；巧的是，晏子春秋襲用左傳文句，大同小異，却也省去「既與告於君，故與叔向語而稱之。」由此可見韓非子與晏子春秋有相當的關聯。

　　韓非子藉晏嬰以「踊貴屨賤」諫說齊景公減省刑罰的事例，引出了一個重要的論據：「刑當無多，不當無少。」這個理念，冷峻之極，也是理智的靜觀，很有見地。斷案判刑，該就事論事，求一個「允當」，才符合法家倡議的客觀公平原則。既談「允當」，若有罪觸犯規則，判案時須得行參揆伍，要求人證物證齊全，八經篇說：「參伍之道，行參以謀多，揆伍以責失。……言會衆端，必揆之以地，謀之以天，驗之以物，參之以人。」衡量刑罰是否不寬不嚴，無枉無縱，恰到切當？甚或法令的訂立是否合乎時宜、人情、事理，都可以一「當」字賅括。人君賞罰不當，「用賞過者失民，用刑過者民不畏」❼，可能就失去勸禁作用；「誅既不當，而以盡爲心，是與天下爲讎也。❽」如此必激起民怨，遑論國治民安了。「用刑允當」既如此重要，韓非子列在第一考慮是有道理的。國君檢討行政，優先考慮的是：用刑是否允當，而不是：用刑是否過多？被刑的人過多，極有可能是用刑不當所致，該由根本立法、量刑、用刑等等做全面檢討，對實際犯罪狀況深入了解，而不是鄉愿式的虛飾，緩刑減刑以求表面數據看來悅目。這樣來理解韓非子，自有一番深意。不過，「刑當無多，不當無少」，言外頗有專意行刑，不顧百姓死活的冷峻心態，如果在「量刑」上有所偏失，也不知全盤檢省，流弊可大了。

由「刑當無多」，韓非子引出「惜草茅者耗禾穗，惠盜賊者傷良民」的理論。一則基於爲政猶如沐髮彈痤，必有所棄，有所忍❾的道理；一則基於明法嚴刑的目的，原爲了「救群生之亂，去天下之禍，使強不凌弱，衆不暴寡。❿」盜賊既犯法，威脅良民，依法處治自無不妥；若一味拘泥於統計數字上犯罪案件過多，不經合法手續仔細審斷，無端寬赦，私行恩惠，便是縱宥有罪之人，違背法治精神，而實質上，這樣做只對作姦犯科的人有利，助長爲惡的氣燄，這些姦邪之人怙惡不悛的結果，受害的便是善良百姓了。

唐太宗的貞觀之治，在中國政治史上具有相當完美的政治績效，「他推行類似今日的法治——律令政治，讓社會迅速安定而穩定，大家皆守法……。他的法律以愼刑、寬平、簡約、統一爲主，從而建立了上訴、合議、死刑覆奏制、笞刑不可笞背及減少抽打數目等制度措施，一掃隋朝以來的嚴刑酷毒⑪。」太宗因爲一心要施恩德於天下，曾在貞觀六年「親錄囚徒，歸死罪者二百九十人于家，令明年秋末就刑。其後應期畢至，詔悉原之⑫。」歐陽修作縱囚論，曾剴切剖陳其中的矛盾，認爲「縱而來歸而赦之，可偶一爲之爾，若屢爲之，則殺人者皆不死，是可爲天下常法乎！」不輕易赦宥，可說是千古定律，事實上，貞觀政要赦令第三十二便說：

> 貞觀七年，太宗謂侍臣曰：「天下愚人者多，智人者少。智者不肯為惡，愚人好犯憲章。凡赦宥之恩，惟及不軌之輩，古語云：小人之幸，君子之不幸。一歲再赦，善人喑啞。凡養稂莠者傷禾稼，惠姦宄者賊良人。昔文王作罰刑茲無赦，又蜀先主嘗謂諸葛亮曰：吾周旋陳元方、鄭康成之間，每見啓告理亂之道備矣，曾不語赦。故諸葛亮理蜀，十年不赦而蜀大化。梁武帝每年數赦，卒至傾敗。夫謀小仁者，大仁之賊，故我有天下已來，絕不放赦。今四海安寧，禮義興行，非常之恩，彌不可數，將恐愚人常冀僥倖，惟欲犯法，不能改過。」

以上資料，亦見舊唐書太宗本紀。陳述赦宥有害無益，只姑息小人，使愚者心存僥倖，對政令之推行，不僅毫無幫助，甚至可能導致傾敗。其中引用「養稂莠者傷禾稼，惠姦宄者賊良人」，與韓非子難二篇的「惜草茅者耗禾穗，惠盜賊者傷良民」意義相近，由太宗這段談話，更可以證明韓非子講究「刑當」，不肯隨意寬赦，自有其道理。

韓非子又針對儒家主張，提出反對「緩刑罰，行寬惠」的論點。韓非子外儲說右上篇，記敍晏子向齊景公陳論田氏將有齊國的事，所論列田氏私下行惠得民的資料，可與二柄篇首段參看，左傳昭公三年、史記齊世家也有記載。當景公「泫然出涕」，請教如何應付時，晏子告訴他說：

> 君何患焉！若君欲奪之，則近賢而遠不肖，治其煩亂，緩其刑罰，振貧窮而恤孤寡，行恩惠而給不足，民將歸君，則雖有十田氏，其如君何！

「近賢而遠不肖」，意同諸葛亮出師表所謂「親賢臣遠小人」，是爲政用人，促使國家興隆的要訣；以下的方策，就與難二篇「緩刑罰、行寬惠」意義相近，呈顯了晏子的儒家思想特色⑬。儒者的民本主義，要求人君愛惜民命，節約用度，賑貧窮，恤孤寡。就「緩刑罰」而言，儒者相信人性善，可以道德感化，輕刑就足夠了；但韓非子關心的是，這樣是否就能夠

「止姦」？他的現實觀察，認爲「恃人之爲吾善也，境內不什數；用其不得爲非，一國可使齊。爲治者用衆而舍寡，故不務德而務法。」（顯學篇）爲求政治上普遍而又必然的效果，不能用德治，只能用法治。爲求法禁嚇阻的績效，韓非主張重刑，「重一姦之罪，而止境內之邪。」（六反篇）對於善良的百姓，只要不觸犯罰則，重刑不僅無所妨害，而且能嚇阻惡人爲非作歹，反而是安定社會的力量，是保障善人權益的措施。

韓非子反對「行寬惠」，除了減刑、緩刑，赦宥有罪之人，還兼指經濟上的救濟政策，八說篇云：

> 仁者，慈惠而輕財者也。……慈惠，則不忍；輕財，則好與。……不忍，則罰多宥赦；好與，則賞多無功。……故仁人在位，下肆而輕犯禁法，偷幸而望於上。……不能具美食，而勸餓人飯，不為能活餓者也。不能辟草生粟，而勸貸施賜與，不為能富民者也。

「罰多宥赦」是刑罰不當，「賞多無功」是由輕財施賑而造成的，結果是人民輕易犯法，僥倖投機。與其「貸施賜與」，還不如切實的農耕，「辟（闢）草生粟」，從事實際生產。換言之，韓非子冀望訓練人民成爲自力更生的生產者，而不做等待救濟的寄生蟲。在顯學篇也有一段：

> 今世之學士語治者，多曰：「與貧窮地，以實無資。」今夫與人相若也，無饑饉疾疫禍罪之殃，獨以貧窮者，非侈則惰也。侈而惰者貧，而力而儉者富。今上徵斂於富人，以布施於貧家，是奪力儉而與侈惰也，而欲索民之疾作而節用，不可得也。

文中儒者主張的「與貧窮地，以實無資」，如果看做土地政策，有人認為就是孟子滕文公上篇所說的「九一而助」[14]，其實在孟子（西元前三七二——二八九年）的時代，「非惟助法不行，其貢亦不止什一矣。[15]」一般人談井田制的破壞，都歸咎商鞅變法（西元前三五九年年），「開阡陌」[16]；實際上，春秋時代，土地私有制已漸普遍，由非法而合法，魯國在西元前五九四年，便因應自由私田的存在而「初稅畝」（左傳宣公十五年），西元前四八三年，更明言「用田賦」（左傳哀公十二年）；在鄭國，子產於西元前五三八年「作丘賦」（左傳昭公三年），其他各國也紛紛課私田的田稅，承認私田的合法性，井田制已只是徒具形式而已了[17]。在韓非子的時代，儒者是否可能還主張「九一而助」，是否可行，都是很成問題的。值得注意的是，韓非子的下文，並不曾牽涉到土地問題，陳奇猷以為「地字當衍。[18]」頗有道理。如果沒有「地」字，可以看做經濟上的反對賑濟，是對儒墨「慈惠」的反動，與八說篇所云相應。韓非子剔除天災人禍的因素，認為力儉致富的財產應有保障，輕易賑濟，反而鼓勵侈惰，證諸近代先進國家社會福利制度，使勤儉者加重稅負，而遊手好閒者養成倚賴心理，韓非子的言論頗有參酌的價值。由這段話，可以了解，韓非子的富民富國政策，是獎勵生產，「使民以力得富」（六反篇），因而反對「奪力儉而與侈惰」，自有其因應制宜的特質，不僅不是冷酷，反而具有相當的公平性。至於誇飾必要有功才賞，而寧棄棗蔬的秦昭王事例[19]，就嫌拘泥不通了。顯學篇末段曾明揭重稅主張，說：「徵賦錢粟，以實倉庫，且以救饑饉、備軍旅也，而以上爲貪。」無論任何統治者，饑饉不賑災，再有什麼重大的理由都搪塞不過的。而「力儉」與「侈惰」如果不是富與貧的單純因素，像秦以後「富者田連仟佰（阡陌），貧者無立錐之地」[20]，韓非子的說法也得另外變通因應了。

荀子書中，有許多傾向法家思想的議論，且看這一段：

> 凡刑人之本，禁暴惡惡，且徵其未也。殺人者不死，而傷人者不刑，是謂惠暴而寬賊也。非惡惡也。……賞不當功，罰不當罪，不祥莫大焉。……殺人者死，傷人者刑，是百王之所同，未有知其所由來者也。刑稱罪則治，不稱罪則亂。故治則刑重，亂則刑輕。犯治之罪固重，犯亂之罪固輕也。（正論篇）

荀子主張用刑要「切當」，該罰就得罰，否則便是「惠暴寬賊」，這不是「惠盜賊者傷良民」的意思嗎？漢高祖入關中，盡去秦苛法，約法三章便是：「殺人者死，傷人及盜抵罪」[21]，這確實是「百王之所同」呢！荀子認爲：用刑切當就安定，否則就混亂，治世犯罪的少，人人疾惡，所以罰得重，亂世犯罪的多，不勝處罰了，所以罰得輕，這是很耐人深思的道理。

荀子隆禮義而重法度，他之所以成其爲儒法橋樑人物，不爲無因。這一段關顧現實層面的議論，也是啓引韓非子轉爲法家思想的論據。東漢王符著潛夫論，其述赦云：「養稊稗者傷禾稼，惠姦宄者賊良民。」一介於韓非子難二篇與貞觀政要赦令之間，足以證成唐太宗「曾不語赦」之說，並非虛語。而刑求允當，乃是根本，隨意赦免，徒然擾亂政令，又是不言可喻了。

註

❶ 詳左傳昭公三年。
❷ 左傳未詳地點，正義引晏子春秋云：「將更於豫章之圃」，與此同，今本晏子無，蓋佚文也。
❸ 且，發語詞也；王先愼集解云：「當作臣。」
❹ 踊，踊之俗字，刖足者履也。
❺ 參閱王更生著晏子春秋研究。
❻ 見晏子春秋卷六雜下，頁二五七—九。
❼ 見飾邪篇。
❽ 見難四篇。
❾ 見六反篇，參迂評頁五七五。
❿ 見姦劫弑臣篇，校釋頁二一九。
⓫ 雷家驥天可汗的時代——貞觀政要頁一五。
⓬ 舊唐書卷三，頁四二。
⓭ 章太炎國學略說頁一三九：「周公孔子之間有儒家乎？曰：有，晏子是也。」程發軔國學概論上册頁一五三：「仍列儒家而殿焉。」王更生晏子春秋研究頁五五：「由晏子春秋之文辭論晏子當屬儒家。」

⑭ 見王靜芝韓非思想體系頁二四三，第十篇斥儒。

⑮ 見朱子四書集註孟子頁七〇「國中什一使自賦」註。

⑯ 見史記商君列傳頁八九二。漢書食貨志上，頁五一四。

⑰ 參閱張純、王曉波著韓非思想的歷史研究，頁六。

⑱ 韓非子集釋頁一〇九〇。

⑲ 見外儲說右下篇，校釋頁五九九。

⑳ 漢書食貨志上，頁五一八董仲舒語。

㉑ 史記高祖本紀，頁一六九。

七　桓公雪恥——論慈惠亂本

韓非子難二篇第二節，記述齊桓公一件軼事：

齊桓公飲酒醉，遺其冠，恥之，三日不朝。管仲曰：「此非有國者之恥也，公胡不雪之以政？」公曰：「善。」因發倉囷賜貧窮，論囹圄出薄罪。處三日而民歌之，曰：「公乎！公乎！胡不復遺其冠乎！」

桓公聽從管仲的建議，借機會賑濟貧窮，減輕刑責，來洗雪「遺冠」的恥辱，使人民高興得不得了，巴不得他再丢幾次帽子。這是一則趣聞。但從政治立場，以長遠眼光看來，却暴露了一些問題，韓非子這樣辯駁：

或曰：管仲雪桓公之恥於小人，而生桓公之恥於君子矣。使桓公發倉囷而賜貧窮，論囹圄而出薄罪，非義也，不可以雪恥使之而義也；桓公宿義，須遺冠而後行之，則是桓公非行義，為遺冠也❶。是雖雪遺冠之恥於小人，而亦生宿義之恥於君子矣

❷。且夫發囷倉而賜貧窮，是賞無功也；論囹圄而出薄罪，是不誅過也。夫賞無功，則民偷幸而望於上；不誅過，則民不懲而易為非。此亂之本也，安可以雪恥哉！

這段話可以分幾層探析：

首先，總結桓公行事的意義：在小老百姓面前，是取得認可，好似洗雪了桓公丟失帽子的恥辱了；在君子人看來，桓公卻顯露了未能及時行義的缺失，另是一種恥辱了。下文依此題旨剖述：假說桓公「賜貧窮」、「出薄罪」談不上義，無法用來雪恥而使它合乎義；假說是義，那桓公早該做，卻留存內心不做，直等丟失了帽子，才拿它付諸實行，那麼他不算行義，純粹是爲了丟帽子才勉强敷衍。這是就細處分析，很有邏輯推理技巧。接著作小結：這樣一來，雖是在百姓面前洗雪了丟掉帽子的恥辱，在有德君子面前，卻又引起「知義而不爲」的恥辱，與起筆綰合呼應。

第二部分的論辯，從法家論功行賞，因罪施罰的原則發揮，認爲桓公「賜貧窮」是賞無功，將使百姓常存苟且僥倖的心理；「出薄罪」是不誅過，百姓有過不受懲罰，將輕易做壞事，這是致亂的根源。如此，先說明行「善政」，未必就能雪「遺冠」之恥；再論析輕易賑貧與減刑的長遠弊害，乍看挺有意義的趣事，竟也有其隱微內藏的禍端，韓非子的議論堪稱深刻獨到。

君主無故施恩赦罪，徒然亂法，使百姓心存僥倖，在韓非子書中，反覆申說這種理念：

魏惠王謂卜皮曰：「子聞寡人之聲聞亦何如焉？」對曰：「臣聞王之慈惠也。」王欣然喜曰：「然則功且安至？」對曰：「王之功至於亡。」王曰：「慈惠，行善也，行之而亡，何也？」卜皮對曰：「夫慈者不忍，而惠者好與也。不忍，則不誅有過；好與，則不待有功而賞。有過不罪，無功受賞，雖亡不亦可乎！」❸

「慈惠」是儒者一再讚美的君德，但竟有可能使國家覆亡，原因便在於「有過不罪，無功受賞」，齊桓公「出薄罪」「賜貧窮」不也一樣？韓非子甚至於舉證說明君主不宜輕易施恩賑濟：

韓昭侯使人藏弊袴，侍者曰：「君亦不仁矣，弊袴不以賜左右而藏之。」昭侯曰：「非子之所知也。吾聞之，明主愛一嚬一笑，嚬有為嚬，而笑有為笑。今夫袴，豈特嚬笑哉！袴之與嚬笑，相去遠矣，吾必待有功者，故藏之而未有予也。」❹

秦大饑，應侯請曰：「五苑之果❺、蔬、菜、橡、棗、栗足以活民，請發之。」昭襄王曰：「吾秦法，使民有功而受賞，有罪而受誅；今發五苑之蔬果❻者，使民有功與無功俱賞也。夫使民有功與無功俱賞者，此亂之道也。夫發五苑而亂，不如弃❼棗蔬而治。」❽

前段韓昭侯藏弊袴，以爲袴雖弊，仍擬待有功者賞之，看來似乎小氣、迂腐，倒也自有道理；秦昭襄王遇到饑荒，五苑的蔬果還要收藏起來，等百姓有功才賞，就未免不知因應制宜，難怪被斥爲不近人情了。若非「弃」字，而是「棄」（簡字「弃」，形誤）字，那是說寧可讓它爛壞也不肯發放賑濟，那更大悖常理了。韓非子顯學篇曾提到國家行重稅制度：「徵賦錢粟，以實倉庫，且以救饑饉、備軍旅也。」饑饉特殊情況，國家原有賑災的義務，昭襄王的事例，顯然與顯學篇的說法衝突，算不上是好的論證，但是「使民有功而受賞，有罪而受誅」的原則，倒是通貫一致的。

說苑政理篇有一段周文王與太公望的「軼聞」：

> 文王問於呂望曰：「為天下若何？」對曰：「王國富民，霸國富士，僅存之國富大夫，亡國之道富倉府，是謂上溢而下漏。」文王曰：「善。」對曰：「宿善不祥。」是日也，發其倉府以振（賑）鰥寡孤獨。

這段資料可信度不高，主要是帶有政治色彩的「王」「霸」概念，大約發生在戰國中葉❾，殷末文王君臣勢不可能有這些對話。但是劉向在本文中，却是接納賑孤寡爲行善的看法，「宿善」的「宿」，與難二篇「宿義」的「宿」字意義相同，意指存心行善而不行，能發倉府，賑救鰥寡孤獨，便是行善，劉向絲毫不以爲無故賑濟有什麼不妥。照這樣看來，韓非子主張「無功不賞」的條則，擴及不輕易賑濟，在西漢末年的學界並沒有產生影響性，由此可見，韓非子的理路雖細密，却過於拘泥；不過，由劉向的立意，也足以反襯韓非子剖陳事理確有其特異常人的深刻之處。

註

❶ 各舊本作「行義，非爲遺冠也」，盧文弨群書拾補曰：「非字衍」。陶鴻慶讀韓非子札記：「非字當在行義上。」茲從其說。

❷ 生宿義，原作「遺義」，依陳啓天校釋徵顧廣圻識誤校改。

❸ 內儲說上篇二㈩。

❹ 內儲說上篇三㈦。

❺ 果，原作「著草」，徵初學記引校改。

❻ 果，乾道本、迂評本作「草」，茲從趙本、凌本。

❼ 弆，原作「棄」，王煥鑣韓非子選改爲「弆」，收藏不發，於義爲佳。

❽ 外儲說右下篇二㈡。

❾ 見羅根澤管子探原頁三四及附錄三「古代政治學中之皇帝王霸」。

八　子思隱惡——論告姦宜賞

孔子之孫孔伋，字子思，孟子提過魯繆（穆）公（西元前四〇七年至三七七年在位❶）禮遇子思的事：

> 繆公亟見於子思曰：「古千乘之國，以友士，何如？」子思不悅曰：「古之人言曰事之云乎！豈曰友之云乎？」子思之不悅也，豈不曰：「以位，則子君也，我臣也，何敢與君友也？以德，則子事我者也，奚可以與我友？」❷

由這段話，「繆公之敬子思，與子思之高自位置，俱可見。❸」依照子思的看法，若論政治體制上的君臣對待關係，國君不能以千乘之君的名義來和士人結友，若是撇開君臣權利義務對待關係，以個人的身分出現，國君不過是個平凡的人，就人倫、禮節上說，要敬老、尊賢，就該執弟子之禮才是❹。孟子受教於子思之門人，或許這些話有相當的憑證。韓非子難三篇第一節，也有一段魯穆公尊禮子思的記載：

魯穆公問於子思曰：「吾聞龐𢉑氏❺之子不孝，其行奚如？」子思對曰：「君子尊賢以崇德，舉善以觀❻民，若夫過行，是細人之所識也，臣不知也。」子思出，子服厲伯❼入見，問龐𢉑氏，子服厲伯對曰：「其過三。」皆君之所未嘗聞。自是之後，君貴子思而賤子服厲伯也。

子思認為：君子人推尊賢者，增進德操，推舉善人來做人民的模範，至於別人的兒子不孝與否，是私德上的缺失，是小人才會留意的事，他推托不知道。同樣的問題，子服厲伯卻回答說有三項缺失，一談起來，都是魯穆公不曾聽過的。從此，魯穆公看重子思，看輕子服厲伯。君子人修身之道，是要「攻其惡，無攻人之惡」❽，態度上是對自我要求很高，而待人卻寬和，孔子說：「躬自厚而薄責於人」❾，看別人有缺失，內心充滿悲憫同情，子張說：「嘉善而矜不能」❿。孔門這種修身觀念發揚開來，便是中國傳統的美德——隱惡揚善，子思不肯談「過行」，正是這種德操，是高度容忍的美德，寬厚的處世之道。但法家以整體利益為大前提，常有不同角度的觀察，韓非子辯駁說：

或曰：魯之公室，三世劫於季氏，不亦宜乎！明君求善而賞之，求姦而誅之，其得之一也。故以善聞之者，以說善同於上者也；以姦聞之者，以惡姦同於上者也：此宜賞譽之所及也。不以姦聞，是異於上而下比周於姦者也，此宜毀罰之所及也。今

> 子思不以過聞，而穆公貴之；厲伯以姦聞，而穆公賤之。人情皆喜貴而惡賤，故季氏之亂成而不上聞，此魯君之所以劫也。且此亡主之俗，鄒魯之民所以自美，而穆公獨貴之，不亦倒乎！

認為穆公貴子思而賤厲伯的作法，正顯現賞罰的淆亂，不能獎勵告姦，正是魯國公室被季氏威逼的原因。

一般理解，魯國公室昭、定、哀三代被季氏劫持[11]，穆公距哀公之卒，其間尚有悼公、元公計五十八年，細玩文義，係感歎魯國公室的傳統作風不夠切實。事實上，從魯文公逝世（西元前六〇九年）起，魯國的政權就已被季氏掌握。昭公三十二年（西元前五一〇年），趙簡子曾與史墨談及季氏「出其君而民服焉[12]」的怪現象，史墨感喟：「政在季氏，於今四君矣。[13]」足見「三」是多數。韓非子以為魯國公室政權落入季氏之手已有多代，全由於君主辨知上有缺陷，必須貫徹賞善罰姦的原則。韓非子書的「姦」字指違法情事。他認為君主賞罰出了紕漏，不能「求姦」，不能獎勵人民「以姦聞之」，以致季氏為亂已成氣候，而仍然沒人向君主反映，這樣才被蒙蔽，才會被劫持，這是亡國的作法，韓非子說：「君無術則弊（蔽）於上，臣無法則亂於下。[14]」魯穆公正是無術，季氏正是無法。

東漢王充論衡有非韓篇，針對韓非子有關「魯穆公貴子思而賤厲伯」的論難有過駁議：

> 人為善，法度賞之；惡，法度罰之。雖不聞善惡於外，善惡有所制矣。夫聞惡不可以行罰，猶聞善不可以行賞也。非人不舉姦者，非韓子之術也。使韓子聞善，必將使之；試之有功，乃肯賞之。夫聞善不輒加賞，虛言未必可信也。若此，聞善與不聞，無以異也。夫聞善不輒賞，則聞惡不輒罰矣。聞善必試之，聞惡必考之。試有功乃加賞，考有驗乃加罰。……夫耳聞口問，一實也，俱不任吏，皆不參伍。厲伯之對，不可以立實，……不使吏考，獨信厲伯口，以罪不考之姦，如何？

這是「以子之矛，攻子之盾」的筆法，由韓非子重參伍的基本論點，抨擊獎勵告姦之說，未曾特別強調參伍考核的過程。在韓非子文中確實有這個缺漏，但以整體韓非子思想體系揣度，考核理宜在必然進程中，因而也就不曾特意強調。商鞅治秦的政策之一：「設告坐而責其實」，便在獎勵告姦之際，以誣告反坐來嚇阻，務求實言。韓非子後出轉精，能辨認商君之法所謂「斬一首者爵一級，欲爲官者爲五十石之官；斬二首者爵二級，欲爲官者爲百石之官。」的弊病，以縝密的思慮，分析勇力與智能各有所長，有軍功者徒恃勇力，未必適合亟須智能之官職[15]。商鞅忽略「因材器使」，只知一味獎勵軍功，韓非子尚能指陳其失；商鞅都能顧及「責其實」的告姦，韓非子不可能反而忽視。

論衡非韓篇更進一步推本法度之重要以及「不孝」非「姦」之實：

夫魯君所以劫者，以不明法度邪，以不早聞姦也？夫法度明，雖不聞姦，姦無由生。法度不明，雖日求姦，決其源，鄣之以掌也。……今不言魯君無術，而曰不聞姦，不言審法度，而曰不通下情。韓子之非繆公也，與術意而相違矣。龐撊是子不孝，子思不言，繆公貴之，韓子非之，以為明君求善而賞之，求姦而誅之。夫不孝之人，下愚之才也。下愚無禮，順情從欲，與鳥獸同，謂之惡可也，謂姦非也。姦人外善內惡，色厲內荏，作為操止，像類賢行，以取升進，容媚於上，安肯作不孝，著身為惡，以取棄殉之咎乎？龐撊是子可謂不孝，不可謂姦。韓子謂之姦，失姦之實矣。……使法峻，民無姦者，使法不峻，民多為姦。而不言明王之嚴刑峻法，而云求姦而誅之。言求姦，是法不峻，民或犯之也。世不專意於明法，而專心求姦。韓子之言，與法相違。……然則人君劫於臣，己失法也。備溺不闕水源，防劫不求臣姦，韓子所宜用教己也。

王充以爲：魯君被劫，不一定是「姦不聞」，可能是法度不明。只要法度嚴明，嚴刑峻法，「姦」自然不產生，這是根本大原則，言之成理。但事實上，現實各種現象並不單純，儘有爲姦之人，不畏嚴法，須要君主法術並用，來掌握行踪，杜絕惡行的。其次，王充以爲：「不孝」並不是「姦」，說辭明切，思慮細密。「不孝」是私德的缺陷，並不一定構成違法程度，如果只是私德的缺失，事實上除了影響某種習俗風氣，未必會影響政令的推行，子思隱惡，並不等於匿姦，王充確定的論點，應用於駁斥韓非子的「子思不以過聞」是「宜毀罰之所及」，極爲有力。論衡語語鋒銳，辭氣咄咄逼人，或許論駁技巧很有韓非子難篇的意味吧！

儘管王充論衡非韓篇已指出本段子思隱惡，不孝只能算惡，不能算是「姦」，完全推翻韓非子設論的根源，但是不能不留意的是，韓非子藉此發論，旨在强調獎勵告姦之重要性。正因爲告姦重要，所以他補足申不害的術論，便認爲「治不踰官，雖知弗言」，前半强調官吏守職，是法家專任分職的重要原則，「明分職」也是「百家弗能改也[16]」的不易準繩，但必要時，以整體利益爲前提，仍須權宜告姦，申不害的語病，便在於「雖知弗言」[17]。因爲韓非子的術，包融了伺察性的密術，要以全國人爲耳目，做到「身在深宮之中，而明照四海之內」[18]。

墨子的尙同之說，言及「聞善而[19]不善，皆以告其上；上之所是，必皆是之，上之所非，必皆非之；上有過則規諫之，下有善則傍薦之。[20]」就善與不善都要向上級反映一點來看，有些像法家的獎勵告姦，但實質並不盡相同。商鞅的「令民爲什伍而相收司連坐。不告姦者腰斬，告姦者與斬敵首同賞，匿姦者與降敵同罰」[21]，是要求人民互相監視，以避免有不軌之行爲[22]；韓非子的獎勵告姦，是要「天下弗能蔽，弗能欺」[23]；而墨子則藉此以爲賞罰之憑藉，以求逐級統一一切之思想觀念[24]。區別其間的異同，正是研究諸子特重思辨的重點之一。

註

❶ 錢穆考證爲西元前四一五至三八三年。錢氏推斷子思生於西元前四八三，卒於四〇二年；孟子生於西元前三九〇，卒於三〇五年。詳先秦諸子繫年。

❷ 萬章篇下⑦。

❸ 錢穆「魯繆公禮賢考」，前揭書頁一五七。

❹ 參閱孟子義理疏解修養論見賢人之道。

❺ 論衡非韓篇作「龐撊是」，字書無撊，疑作撊，是同氏。

❻ 觀，示也，見顧廣圻識誤。

❼ 陳奇猷集釋：魯孟獻子生仲孫它，它字子服，遂爲子服氏。子服厲伯，子服其氏，厲伯其謚。貞按：魯哀公十五年，子服景伯與子貢爲介適齊。厲伯或即其後，抑同族者。

❽ 論語顏淵篇㉑：「樊遲從遊於舞雩之下，曰：『敢問崇德、脩慝、辨惑？』子曰：『善哉問！先事後得，非崇德與？攻其惡，無攻人之惡，非脩慝與？一朝之忿，忘其身以及其親，非惑與？』」

❾ 論語衛靈公篇⑭。

❿ 論語子張篇③。

⓫ 日人松皐圓纂聞：「三世：昭、定、哀。」

⓬ 左傳昭公三十二年。

⓭ 史記魯世家。

⓮ 定法篇。

⓯ 詳見定法篇第三段。

⑯ 司馬談論六家要指，見史記太史公自序。

⑰ 同⑮。

⑱ 姦劫弑臣篇。

⑲ 王引之云：「而，猶與也。」

⑳ 墨子尚同上篇。

㉑ 史記商君列傳。

㉒ 王冬珍墨學新探頁一五九。

㉓ 同⑱。

㉔ 同㉒。

九　趙簡子去楯櫓——論用衆之道

西元前五四一年，晉國大臣叔向曾對來訪的齊國大臣晏嬰預言：「晉國之政，將歸六卿。❶」九十年後，六卿中的韓、趙、魏終於瓜分了晉國，另開戰國七雄對峙之局。若論使趙國發展壯大的賢君，必須推溯春秋末期的趙簡子，左傳昭公二十五年（西元前五一七年）他開始在政治舞台上活躍，卒於西元前四七五年，韓非子難二篇第七節有一段有關他的軼事：

> 趙簡子圍衛之郛郭，犀楯犀櫓❷，立於矢石之所不及，鼓之而士不起。簡子投枹曰：「烏乎！吾之士數弊❸也。」行人燭過免冑而對曰：「臣聞之：亦有君之不能耳，士無弊者。昔者吾先君獻公幷國十七，服國三十八，戰十有二勝，是民之用也。獻公沒，惠公卽位，淫衍暴亂，身好玉女，秦人恣侵，去絳十七里，亦是人之用也。惠公沒，文公受之，圍衛，取鄴，城濮之戰，五敗荊人，取尊名於天下，亦此人之用也。亦有君不能耳，士無弊也。」簡子乃去楯櫓，立矢石之所及，鼓之而士乘之，戰大勝。簡子曰：「與❹吾得革車千乘，不如聞行人燭過之一言也。」

呂氏春秋貴直篇末段取材相似，那是三段直言進諫的資料。趙簡子指揮軍士攻衞，自己防備嚴密，站在弓箭飛石攻擊不到的地方，擊動鼓音而軍士振作不起來，他丟了鼓槌感歎！呂氏春秋的歎語是：「嗚呼！士之遬弊，一若此乎！」❺，遬是速的籀文，他感歎軍士怎麼這麼快就疲憊到這個地步！燭過的職銜是行人，原是外交人員，掌理朝覲聘問之事，他想進納直言，一則是越俎代庖，犯了超越職守的大忌，一則話說得太耿直，怕得罪趙簡子，所以他先脫了軍帽表示謝罪之意。他列舉晉國獻公（西元前六七六至六五一年在位）、惠公（獻公子，西元前六五〇至六三七年在位）、文公（獻公子，西元前六三六至六二八年在位）三朝或勝或敗的事跡，歸結出：「亦有君不能耳，士無弊也。」暗示成敗關鍵在領導者，不在軍士。於是趙簡子丟棄盾櫓，站在敵人弓箭飛石攻擊得到的地方，一擊鼓而士氣大振，軍士們就登上了外城。趙簡子領略燭過的一句話，抵得上千輛兵車的威力❻。

細玩燭過的話，重點在提醒簡子自我檢討，表面文字看不出有要求簡子親冒矢石的意味，他强調三君「用」的是同樣的晉國軍士，並不曾列舉君主如何勇敢，不避矢石。因此，趙簡子的作法，只是個人意會，是非曲直與燭過不相干。韓非子的思慮清明，他的論駁便分別就燭過之言與簡子之行逐項進行：

或曰：行人未有以說也，乃道惠公以此人是敗，文公以此人是霸，未見所以用人也，簡子未可以速去楯櫓❼也。嚴親在圍，輕犯矢石，孝子之所愛親也。孝子愛親，

> 百數之一也。今以為身處危而人尚可戰，是以百族之子於上❽，皆若孝子之愛親也，是行人之誣也。好利惡害，夫人之所有也。賞厚而信，夫人輕敵矣；刑重而必，夫人不北矣。長行徇上，數百不一人；喜利畏罪，人莫不然。將衆者不出乎莫不然之數，而道乎百無一人之行，未知用衆之道也。

他先批駁燭過的說法，看不出用人的道理；再指明簡子的作法欠妥當，進一步提揭具體辦法來，條理分明，自有其相貫的思路可尋。

韓非子認爲簡子不能丟開防身的楯櫓，他沒有反對簡子「立於矢石之所及」，而提出不能「速去楯櫓」，是非常客觀持平的論說。因爲將帥身先士卒，奮勇衝鋒，是值得讚許的，但是「千金之子，坐不垂堂」❾，將帥沒有理由冒不必要的危險，「去楯櫓」，正是冒不必要的危險，不是智者之行。韓非子曾對宋襄公（西元前六五〇至六三七年在位）與楚人戰於泓，負傷致死的事發表過議論：「夫必恃人主之自躬親，而後民聽從，是則將令人主耕以爲食、服戰雁行也，民乃肯耕戰，則人主不泰危乎？而人臣不泰安乎？❿」這是連親犯矢石都覺得未必有其需要了。事實上，如果是精銳的部隊，編組合理，訓練有素，理該是擊鼓進軍，赴湯蹈火在所不辭。韓非子說：「越王好勇而民多輕死」⓫，越王的作法不過是「式怒鼃」而已：

越王句踐見怒鼃而式之，御者曰：「何為式？」王曰：「鼃有氣如此，可無為式乎！」士人聞之曰：「鼃有氣，王猶為式，況士人之有勇者乎！」是歲，人有自剄死，以其頭獻者。故越王將復吳而試其教：燔臺而鼓之，使民赴火者，賞在火也；臨江而鼓之，使人赴水者，賞在水也；臨戰而鼓之，使人絕頭刳腹而無顧心者，賞在兵也。又況據法而進賢，其功甚此矣。⑫

足見激勵士氣，自有許多高妙招數，何嘗要親冒矢石之危？

韓非子駁斥趙簡子撤去楯櫓，是一種無謂的冒險，主要的理論依據，在於人性自利。在緊急狀況之下，孝子愛親救親極不易得，君臣關係又遠不如父子關係，要求所有戰士對待趙簡子都像孝子對待父親一般，事實上不可能。這樣的筆調，在五蠹篇「民者固服於勢，寡能懷於義」一段，有很類似的論證方式：

仲尼，天下聖人也，修行明道以遊海內，海內說其仁，美其義，而為服役者七十人，蓋貴仁者寡，能義者難也。故以天下之大，而為服役者七十人，而仁義者一人。魯哀公，下主也，南面君國，境內之民，莫敢不臣，民者固服於勢，勢誠易以服人。……今學者之說人主也，不乘必勝之勢，而曰「務行仁義，則可以王，」是求人主之必及仲尼，而以世之凡民皆如列徒，此必不得之數也。

韓非認爲人性自利，未必皆善，未必皆能德化，所以說：「不恃人之爲吾善也，而用其不得爲非也。恃人之爲吾善也，境內不什數，用人不得爲非，一國可使齊。爲治者用衆而舍寡，故不務德而務法。⓭」基本上，韓非子並沒有否定德化，也不曾完全否定德化的效果，只是就政治上的普遍性與必然性施行效果論斷，德化不如法治。難二篇第七節趙簡子的作法，便是德化，相當情感的，也是非常不穩妥的。韓非子既否定趙簡子的作法，進一步便具體提出可行的方案，大體不脫因人性而定賞罰，以厚賞重罰，信賞必罰的原則，達到使戰士「逐敵危而不却」⓮，使國家兵力强盛的效果。

在修辭方法上，「長行徇上，數百不一人；喜利畏罪，人莫不然。」，用誇張對襯筆法，推出統領衆軍士的人居然所行適得其反，更加强批駁的力量，最後「行人未知用衆之道也」，與起筆判斷「行人未有以說也」應合，至此，也批判了趙簡子「不如聞燭過之一言」的感性稱揚。相對的，韓非子理智的剖析與具體方案的提出，便更形重要了。

註

❶ 史記趙世家。

❷ 楯同盾，櫓，大盾也，皆防身之具。

❸ 數，呂氏春秋貴直篇作遫，乃速之籀文，遫弊，意謂疲憊得快。

❹ 與，如也，猶言「與其」，和下句「不如」是相呼應之連詞，詳見裴學海古書虛字集釋。

❺ 遫同速，呂氏春秋辯志篇：「莖生有行，故遫長；弱不相害，故遫大。」用字同，或誤爲遬，音ㄔˋ，張也，欠妥。
❻ 孫子兵法作戰篇：「革車千乘」，革車原指輜重車輛，載器械財貨衣裝等。
❼ 楯櫓，乾道本楯作脅，審上文「乃去楯櫓」，宜依今本、藏本。「脅櫓」或解爲遮胸之楯櫓，亦可通。
❽ 百族之子，謂戰士，戰士來自各族，故以百族稱之。
❾ 史記袁盎傳。
❿ 外儲說左上篇五㈢。泓、韓非子作「涿谷」，蓋泓水旁地之別名。韓非子批評宋襄公者，尚有針對「不重傷，不擒二毛，不鼓不成列」而論定「乃慕仁義之禍」。
⓫ 二柄篇。
⓬ 內儲上篇三㈥。
⓭ 顯學篇。
⓮ 定法篇。

第二輯 術 論

一　桓公告仲父——論使人不佚

管仲輔佐齊桓公四十年，桓公對管仲倚賴之深，信任之專，是歷史上罕見的。韓非子難二篇第五節記載：

> 齊桓公之時，晉客至，有司請禮❶，桓公曰：「告仲父」者三。而優笑曰：「易哉為君！一曰仲父，二曰仲父。」桓公曰：「吾聞：君人者勞於索人，佚於使人。吾得仲父已難矣，得仲父之後，何為不易乎哉！」

齊桓公事事交代屬下去向管仲報告，他認爲做君主的找賢臣很勞苦，有了賢臣，就可以安佚地差遣人了。好不容易找到管仲，自己當然要輕鬆了。針對「君人者勞於索人，佚於使人」這兩句，韓非子大發議論：

> 或曰：桓公之所應優，非君人者之言也。桓公以君人者為勞於索人，何索人為勞哉！伊尹自以為宰干湯，百里奚自以為虜干穆公。虜，所辱也；宰，所羞也。蒙羞辱而

接君上，賢者之憂世急也。然則君人者無逆賢而已矣，索賢不為人主難。且官職所以任賢也，爵祿所以賞功也；設官職，陳爵祿，而士自至，君人者奚其勞哉！使人又非所佚也：人主雖使人，必以度量準之，以刑名參之，以事遇❷於法則行，不遇於法則止；功當其言則賞，不當則誅。以刑名收臣，以度量準下，此不可釋也，君人者焉佚哉？索人不勞，使人不佚，而桓公曰「勞於索人，佚於使人」者，不然。

他破解「勞於索人」，先以伊尹、百里奚爲例，以見賢者「憂世急」，往往主動蒙恥與君周旋，「索賢」根本不難。就法制而言，做國君的人敷設官職以安頓賢者，提供爵位俸祿以賞賜有功之人，只要「設官職、陳爵祿」，士人自會到來，談不上「勞」！他破解「佚於使人」之說，就法制而言，差遣人必須有原則，有依據，「度量」、「刑名」、「法」都得顧及，言事合宜有功效就賞賜，否則就誅罰，如此「使」人，自然不能算安佚了。他認爲士人積極進取是基於憂世救世的襟懷，可參閱難一篇第六節「小臣稷遁世」。他認爲有法制，索人就不難，自有一番道理。雖說賢者未必都會自干於君上，也未必都受爵祿的利誘，但有心仕途的人仍不在少數，人君果眞誠心招攬人才，「索賢」確實不難。而韓非子君術的運用雖以無爲做總綱，「使人」仍得依循法制，配合形名參伍的實證考核，又怎能安佚輕鬆？這是很樸實的政治觀。

韓非子談論君臣關係，是從人性自利，君臣利異出發，特別強調君主必須用術控制人臣，以免人臣徇私害公，不利於君國。他相信人臣中固然有許多守法的循吏，「循令而從事，案法而治官」，最糟的是有不守法的權貴大臣，「重人也者，無令而擅爲，虧法以利私，耗國以便家，力能得其君」❸，這些不法大臣之所以能存在，部分原因也是君主不能善用控馭手段——術。「君無術則弊（蔽）於上❹」被蒙騙，國君須檢省，多數是因爲無術；有篡弑之臣，多數是君主本身嗜欲極深，被臣僚玩弄，而自亂賞罰，他說：「今人主不掩其情，不匿其端，而使人臣有緣以侵其主，則群臣爲子之、田常不難矣。❺」子之侵奪燕王噲的君位，田常弑殺齊簡公，照文義看，是人主不能掩情匿端，使得原有所畏忌的守法臣子，也敢於亂法，甚而弑劫都不算難事，足見君術善用與否是關係著人君安危、國家存亡的了。

在難二篇第五節駁論文字的後半部，韓非子便是由君臣利異及人君用術之重要來看待齊桓公與管仲的君臣遇合。他說：

> 且桓公得管仲又不難。管仲不死其君而歸桓公，鮑叔輕官讓能而任之；桓公得管仲又不難，明矣。已得管仲之後，奚遽❻易哉！管仲非周公旦，周公旦假為天子❼七年，成王壯，授之以政，非為天下計也，為其職也。夫不奪子而行❽天下者，必不背死君而事其讎；背死君而事其讎者，必不難奪子而行天下；不難奪子而行天下者，必不難奪其君國矣。管仲，公子糾之臣也，謀殺桓公而不能，其君死而臣桓公。管仲之取舍非周公旦，亦以明矣；然其賢與不賢，未可知也❾。若使管仲大賢也，且

為湯、武。湯、武，桀、紂之臣也；桀、紂作亂，湯、武奪之。今桓公以易⑩居其上，是以桀、紂之行，居湯、武之上，桓公危矣。若使管仲不肖人也，且為田常。田常，簡公之臣也，而弒其君。今桓公以易居其上，是以簡公之易，居田常之上也，桓公又危矣。管仲非周公旦以明矣，然為湯、武與田常，未可知也。為湯、武，有桀、紂之危；為田常，有簡公之亂也。已得仲父之後，桓公奚遽易哉！若使桓公之任管仲，必知不欺己也，是知不欺主之臣也。然雖知不欺主之臣，今桓公以任管仲之專，借豎刁、易牙，蟲流出戶而不葬，桓公不知臣欺主與不欺主已明矣，而任臣如彼其專也！故曰：桓公闇主。

這段文字，集中筆力放在齊桓公與管仲君臣關係的種種可能上探討，可分四小段說明：

㈠「桓公得管仲不難，破「勞於索人」。

㈡反問奚遽易哉，疑「佚於使人」。

㈢以周公旦比照，「佚於使人」實難。

㈣管仲賢，則爲湯武之革命，焉能「佚」？

㈤管仲不賢，則爲田常之弒君，焉能「佚」？

層層遞進，剖陳比況，條理分明。第三小段以周公旦和管仲相比，其實兩人際遇並不完全相同。周公是輔政的貴重大臣，管仲是求仕的窮賤士人。管仲背君事讎，是爲了「奉社稷以持宗廟」⓫，原自有他相當可取的高遠視界，詳見本書第一輯「管仲遺言」。他治理的是危亂之後的一方諸侯國，比不得周公代攝行政的是一統天下。若依據他的背君事讎，論定他不如周公，有可能奪其君國，仍嫌主觀。至於議論桓公不得「佚於使人」，前後隱含君臣利害，不能互相信賴，君主宜善用無爲之術等的重要理念，是相當能顯現韓非子基本思想的。約而言之，管仲賢與不賢，桓公都不能「佚」而使之。由相反的角度來看，即使管仲眞的賢而不欺主，桓公正因其不欺主，所以信任他，既久而專，表面上似乎可以肯定君臣相得益彰，也可以肯定齊桓公未必不能用術了。但轉筆盪開，立即又以豎刁、易牙的被信任，反證桓公不能辨明人臣之欺主抑不欺主，也就證明了：桓公不能用術，既不能用術，當然不是明主，所以結論是：「桓公闇主」。闇主一詞加在五霸之首身上，極具警醒作用。一則反映法家的改革精神，並不一味遵循古來慣常的褒貶，一則正好藉此發揮他的君術理論。

荀子君道篇云：「急得其人，則身佚而國治，功大而名美。……故君人者勞於索之，而休於使之。」荀子談爲君之道，「取人有道，用人有法⓬」，選賢者辛勞，但只要有了賢臣，就可以「身佚而國治」。這觀念和難二篇引述的齊桓公之言相似，可見齊桓公的看法其來有自。韓非子却能從傳統頗具權威的定論中，剖析批駁，條理井然，辯難周洽，誠屬不易。

註

❶ 禮，呂氏春秋任數篇作「事」，新序雜事四作「吏」。陳奇猷疑「事」誤爲「吏」，「吏」與「禮」音近而

訛，見韓非子集釋頁八三一。

❷ 以，王先慎集解認為當衍。「遇」，合也。

❸ 孤憤篇。

❹ 定法篇。

❺ 二柄篇。

❻ 遽，遂也，「奚遽」猶「何遂」，相當白話文說「那就」。

❼ 假為天子，代行天子之事，指周公攝政。

❽ 子，謂成王；下文泛指幼主。行，治也。

❾ 「亦以明矣然其賢與不賢」十字，各舊本無，依王先慎集解徵張榜說補。

❿ 易，簡易、安佚，指毫不防備。

⓫ 管子大匡篇。

⓬ 荀子君道篇。

二　桓公三難——論正名與用術

傳說中，「一鳴驚人」的故事，是以謎語的方式帶引出來的。韓非子喩老篇第二十節，曾經藉楚莊王隱藏私人的好惡，借機觀察臣僚，因而能大事興革，成爲一代霸主的事，來說明人主的無爲密術；也藉這個設喩，解說了老子第四十一章「大器晚成，大音希聲。」的道理❶。在難三篇第三節，韓非子也以猜謎的方式起筆：

人有設桓公隱者，曰：「一難，二難，三難，何也？」桓公不能射❷，以告管仲。管仲對曰：「一難也：近優而遠士。二難也：去其國而數之海。三難也：君老而晚置太子。」桓公曰：「善。」不擇日而廟禮太子。

管仲把握良機，爲齊桓公臚列待解決的難題，頗見苦心，是針對齊桓公的弊病而提出的。第三項可以具體明確表示，因而即以最快捷的方式告廟立定了太子。第二項「去其國而數之海」，「海」也許就是外儲說左上篇：「齊景公遊少海」、外儲說右上篇：「景公與晏子遊於少海」的「少海」，王先愼集解以爲是勃海。韓非子十過篇，歷舉人君足以危身亡國的十種過失，其中有「離內遠遊」一項，正可與難篇相印證。不過，所舉田成子遊於海，「海」或即「數之海」之「海」，與「少海」同爲某旅遊勝地，田成子的事例，依說苑正諫篇，該是齊景公才是。「齊景公遊於海上，六月不歸。……顏燭趨進諫……遂歸，中道聞國人謀不內（納）矣。❸」大致可以說明管仲憂慮的因素，是怕齊桓公耽於遊樂，荒廢政事，引致禍亂。至於「近優而遠士」，也是旨在提醒桓公，勿狎暱俳優而遺忽賢士，只知享受，不能親士勤政。

韓非子的論難，從一個基本論點出發：政治只要能穩定，君主生活上的細節可以擁有更大的彈性：

> 或曰：管仲之射隱，不得也。士之用不在近遠，而俳優侏儒固人主之所與燕也。則近優而遠士而以為治，非其難者也。夫處勢而不能用其有而徒不去國，是以一人之力禁一國；以一人之力禁一國者，少能勝之。明能照遠姦而見隱微，必行之令，雖遠於海，內必無變。然則去國之海而不劫殺，非其難者也。楚成王置商臣以為太子，又欲置公子職，商臣作難，遂弒成王❹。公子宰，周太子也，公子根有寵，遂以東周反❺，分而為兩國。此皆非晚置太子之患也。夫分勢不二❻，庶孽卑，寵無藉❼，雖處老耄，晚置太子可也。然則晚置太子，庶孽不亂，又非其難也。

管仲提出「近優而遠士」的缺失，用對比烘襯手法，表明桓公的輕重失宜，韓非則以「士之用，不在近遠」破解，他認爲用人有遠有近，各得其宜，而俳優侏儒等諸謔人物，是君主左右適度範圍所容許親近的人物。照韓非子的思想體系推論，這些「在旁」的左右近習，優笑侏儒，只要「使其身，必責其言，不使益辭。❽」便毫不影響人君治國。管子小匡篇引述齊桓公初登位，任用管仲時，君臣對答，齊桓公愧言：「寡人不幸而好田、好酒、好色」，管仲都回答：「惡則惡矣，然非其急者也。」他的重點是：「人君唯優與不敏爲不可。優則亡衆，不敏不及事。」管仲顯然認爲：犬馬、聲、色不足慮，不過是私人生活的部分享受，最要緊的是，處理公務要精進勤勉，果決勇斷。小匡篇有可能是戰國時人所作❾，頗反映法家離析私德於政治領域之外的觀念，認可人君在私人生活上有相當範圍的享樂，比起一味以堯時「茅茨不翦，采椽不斵」❿，來要求人君儉樸，是切實、近情，而且合乎時代潮流的。秦二世皇帝曾援引韓非子五蠹對於堯、禹物質條件的描繪，抗議說：「夫所貴於有天下者，豈欲苦形勞神，身處逆旅之宿，口食監門之養，手持臣虜之作哉！此不肖人之所勉也，非賢者之所務也。彼賢人之有天下也，專用天下適己而已矣。⓫」他的話流露了後代爲君者「以爲天下利害之權皆出於我⓬」的絕頂自私的心理，也映現了以堯、禹的儉樸去要求後代君主是如何困難。法家確信人性自利，君主當然自利，既不能不讓他圖利，只有要求政治穩定做前提，一切享樂不影響政治就好。好田、好酒、好色，是不好，但不是迫切到危及國家的生存，還是可以認可的；唯獨公事不可馬虎，如此公私分明，未嘗不是進步的觀念。

就遠遊一事而言，韓非子認爲如果能任勢用術，臣僚的情形鉅細靡遺，瞭如指掌，法令能貫徹通行，即使「偶而」遠遊也沒有關係。當然，韓非子不可能贊成長時期的遠遊，那是不合道理的。至於置太子一事，韓非子強調早置太子，還得保持信賴，不輕變更才有用，舉兩個實例說明失敗之由，於是又歸結到制度的問題了。有制度，有原則，君主的態度堅定，晚置太子也無妨。齊桓公與管仲曾把公子昭囑託給宋襄公，立爲太子；但因嬖幸巫雍與豎刁的巴結，他又答應立衞共姬的兒子無詭，以致桓公死後，五公子爭位，無詭得立，太子奔宋，桓公停屍六十七天，屍蟲爬到門檻外頭，一代霸主，死得非常沒有尊嚴。三月後宋襄公領兵擁立太子昭，即孝公，大致才安定下來，但齊國從此一蹶不振。這正犯了「太子卑而庶子尊⑬」的毛病，難怪差點亡國。在嫡庶名分上講究，是使政治安定的一項措施，韓非子屢屢言及：

禮施異等，后姬不疑（擬、儗），分勢不貳，庶適不爭。⑭

輕其適正，庶子稱衡，太子未定，而主卽世者，可亡也。……君不肖而側室賢，太子輕而庶子伉，……后妻賤而婢妾貴，太子卑而庶子尊，相室輕而典謁重，如此則內外乖，內外乖者，可亡也。⑮

故曰：孽有擬適之子，配有擬妻之妾，廷有擬相之臣，臣有擬主之寵，此四者國之所危也。⑯

足見立義各篇相貫，而難三此節於破解反辯之餘，另提具體正論便是：

> 物之所謂難者，必借人成勢，而勿使侵害己，可謂一難也。貴妾不使二后，二難也。愛孽不使危正適，專聽一臣而不敢偶君，此則可謂三難也。

先拈出「必借人成勢，而勿使侵害己」作總綱。人主必善用人，使人人爲我所用，蓄威成勢，却又不致釀成禍患，便須高明方術的配合。而二難、三難所開示的綱目，仍不離名分上的立定，說疑篇云：

> 故曰：「內寵並后，外寵貳政，枝子配適，大臣擬主，亂之道也。」故周記曰：「無尊妾而卑妻，無孽適子而尊小枝，無尊嬖臣而匹上卿，無尊大臣以擬其主也。」

名分確定，權勢釐定，妻妾、嫡孽各安其位，宮室問題便解決了；小臣與上卿，不致權力傾軋，尊貴大臣能敬君主，忠誠不二，朝廷也不會有問題了。管子書也說：「內有疑（擬，下同）妻之妾，此宮亂也；庶有疑適之子，此家亂也；朝有疑相之臣，此國亂也。」希望能做到：「妻必定，子必正，相必直立以聽。[17]」這篇戰國時代作品所留意的問題，與韓非子難三篇此節多麼相近！「專聽一臣而不敢偶君」，是指專任責成，聽取貴臣政見，但須使貴臣

「勿侵害己」，不敢僭儗，權力不致與君主相敵。如管仲、諸葛亮都是好臣子，却是人臣本身守禮，韓非子的意思乃指君主本身善用術，能使貴重之臣忠誠而不貳。以韓非子的聽言之術衡量，原主張「賤得議貴」[18]，主張衆端參觀，不專聽一人之言，「觀聽不參，則誠不聞；聽有門戶，則臣壅塞。[19]」但基於分層負責的政治體系，又勢須遴選大臣，付以重託，在遴選過程，不妨參伍考核，在聽言過程，不妨多加比對，却終歸要「專聽」，才能做到「主逸臣勞」「以一御萬」的效果。不過，要達致君臣諧和，使臣子盡忠竭誠，不存貳心，除了「開誠心，布公道[20]」之外，處事理該「盡有法制」[21]，建立完整的法制，以便遵循，是最根本的措施。而君術的運用，也不能怠忽，須隨時提高警覺，勤勉奮進，多加督察。管仲把「不敏」看得比「好田、好酒、好色」還嚴重，就因爲影響國事，關鍵正在於人臣不能不多加督導，如果用韓非子的詞語來解說，那正因爲君術必須長用！

綜括韓非子的論難：人君善用術，士不分遠近，都能任用，私生活上俳優侏儒燕樂也不妨礙政事；偶而遠遊海上，政令照樣推行；講究名分，嫡庶各有權益；蓄成威勢，有完整法制，善用君術，大臣便忠誠爲國，不敢僭越。這些理論都賅涵在用術之內，妙的是，一向明白曉暢的韓非子議論，在此全以呈現事實的手法鋪敍，而避去「用術」的老套，這也是寫作技巧的一格吧！

註

❶ 詳拙作「韓非解老喻老研究」頁一九八至二〇二。

❷ 設……隱，出謎語給……猜。不能射，猜不中。

❸ 說苑正諫篇②。「顏燭趨」，韓非子十過篇作「顏涿聚」。

❹ 事見左傳文公元年，又見韓非子內儲說下篇六微。

❺ 宰，內儲說下篇作「朝」，「東周」原作「東州」，從迂評本。史記周本紀：「威公卒，子惠公代立，乃封其少子於鞏，以奉王，號東周惠公。」說法不同。

❻ 謂分太子與庶孽之權，不使勢均力敵。

❼ 雖寵愛而不借以權勢。

❽ 八姦篇。

❾ 羅根澤「管子探原」以爲內容與齊語略同，當在齊語之後，「恒」作「常」，明爲漢初人作。婁良樂「管子評議」以爲「恒」作「常」，有可能係後人鈔改，當爲戰國時人所作。

❿ 見韓非子五蠹篇。史記太史公自序形容墨者生活也說：「茅茨不翦，采椽不刮」，意同。采卽採，櫟木也。

⓫ 史記李斯列傳。

⓬ 黃宗羲明夷待訪錄原君。

⓭ 見亡徵篇。

⓮ 八經篇㈢起亂。

⓯ 亡徵篇。

⓰ 說疑篇。

⓱ 君臣下篇，據羅氏管子探源考證，亦戰國時代作品。

⓲ 見八說篇。

⓳ 內儲說上篇。

⑳ 三國志諸葛亮傳陳壽贊評。

㉑ 管子君臣下篇。

三　子產斷姦──論分層負責

子產（──西元前五二二年）是春秋時代鄭國有名的執政大臣，鄭「國小而偪，族大寵多」❶，他却能在晉楚逼臨的狀況下，力爭權益。在內政方面，安撫貴族，賂石伯以邑❷；整理服用，「使都鄙有章，上下有服」❸；改革田制，「田有封洫，廬井有伍」❹，「作丘賦」❺；制定新法，「鑄刑書」以「救世」❻。他遭受毀謗，却說：「苟利社稷，死生以之。❼」但「不毀鄉校」❽，容忍輿論的宣洩。這是個勇於擔當、頗有建樹的政治家，想必見多識廣，聰明果決。韓非子難三篇第五節有一段有關子產的軼聞：

> 鄭子產晨出，過東匠之閭，聞婦人之哭，撫其御之手而聽之，有閒，遣吏執而問之，則手絞其夫者也。異日，其御問曰：「夫子何以知之？」子產曰：「其聲懼。凡人於其親愛也，始病而憂，臨死而懼，已死而哀。今哭已死，不哀而懼，是以知其有姦也。」

這是子產聽聞婦人哭聲有異，按問斷案的故事，頗具傳奇性，却有相當可靠的心理學依據。

這個資料，王充論衡非韓篇曾引述駁論，「東匠之閭」引爲「東匠之宮」。按，論語：「子曰：爲命，裨諶草創之，世叔討論之，行人子羽修飾之，東里子產潤色之。❾」左傳襄公三十一年記載：「子產之從政也，擇能而使之。」所敍略有不同，大抵凡聘問會盟受於主國之「命」，都經子產安排各種人才，仔細運籌，所以鮮有敗事，因爲稱揚，因而特別詳其里閭，尚書呂刑云：「表厥宅里。」正是此意❿。難三篇的「東匠」應即是「東里」。列子仲尼篇云：「鄭之圃澤多賢，東里多才。」，才士即指子產，足見東里是鄭都城內里名，子產所居，論語、列子相同，難三篇不可能另有所指。「撫其御之手」的「撫」，按也，示意停止的意思。韓非子十過篇記載：衞靈公將之晉，至濮水，夜聞鼓新聲，命師涓聽而寫之，至晉，召師涓獻新聲。未終，師曠撫止之曰：「此亡國之聲，不可遂也。」同樣的事蹟，史記樂書作「撫而止之」，淮南子泰族訓作「太息而撫之」，論衡紀妖篇作「撫而止之」。兪樾以爲泰族訓脫「止」字，大抵撫爲按意，另有使之停止的動作。淮南子道應訓記述：

> 甯越飯牛車下，悲擊牛角而疾商歌，桓公聞之，撫其僕之手曰：「異哉！歌者非常人也。」

只用一個「撫」字，即有示意停止之意在內，那麼，泰族訓未必須要另加「止」字了。禮記曲禮云：

君出就車，則僕並轡授綏，左右攘辟，車驅而騶，至於大門，君撫僕之手，而顧命車右就車。

此處亦單著一個「撫」字，兼含示意使之停止之意，難三篇的「撫」字作用相同。子產示意車夫停車，以便仔細聽婦人的哭聲。聽過一會兒，派人抓了婦人審問，竟是個親手縊殺丈夫的兇手。子產的理由是：婦人哭已死的丈夫，一反常情，並不悲哀，卻帶著恐懼，其中必有姦情。古代禮俗，守制須定時放聲嚎哭，婦人不得不遵禮號啕，哭聲卻洩露了深心中的隱祕。

漢書記載呂后的事蹟：

惠帝慈仁，知太后怒，自迎趙王霸上，入宮，挾與起居飲食，數月。帝晨出射，趙王不能蚤起，太后伺其獨居，使人持鴆飲之，遲帝還，趙王死。太后遂斷戚夫人手足，去眼，熏耳，飲瘖藥，使居鞠域⑪中，名曰人彘。居數月，廼召惠帝視人彘，帝視而問，知其戚夫人，廼大哭，因病，歲餘不能起。使人請太后曰：「此非人所為，臣為太后子，終不能復治天下。」㠯此日飲，為淫樂，不聽政，七年而崩。太后發喪，哭而泣不下。留侯子張辟彊為侍中，年十五，謂丞相陳平曰：「太后獨有帝，今哭而不悲，君知其解未？」陳平曰：「何解？」辟彊曰：「帝無壯子，太后畏君等。今請拜呂台、呂產為將，將兵居南北軍，及諸呂皆官，居中用事，如此則太后心安，君等幸脫禍矣。」丞相如辟彊計請之，太后說，其哭迺哀。⑫

呂后對戚夫人由妬生恨，高祖死，惠帝即位，便想報復。惠帝知道母后蓄意殺戚夫人所生之子——趙王如意，百般保護，還是被毒死了；呂后慘酷凌虐戚夫人，惠帝大受刺激，大病一場，乾脆放縱淫樂，不理政事。惠帝死，呂后號哭，竟是有聲無淚。她的內心豈有不悲哀的道理？只是她做太多過分的事，她恐懼臣子們會另有安排，她的權位要受損；等到陳平等人依張辟彊之計，付予諸呂權力，她的恐懼心消除，「其哭迺哀」！這個活生生的事例，正好可以印證子產斷案的論據。

一般說來，子產表現的睿智、明察、果斷是令人敬佩的，韓非子則不以爲然。難三篇云：

> 或曰：子產之治，不亦多事乎！姦必待耳目之所及而後知之，則鄭國之得姦者寡矣。不任典成之吏⑬，不察參伍之政，不明度量，恃盡聰明、勞智慮而以知姦，不亦無術乎！且夫物衆而智寡，寡不勝衆⑭；故因物以治物。下衆而上寡，寡不勝衆⑮；故因人以知人。是以形體不勞而事治，智慮不用而姦得。故宋人語曰：「一雀過羿，羿必得之，則羿誣矣。以天下為之羅，則雀不失矣。」夫知姦亦有大羅，不失其一而已矣。不修其羅⑯，而以己之胸察⑰為之弓矢，則子產誣矣。老子曰：「以智治國，國之賊也⑱。」其子產之謂矣。

先否定子產這種靠智慮知姦的做法，再提出「因物治物，因人治人」的無爲方術；進而點明法家以天下爲網羅之意，並轉化老子文義，加以印證。客觀說來，子產聽斷婦人的姦情，純粹是個人偶然遇到而表現出特殊的機智，並非完全用這種方式去審理案件，我們不能藉此論定子產執政就是「不任典成之吏，不察參伍之政，不明度量。」但韓非子橫生枝節，所發揮的分層負責的用人方術及以天下爲網羅的嚴密統御術，却頗有可觀，在章法上，推論引喻，也謹嚴明切。

前文敍及，子產聽斷婦人的姦情，只是偶一爲之的即興事件，不宜據以論定他爲政知姦的方式；不過，很巧合地，孟子也有一段子產「惠而不知爲政」的說法：

> 子產聽鄭國之政，以其乘輿濟人於溱、洧。孟子曰：「惠而不知為政。歲十一月徒杠成，十二月輿梁⑲成，民未病涉也。君子平其政，行辟人⑳可也。焉得人人而濟之？故為政者，每人而悅之，日亦不足矣。」㉑

子產用自己乘坐的車子，在冬天載百姓渡河，又見於禮記仲尼燕居注及孔子家語正論解。禮記仲尼燕居，是記述孔子爲弟子講論禮樂政教之道，禮記的成書，非一人一地一時之作，自孔子以後，一直到西漢初年，很多人參與潤飾過㉒。仲尼燕居記載：「子產，猶衆人之母也，能食之不能教也。」鄭玄注：「言子產慈仁，多不矜莊，……子產嘗以其車濟多涉者，而車梁不成，是慈仁亦違禮。」鄭玄之說當係根據孟子而來。孔子家語「乃王肅自取左傳、國語、荀、孟、二戴記割裂織成之。㉓」正論解所謂：「孔子曰：『夫子產者，猶衆人之母也，能食之而不能教也。』……孔子曰：『子產以所乘之車濟冬涉，是愛而無教也。』」顯然前段孔子曰云云承自禮記，確實是夫子自道；後段孔子曰云云則承自孟子，並非夫子所言。孟子這段資料，也和韓非子一般，是借題發揮，清代焦循分析說：「此亦不過偶於橋有未修，以車濟人，而孟遂即其事以深論之。㉔」孟子書中原有許多論辯性質的文辭，這段的設論，以爲應該明白大體，照規定，十一月造好走人的小橋，十二月造好走車的大橋，人民便不致有徒步渡河的痛苦。這是切實而具體的辦法。孟子甚至主張：只要爲政持平，出行時驅使人民迴避都可以，即使有些霸道，逞勢也無妨。如果每個人都去討好，一輩子也忙不完，「焉得人人而濟之？」倒問句更反襯出捨本逐末的作法愚拙可笑。孟子的辯論，不僅借題發揮，無中生有，類似韓非子，連掌握大體，逞勢、務本的觀點都有近似的地方。在孟子、韓非子鋒銳的辯辭之下，子產的長處竟都成了缺失了；但無可否認的，孟子、韓非子都提出了相當有分量的理論。

韓非子的論難，除了提出具體的斷案程序：要把罪嫌交付主管獄訟的官吏，要經過多方人證、物證的錯綜考察；並且提出以一御萬，分層督責的無爲之術。兩者都是韓非子的重要理論，前者公平客觀，司法制度化；後者綱舉目張，人事管理組織化。以客觀事理來分析：君主憑個人有限的智慮，不能完全理解衆多的事事物物，所以要運用重要的原則去處理衆多的事物——因物以治物；少數的長官不能勝過衆多的人民，所以要委任重要的人員去治理衆多的人民——因人以知人。由於採分層負責的制度，所以「明主治吏不治民」，可以「守法責成以立功」㉕。

難三篇第五節論難的後半理論，是發揮知姦的道理，知姦仍得依賴無爲之術的運用。韓非子說：「力不敵衆，智不盡物，與其用一人，不如用一國。㉖」既採分層負責的作法，綱舉目張，全國人終究都被君主支使，當然是「事治」，「姦得」了。韓非子說：「明主者，使天下不得不爲己視，使天下不得不爲己聽。故身在深宮之中，而明照四海之內。㉗」這是說全天下的人都做了國君的耳目，所以君主不離深宮，而天下事無所不知。淮南子把韓非子的理論簡括地整理，說：「君人者，不下廟堂之上，而知四海之外者，因物以識物，因人以知人也。㉘」這幾乎是韓非子兩段文字的綜合組鍊，先敍效果，再敍因由，也就表露了與韓非子相同的看法。這種用天下人爲耳目以知姦的作法，便是難三篇所謂的「以天下爲之羅」。以射鳥做比喻，即使神射手后羿也有偶而失誤的時候，要是佈下天羅地網，就不會有錯失了；子產即使再聰明，個人的思慮總有窮竭的時候，不如分層負責，層層監督，可以杜防違法的情事。此中多少要牽扯到隱祕的伺察之術，另詳第八節的討論文字，不再贅述。

韓非子文末援引老子「以智治國，國之賊」，證明子產以個人的智慮治國，將是國家的禍害，語氣忒重了些，子產的睿智、果斷，竟成了重大缺失，主觀論評原是承上述理論推衍，但也不過是轉化老子文義而已。老子本是強調樸實敦厚的可貴，聖人要領導人民復歸淳樸，順合自然，所以不要人民明智機巧，以免詭詐難治，成了國家的禍害㉙。老子嚮往素樸無爲的自然，甚而有「絕聖棄智」的激烈語，「用心僅在解消人爲有心，而歸於虛靜無爲而已！㉚」老子原是讓人藉此掙脫周文的桎梧，求得自然自在，但如韓非子難三篇引述的反智理論，抨擊子產用私人的思慮斷案，而不以合法程序——交付典成之吏，行參伍之政，還勉強言之成理。至於所提示的「因物治物，因人知人」的治術，固然客觀科學，事實上是轉化道家的無爲之名，而有心作爲，達到無所不爲的目的；末段所謂「以天下爲之羅」，更是無限制地擴張政治權力，使天下人無所逃遁，遑論自由自在自適。就本質上的殊異而言，難三篇援引老子，也不過是立說方便而已，並非直承其精神，此不可不辨。

莊子庚桑楚云：「一雀適羿，羿必得之，威㉛也；以天下爲之籠，則雀無所逃。」用詞立意與韓非子辯難中所引宋人語相似，可以參看。

註

❶ 左傳襄公三十年，鄭子皮讓相位於子產，子產辭相所言。

❷ 左傳襄公三十年，西元前五四三年。

❸❹ 仝❷。

❺ 左傳昭公四年，西元前五三八年。

❻ 左傳昭公六年，西元前五三六年。

❼ 仝❺。

❽ 左傳襄公三十一年。以上參閱陳啓天中國法家概論。

❾ 憲問篇⑨。

❿ 參閱劉寶楠論語正義。

⓫ 鞠域，窟室。史記呂后本紀作居廁中。

⓬ 漢書卷九十七，外戚傳上。

⓭ 平折獄訟謂之「成」，典成之吏，主管平折獄訟之吏。

⓮ 各舊本「衆」下有「智不足以徧知物」七字，兪樾諸子平議以爲舊注傳寫誤入正文，據刪。

⓯ 各舊本「衆」下有「者言君不足以徧知臣也」十字，據兪樾平議說刪。

⓰ 羅，原作「理」，可解爲治獄之吏，揣前後文義，宜依陳啓天校釋改爲「羅」，應上文「以天下爲之羅」、「知姦亦有大羅」。

⓱ 胸察，王煥鑣解爲「心治」，陳啓天疑「胸」爲「智」之訛，蓋指個人智慮也。

⓲ 「以智治國，國之賊」，見老子六十五章。

⓳ 徒杠，可徒步通行之小橋；輿梁，可通車輿之橋梁。

⓴ 辟與闢通，辟人，謂闢除行人，使之避己。

㉑ 離婁下篇②。

㉒ 參閱周何禮記導讀，收入國學導讀叢編。

㉓ 王柏經義考引家語考，張心澂僞書通考頁六一一引。

㉔ 孟子子正義頁三二〇。

㉕ 兩句皆見外儲說右下篇經四。

㉖ 八經篇主道㈠。

㉗ 姦劫弒臣篇。

㉘ 主術篇。

㉙ 參閱余培林新譯老子讀本頁一〇二。

㉚ 王邦雄老子的哲學頁八七。

㉛ 威，崔本作「或」，不必得也，於義爲佳。

四　賞罰信於所見——論喜怒含藏

韓非子是第一部提及管子書的著作，五蠹篇說：「今境內皆言治，藏商、管之法者家有之，而國愈貧。」難三篇並且引述管子兩段話，藉以發揮個人的術治理論。學者們考訂管子，明朱長春相信經言出自管子，婁良樂管子評議據韓非子斷定權修、牧民當爲管子之作❶。最低限度，由韓非子的引述，不能不承認，當代已有管子流行。羅根澤說：「則知戰國言治之風盛，需治之途多，遂有綴拾往哲政治大家管、商之遺言往事，以爲書而干世者矣。❷」大凡一書之風行，必須有相當時日，而韓非子引述管子之言，又頗見管子之風格特色，足見引述之言即使非管仲自道，亦必其後學所輯，可以代表早些時期政治家的政治觀點，韓非子的論難也正好說明踵事增華，後出轉精的跡象。

難三篇第七節云：

> 管子曰：「見其可，說之有證❸；見其不可，惡之有形❹；賞罰信於所見，雖所不見，其敢為之乎？見其可，說之無證，見其不可，惡之無形；賞罰不信於所見，而求所不見之外❺，不可得也。」

這段話見於管子權修篇。上文述及：爲政者應該「重用其國」、「重用其民」、「重盡其民力」。牧養人民必須有一套方法，「民衆而可一，則有以牧之也。」文中的「一」當係劃一，使之受教化而純一的意思。君主愛惜民力，對人民的受教向化充滿愛悅之意，看見人民有「可一」的表現，心生喜悅，便須有具體實質的獎賞；看見人民表現欠佳，心生厭惡，也須有具體實質的處罰。只要目之所及，能信賞必罰，自然養成人民「見賢思齊，見不賢而內自省」❻，而逐步向化。管子這種理論，必須是肯定人性可化，人性自覺。他的作法，但求目之所及，相信自有示範獎勸作用，很類似孔子的看法：

仲弓爲季氏宰，問政。子曰：「先有司，赦小過，舉賢才。」曰：「焉知賢才而舉之？」曰：「舉爾所知，爾所不知。人其舍諸？」❼

仲弓如能竭力推薦自己所知道的賢才，其他自己不知的賢才，自然有人會推薦。爲政者之於人民，就如風之於草，風從草偃，可以化民成俗。管仲相信：如能竭力獎善罰惡，即使自己有看不到的地方，人民也能領略爲政者的心思，自我惕勵，爲善去惡；如果看到人民有好的表現，雖然心生喜悅，却不肯獎賞；看到人民有不良的表現，雖然心生嫌惡，却不加處罰，人民失去依循的標準，那麼還想希冀他們在爲政者觀察不到的地方，能自我警覺，爲善去惡，那是不可能的。管子的語意，一則確定人性自覺，人性可化，因而能自我惕勵，即使政治威權不及於身，也能體悟爲政者賞善罰惡之心，而自動向化；一則又顯然認定人民的自覺必須由爲政者善加引導，如果不開示明確的遵循標準，人民便不能完全依賴自己的修爲或天然的稟賦，爲善向化。這可以說是一種局限性的性善論，旨在強調信賞必罰的重要性，也反映融涵儒、法思想的特質。

韓非子生當戰國晚期，有鑑於時代動亂，人性複雜，不敢期盼人人能自我約束，展露靈明心性，爲善向化，他說：

> 夫聖人之治國也，不恃人之為吾善也，而用其不得為非也。恃人之為吾善也，境內不什數；用人不得為非，一國可使齊。為治者用衆而舍寡，故不務德而務法。……不恃賞罰而恃❽自善之民，明主弗貴也。何則？國法不可失，而所治非一人也。故有術之君，不隨適然之善，而行必然之道。❾

這裏解釋講求法治不用德化的理由，是因爲政治是廣面的，對象是全體民衆，爲求普遍而又必然的效果，只能用法治。韓非子沒有否定道德，只是冷靜地考慮到不能仰賴道德，他不否認有許多天生善良的人，自覺性高，不必賞罰的獎懲，就能爲善不爲惡，但那只是局部的，在效果上也僅是偶然可有的。韓非子的看法，和權修篇管子的看法，最大的殊異是：管子相信德化，所以說：「雖所不見，其敢爲之乎？」韓非子爲求整體性效果，不期盼德化，全賴法治。管子認定須以賞罰爲民開示遵循的標準，否則人民愚魯不能自己爲善向化；韓非子則理智分析天下不無自善之民，不須賞罰，自然完美。可能管子留意的是多數人民，沒有韓非子那樣做較精確地評估。如果由這些殊異處立說，自然也有一番研議，但韓非子另有看法：

> 或曰：廣廷嚴居，衆人之所肅也；晏室獨處，曾、史之所僈也。觀人之所肅，非得情⑩也。且君上者，臣下之所為飾也。好惡在所見，臣下之飾姦物以愚其君必也。明不能燭遠姦、見隱微，而待之以觀飾行、定賞罰，不亦弊乎！

從管子的「見」字做工夫，細剖人性飾僞取媚的劣根，若單由表象所「見」來定賞罰，往往爲假象所蔽障，流爲不公，且爲臣下愚弄，喪盡尊嚴。韓非子的無爲君術，賅括了「掩情匿端」一項，推究根由，是覷破人性弱點，全德的君子，表裏如一的人，在亂世中極爲少見，一般爲臣僚的，大抵有求於君，明知君主好惡趨向，關涉賞罰獎懲，自然投其所好，掩其所惡。韓非子感慨當道權貴受信任寵愛，和君主又是長年熟習的親暱關係，「若夫即主心，同乎好惡，固其所自進也。⑪」難三篇說，一般人在大庭廣衆之前，起居敬謹；在隱蔽暗室，私人獨處之時，便輕鬆隨便。光是觀看一個人在衆人面前謹愼鄭重的模樣，是沒法了解實際狀況的，人民知道爲政者的意願，爲求賞避罰，怎知道他們不做假？韓非子是對人性存疑的，顯然管子是粗略的性善論者，不曾顧慮到飾僞的問題；而韓非子對人性複雜的認識，以政治學、人類學的觀念來看，倒是客觀理智，稱得上是冷智。如果縮小範圍，談君臣的關係，臣下飾僞的情形更不能忽視，須有因應的術論。難三篇第七節論難文字，後半便集中筆力，在這方面發揮：人臣飾僞目的，是希望給君主好印象，獲賞避罰，所以「君上」是臣子們飾僞的對象，換言之，臣子們在君主面前表露的種種言行，都是針對君主的好惡而對應的假象，他們迎合君主的興味，做有目的的表演。韓非子云：

> 申子曰：「慎而（爾，下同）言也，人且和女（汝，下同）；慎而行也，人且隨女。而有知見也，人且匿女；而無知見也，人且意（臆）女。女有知也，人且臧（藏）女；女無知也，人且行女。故曰：惟無為可以規（窺）之。」⑫

臣子們應和、模仿、隱瞞、猜測，都看君主的情形而定。君主要是有所察覺，他們就隱藏實情；要是沒有察覺，他們就恣意行事。倘若做君主的，好惡都表露出來，臣下勢必掩飾作態，甚至違法犯法來愚弄君主。韓非子曾談及這種弊害甚至足以喪身亡國：

> 故越王好勇而民多輕死，楚靈王好細腰而國中多餓人。齊桓公妬而好內，故豎刁自宮以治內；桓公好味，易牙蒸其首子而進之；燕子噲好賢，故子之明不受國。故君見（現）惡，則群臣匿端；君見（現）好，則群臣誣能；人主欲見（現），則群臣

之情態得其資矣。故子之託於賢以奪其君者也，豎刁、易牙因君之欲以侵其君者也。其卒，子噲以亂死，桓公蟲流出戶而不葬。此其故何也？人君以情借臣之患也。⓭

因爲隨意表露好惡，可能錯亂賞罰，危及君國，所以韓非子要求人君掩情匿端，「去好去惡，群臣見（現）素」⓮。在喻老篇，韓非子也藉楚莊王一鳴驚人的故事，說明他的成功，是由於他「不蚤（早）見（現）示」⓯。

難三篇第七節，感慨人主「明不能燭遠姦，見隱微」。與第三節希望人主「明能照遠姦，見隱微」，意義相同，都隱隱含藏「術」的運用，沒有說得透顯；第四節主張「見小姦於微」，「圖難於其所易」，「爲大於其所細」，都可以並讀會觀。總括而言，韓非子提出用術的問題，是管子書所不曾述及的，韓非子正好用來做批判性的補足。

註

❶ 管子評議頁一六五至一九九。
❷ 管子探源頁一三。
❸ 證，管子作「徵」。
❹ 形，管子作「刑」，古通用。
❺ 外，管子作「爲之化」，語義較明。
❻ 論語里仁篇⑰。

❼ 論語子路篇②。

❽ 梁啓雄韓子淺解：「恃自善」之「恃」字似衍，或是「有」字的錯字。

❾ 見顯學篇。

❿ 「得」，乾道本作「行」，茲從迂評本、趙本、凌本。

⓫ 見孤憤篇。

⓬ 外儲說右上篇二㈠。

⓭ 二柄篇。

⓮ 二柄篇。主道篇作：「去好去惡，臣乃見素。」

⓯ 喻老篇第二十節。

五　管仲言室滿室——論術不欲見

韓非子難三篇第八節，也藉引述管子之言提出論難：

> 管子曰：「言於室，滿於室；言於堂，滿於堂；是謂天下王❶。」
>
> 或曰：管仲之所謂「言室、滿室，言堂、滿堂」者，非特謂遊戲飲食之言也，必謂大物也。人主之大物，非法則術也。法者，編著之圖籍，設之於官府，而布之於百姓者也。術者，藏之於胸中，以偶衆端，而潛御羣臣者也。故法莫如顯，而術不欲見。是以明主言法，則境內卑賤莫不聞知也，不獨滿於堂；用術，則親愛近習莫之得聞也，不得滿室。而管子猶曰：「言於室滿室，言於堂滿堂。」非法術之言也。

管子之言，見於牧民篇末節。韓非子斷章取義，藉以發論，分析法與術的特質，精簡明切，是代表韓非子思想概念的重要段落。一般引述，只留意及此，其實此中蘊含的道理也頗費推敲。

在難三篇第七節，韓非子引述管子權修篇一段文字，主旨在強調人君以實際賞罰引導人民，而賞罰往往是依據所見到的人民表現得可喜或可惡。這種觀點重見於牧民篇末節：

> 召民之路，在上之所好惡。故君求之，則臣得之；君嗜之，則臣食之；君好之，則臣服之；君惡之，則臣匿之。毋蔽汝惡，毋異汝度，賢者將不汝助。言室滿室，言堂滿堂，是謂聖王。

這些話竟是主張以明確的好惡表露，開示人民遵循的道路，上行下效，政治家坦蕩的胸襟，無不可對人言者。甚而強調不要掩蔽個人的憎惡之情，不要改換個人的標準，否則賢者不敢信任，絕不能竭誠相助。這是君臣以誠相待，毫不飾僞的諧和政治。如果用韓非子懷疑人性，肯定人情飾僞取媚的立論角度，那麼，君臣利異，人君必須善用無爲之術，不輕易表露好惡，才能杜防臣子窺伺做假，而守法守紀，以樸實的態度爲國家做事。此處論難，可以直承第七節的筆意，一貫地採行「以無爲之術防姦」的觀點，來批駁管子不能用術。如果光是就管子牧民篇所言大大犯了「以情借臣」的弊病，將被蒙蔽，被愚弄，那不過是前節的延續，毫無創新之意。難得的是，韓非子巧意架構，在這裏又借題發揮，一方面以對比手法簡切地界定法與術的大義，提供了解韓非子基本論點的具體資料；一方面以活潑的運思，調整視察的角度，順應法與術的特質，肯定管子之言仍有一半的適用性。他相信談法，得擴充範圍，不僅是「滿於堂」；用術，得縮小範圍，不僅不能「滿室」，連最親愛的妻妾與左右服侍之人都不能讓他們知道。韓非子講過這樣的故事：

堂谿公謂昭侯曰：「今有千金之玉巵，通而無當❷，可以盛水乎？」昭侯曰：「不可。」「有瓦器而不漏，可以盛酒乎？」昭侯曰：「可。」對曰：「夫瓦器，至賤也，不漏可以盛酒；雖有千金之巵，至貴而無當，漏，不可盛水，則人孰注漿哉！今為人主而漏其群臣之語，是猶無當之玉巵也，雖其聖智，莫盡其術，為其漏也。」昭侯曰：「然。」昭侯聞堂谿公之言，自此之後，欲發天下之大事，未嘗不獨寢，恐夢言而使人知其謀也。❸

韓昭侯恐漏泄重要謀略，寧願獨寢，眞是「親愛近習莫之得聞也」了。

難三篇提及的法術特質是：法須成文公布，由官府徹底執行，公開彰顯，越明顯越好，要所有的人都知道。術是深藏於（人主）心中，來對合群臣的言行，暗中控馭的手段，私祕的權謀，越隱祕越好，最好沒有人知道。在定法篇與說疑篇，韓非子特別明言，法是人臣奉行的，術是人主執掌的，難三篇雖未曾明言行法用術的人與對象，若把三篇對照，意義顯然互為補足。法的觀念，定法篇與難三篇大體一致，術的觀念，則是由不同層面設論：

> 術者，因任而授官，循名而責實，操殺生之柄，課群臣之能者也：此人主之所執也。法者，憲令著於官府，賞罰必於民心，賞存乎慎法，而罰加乎姦令者也，此人臣之所師也。❹

這裏所談的術，是依據固定程序，可以建立制度，公開合法化的。按照個別的才幹，授予合宜的官職，遴選人才勢須客觀公平。循名責實必配合行參揆伍，多方諮詢意見，多方考察情僞❺，換言之，是由各方面採收多種人證物證，再據以驗明功罪，論定賞罰。像這樣的用人之術，可以援法銓敘，是透過合法程序運用的手段，是術的公開性質。正因爲能做到合法、客觀、公平，所以韓非子思想中的參驗精神，頗受歷代學者讚譽。

然而，韓非子的術論是詭變多端的，難三篇強調的深藏不露，是運用的極則，熊十力先生說：

> 韓非之書，千言萬語，壹歸於任術而嚴法。雖法術兼持，而究以術為先。術之神變無窮也，揭其宗要，則卷十六難四篇「術不欲見」一語盡之矣❻。卷十七說疑篇曰：「凡術也者，主之所執也。」此一執字，甚吃緊。執有執持，執藏二義。藏之深，納須彌於芥子，納萬衆視聽於劇場之一幕，天下莫逃於其所藏之外，亦眩且困於其所藏之內，而無可自擇自動也，是謂執藏。持之堅，可以百變而不離其宗；持之妙，

> 有宗而不妨百變，是謂執持。不了執義，則不知韓非所謂術也。❼

人主執持「術」，得以法為支撐，循法按實，這是最理想的方術。但人性複雜，君臣異利，人君防臣窺伺，不得不變化手段，深藏不露，「有宗而不妨百變」，韓非子的伺察之術，如疑詔詭使——故意假傳令旨，讓臣子摸不透君主的旨意；挾知而問——掌握明確已知的事來探問臣子；倒言反事——顛倒言論來試探自己疑慮的問題❽。便是權宜運用相當的技巧，達成洞燭群臣言行的目的。術的運用「不欲見（現）」，若是手段上的變通，能夠恪遵法制，也還有曲諒的理由，無奈，韓非子尊君思想終究躍出法制的衡限，而有不盡能保障人權的弊病。譬如為達到洞察臣姦的指標，韓非子一如商鞅，主張獎勵告姦，使臣下互相伺察，並以連坐的酷法來嚇阻：

> 是故夫至治之國，善以止姦為務，是何也？其法通乎人情，關乎治理也。然則微❾姦之法奈何？其務令之相規（闚）其情者也。然則使相闚奈何❿？曰：蓋里相坐而已。禁尚有連於己者，里不得不相闚⓫，惟恐不得免。有姦心者不令得志⓬，闚者多也。如此則慎己而闚彼，發姦之密。告過者，免罪受賞；失姦者，必誅連刑。如此，則姦類發矣。姦不容細，私告任坐使然也。⓭

防姦用術，原不足非，但必誅連刑，涉及無辜；強迫互相伺察，也多違反自由，「術不欲見」，發揮到這種地步，便有深加檢討之必要。明史刑法志云：

明律視唐簡覈，而寬厚不如宋，至其惻隱之意，散見於各條，可擧一以推也。……洪武元年諭省臣：「鞠獄當平恕，古者非大逆不道，罪止其身。民有犯者，毋得連坐。」……直州民十八人謀不軌，戮之，而釋其母子當連坐者。⓮

明太祖承元末大亂，刑用重典，但也告諭太孫說：「吾治亂世，刑不得不重。汝治平世，刑自當輕，所謂刑罰世輕世重也。⓯」儘管是重刑，明太祖却殷殷致意，不主張連坐。他所謂的連坐，大抵指犯人之罪牽累株連到親人，如父母、妻妾、子女。比起「里相坐」來說，範圍窄些，關係親些，但已經在禁止之列，相形之下，里相坐是嚴酷可怖的了。明太祖雖有「罪止其身」的告戒，不過「大逆不道」的，又罪不輕饒，往往株連到戚友，郭桓及空印兩事，「誅殺已過當。而胡惟庸，藍玉兩獄，株連死者且四萬。⓰」似乎牽扯到帝位神器，人臣的寃屈便不再顧慮，原有的「平恕」也不能再作準，大約權力慾望蒙蔽了靈明心性，而君權的過分擴張及歷代專制帝王的尊君思想都不無關係，是否法家的君權與尊君，法家的伺察之術也有部分影響？儘管如此，制分篇的文字與韓非子其他篇目不類，在其他篇目中，韓非子也不曾談及「里相坐」的主張，嚴格說來，「里相坐」與「誅罰生於罪」是衝突的，所以這段主張不無疑議。當然，如果以嚴厲的尊君要求，不告姦、匿姦、失姦都是抗命，要論罪，勉強也有自圓其說的理由；但以長遠的眼光來看，既講究順應人情而制定賞罰⑰，若僅僅是欲求高壓嚇阻，而不顧公平客觀的原則，無辜者也可能受牽累，便不能不有怨懟之情，終究是法治的陰影。

韓非子「術不欲見」的極端現象，還有所謂的「除陰姦」：

其位至而任大者，以三節持之：曰「質」，曰「鎮」，曰「固」。親戚妻子，質也，爵祿厚而必，鎮也；參伍責怒⑱，固也。賢者止於質，貪饕化於鎮，姦邪窮於固。忍不制則下失⑲，小不除則大誅。誅而名實當，則徑之。生害事，死傷名，則行飲食；不然，而與其讎：此謂除陰姦也。⑳

對於權位高，責任大的臣僚，韓非子提及用三種方式控制：賢者由於妻子親戚被質押，自然不為姦（事實上，真正的賢者根本不肯做違法的事）；貪婪之人因為得了厚祿高爵，化消了過多的慾念；姦邪之人由於行參揆伍的督責，也就無所逃遁。後兩項值得稱揚，前一項控馭手段便顯現出牽涉家屬，妨害人權的缺失。基於對人性的懷疑，也基於政治複雜層面的顧慮，相信為政者須有所忍，有所棄㉑，如不忍痛制裁，隱忍姑息，在下者必橫佚放肆，微小的姦行不除，將來必釀成大禍端，再行誅罰，付出代價一定很大。若名實相符就直接處罰。倘若任他活著，會妨害辦事；置之死地，又傷了人君之名，乾脆就用飲食毒殺；要不然，就設法把他交給仇敵，行借刀殺人之計，這叫做除去隱微的姦情（除陰姦）。末項提及的手段頗駭人聽聞。雖說「陰姦」不易尋求具體論據，如果用些技巧，仍不難達成，韓非子也說過：「論反以得陰姦」[22]。像這種可疑的罪狀，古人奉守「罪疑惟輕[23]」的原則，謹愼寬厚，重視民命。此處却不惜違法與卑汚，「術不欲見」到這種情況，與重法的基本條例已然自我矛盾，而君術之用也徒然促使人君濫用職權，對於治國，恐怕是弊多利少。

隱密的伺察之術，踰越法制，羅織人入罪，流弊最大最明顯的是明代：

> 刑法有創之自明，不衷古制者，廷杖、東西廠、錦衣衛、鎮撫司獄是已。是數者，殺人至慘，而不麗於法。踵而行之，至末造而極。舉朝野命，一聽之武夫、宦豎之手，良可歎也。[24]

「不麗於法」是釀成無數慘劇的關鍵因素，末代昏君甚而授權宦者肆意胡爲，往往成爲漁奪豪取的手段，忠良之士多被誣陷，終究動搖國本。韓非子雖三篇的「術不欲見」，若係高明的控馭手段，固不足非；如能不脫法制，因法行事，沒有「里相坐」、「除陰姦」的說辭，後世對於韓非子的詬病，想必會減少許多吧！

註

❶ 管子牧民篇，無諸「於」字，「天下」作「聖」字。

❷ 當，底也。

❸ 外儲說右上篇二㈦。

❹ 定法篇首段。

❺ 陳啓天韓非子校釋頁一六三，八經篇註。

❻ 應是難三篇，「學原」三卷一期所刊不提卷篇。

❼ 見韓非子評論頁一七。

❽ 詳內儲說上篇。八經篇㈣立道云：「握明以問所闇，詭使以絕黷泄，倒言以嘗所疑」，可視爲註脚。

❾ 微，孫詒讓札迻以爲通覹，司也。按卽六微之微，伺視也。

❿ 「然」字依王先愼集解補。

⓫ 尙與黨通，儻也，倘也，詳見王引之經傳釋詞。里不得不，各舊本無，依纂聞、翼毳補。

⓬ 志，舊本作忘，據纂聞、翼毳改。

⓭ 見制分篇。制分爲五十五篇，乃制刑賞功罪分明之意。內容思想與韓非子相合，文字則較鬆弛冗贅；沒有具體證據，姑仍視爲韓非子作品。

⓮ 鼎文版頁二二八五、二二八七、二三一九。

⓯ 鼎文版明史頁二二八三。

⓰ 鼎文版明史頁二三一九。

⓱ 八經篇㈠因情：「凡治天下，必因人情。人情者有好惡，故賞罰可用；賞罰可用，則禁令可立，而治道具矣。」

⑱ 責怒，原作「責帑」，依王先愼集解徵下立道節「行參以謀多，揆伍以責失，行參必折，揆伍必怒」改，謂嚴厲責求也。

⑲ 趙本、凌本作「下失」，太田方翼毳云：「失」「佚」通。可制而不制，群臣橫佚。

⑳ 八經篇㈢起亂。

㉑ 六反篇：「古者有諺曰：『爲政，猶沐也，雖有棄髮，必爲之。』愛棄髮之費，而忘長髮之利，不知權者也。夫彈痤者痛，飲藥者苦。爲苦痛之故，不彈痤、飲藥，則身不活，病不已。」迂評云：「二喻謂理髮治病，必有所棄，有所忍，爲政亦然。」

㉒ 八經篇㈣立道。

㉓ 尚書虞書大禹謨。

㉔ 明史刑法志三，鼎文版頁二三二九。

六　文王請解炮烙——論不輕炫示

儒者好稱引先王，往往「祖述堯舜，憲章文武」❶，文王在儒者口中是既仁且智的聖人，孟子曾讚美他是樂天的仁者：

惟仁者為能以大事小，是故湯事葛、文王事昆夷。惟智者為能以小事大，故大王事獯鬻，句踐事吳。以大事小者，樂天者也；以小事大者，畏天者也。❷

依筆者愚見，文王不僅是樂行天道的仁者，也是敬畏天道的智者。他三分天下有其二，仍然事奉紂王❸，表面看來，他似乎是「以大事小」，其實他謹守人臣本分，時機尚未成熟，仍是「以小事大」的智者之行。武王曾興師渡河，「諸侯不期而會盟津者八百諸侯，諸侯皆曰：『紂可伐矣。』武王曰：『女未知天命，未可也。』乃還師歸。❹」武王的聲勢夠大了，但殷室傳國數百年，畢竟有潛藏的勢力在，不能不愼重其事，再靜候良機，這也是智者之慮。「仁者安仁，知者利仁。❺」文王行事自然合理，是安仁；也是順應境遇，覺得有利便實行，那是利仁。韓非子難二篇第三節引述孔子對一段文王事蹟的讚許，便兼賅了智與仁：

昔者文王侵盂（邘）❻、克莒、舉豐，三舉事而紂惡之。文王懼，請入洛西之地，赤壤之國，方千里，以解炮烙❼之刑，天下皆說。仲尼聞之曰：「仁哉文王！輕千里之國，而請解炮烙之刑。智哉文王！出千里之地，而得天下之心。」

這段文字有關文王的事蹟記載，與史記、書大傳有些出入。邘，括地志以爲在懷州河內縣西北二十七里。伐邘，尚書大傳在伐密前一年，史記在伐密後二年。依據史記：崇侯虎毀謗西伯（死後謚為文王），紂王囚之於羑里，西伯的臣僚閎夭等求美女寶物，託紂的嬖臣費仲獻給紂王，於是紂王赦了西伯，西伯就奉獻洛西之地，要求紂王去除炮格（後誤為炮烙）的酷刑。二年後伐密須，二年後再伐邘，次年伐崇侯虎，作豐邑，由岐下遷都豐。韓非子或另有所本，仍當以史記爲準。

其次，就獻地請解炮格酷刑一事而言，韓非子與史記倒是一致。孔子的分析，以看輕個人私利，爲天下人去除酷刑，是愛心的表現，所以說是仁；以謀略的運用看，千里之地雖大不大，能換取天下民心的歸向，再値得不過，是睿智的表現，所以說是智。大抵孔子的論評不失儒家本色，頗爲切要。

然而，韓非子另有看法，他由道家的「不輕炫示」著眼，大放厥詞：

或曰：仲尼以文王為智也，不亦過乎！夫智者知禍難之地而辟（避）之者也，是以身不及於患也。使文王所以見惡於紂者，以其不得人心耶？則雖索人心以解惡可也。紂以其大得人心而惡之，己又輕地以收人心，是重見疑也，固其所以桎梏、囚於羑里也。鄭長者有言：「體道，無為、無見（現）也。」此最宜於文王矣，不使人疑之也。仲尼以文王為智，未及此論也。

論說的重點在於：文王「輕地以收人心」，是加重紂王對他的猜忌而已，絲毫談不上「智」，這正是文王被拘囚在羑里的原因，這段分析極爲細密。不論「侵盂、克莒、作豐」是在「請解炮格之刑」的前或後，文王被拘囚於羑里，確實就是紂王忌恨他「積善累德，諸侯皆嚮之，將不利於帝」❽，換言之，文王之得人心，是紂王對他疑忌的因素，此刻再獻地請解酷刑，只有加深疑忌而已。韓非子進一步引述鄭長者的道家哲學：「善體大道，不要有所作爲，不要輕易炫示」，來作文王的戒鑑，認爲文王如能自我隱晦，不讓紂王疑慮，才眞是智者。仲尼稱許文王是智者，其實遠不如鄭長者的議論，能在現實社會裏眞正讓人避免禍害呢！

韓非子解老篇說：「體其道者，其生日長。」大道無所不包，無所不能，老子原要人早日服從道理，嗇惜心力，渾沌而不失本眞；解老却引申到有目的的現實應世哲學，說明體道，可以做到「建生也長」、「持祿也久」，把「長生久視」之道做切實的解析❾。韓非子的人君無爲說，也把老子的放任無爲，轉化成有所爲的無爲，其中一端是要君主掩情匿端，使人臣無從窺伺，他說過「弋射謹廩」的故事：

齊宣王問弋於唐易子，曰：「弋者奚貴？」唐易子曰：「在於謹廩。」王曰：「何謂謹廩？」對曰：「鳥以數十目視人，人以二目視鳥，奈何其不謹廩也？故曰在於謹廩也。」王曰：「然則為天下何以異此廩？今人主以二目視一國，一國以萬目視人主，將何以自為廩乎？」對曰：「鄭長者有言曰：夫虛無無為而無見（現）也，其可以為此廩乎！」❿

弋射的人，最重要的是準備好鳥食，謹愼地修好自己的隱蔽處所。爲人君的，也應該把自己掩蔽起來，以免臣僚窺伺，鄭長者說的「虛靜無爲，無所作爲，無所表現」，韓非子引述來轉化道家回歸自然的無爲，作爲政治上的控制手段。難二篇與外儲說右上篇的鄭長者之言近似，不過，外儲說右上篇談的是人君無爲治術，難二篇却是人臣「無爲」的保身之道，總之都是道家理論的運用。

韓非子難二篇的論辯，集中在孔子讚許文王智哉一點上，而未涉及「仁哉文王」，大約推究文王的居心，仁之一詞是當之無愧的吧？韓非子之詆排儒者之說，原並不曾否定五帝三王⓫，於此又可以找到一個例證。文中「克莒」，足以印證孟子梁惠王下篇引詩「以遏徂莒」較爲近古。今詩經大雅皇矣：「王赫斯怒，爰整其旅，以按徂旅。」「按」與「遏」意近，「旅」字重複，顯然不妥，上句「侵阮徂共」，「共」是地名，「莒」亦應爲地名。難二篇正好是孟子引詩的佐證。

註

❶ 中庸第三十章，漢書藝文志諸子略序。

❷ 梁惠王下②。

❸ 淮南子道應訓：「文王砥德修政，而天下二垂歸之。」

❹ 史記周本紀。

❺ 論語里仁篇②、禮記表記。

❻ 依史記、書大傳、竹書紀年當作「邘」。

❼ 炮烙，當作「炮格」。呂氏春秋過理篇：「糟丘酒池，肉圃為格。」高誘注：「格，以銅為之，布火其下，以人置上，人爛墮火而死。」考詳段玉裁古文尚書撰異、王念孫讀書雜志。素貞按：炮格，原指大型烤肉架，韓非子書中喻老篇「紂為肉圃，設炮烙」是也；後轉為淫刑之具，難一篇㈦、難二篇㈢、難勢篇所言炮格皆是。

❽ 史記周本紀崇侯虎譖詞。

❾ 參閱拙著韓非解老喻老研究頁八七——八九。

❿ 外儲說右上篇二㈡。廩，原指儲存米糧的倉庫，也指弋射者隱藏處所盛飲食。謹廩，指弋射者以飲食誘鳥，必得謹慎找好隱蔽處所。

⓫ 參閱拙作韓非郤子分謗駁議。

七 政在選賢——論防微知下

孔子（西元前五五一至四七九年）是偉大的教育家，不僅開平民教育的風氣，而且懂得教育原理。他善於因材施教，在論語一書中，時人與弟子常問及同樣的問題，最明顯的問仁、問孝，便有多種不同的答覆❶。韓非子難三篇第四節也記錄了一段葉公子高、魯哀公、齊景公「問政於仲尼」的事蹟，等到「三公出」，子貢提出疑問，孔子解釋他之所以答覆不同的原因：

> 仲尼曰：「葉都大而國小，民有背心。故曰『政在悅近而來遠』。魯哀公有大臣三人，外障距諸侯四鄰之士，內比周而以愚其君，使宗廟不掃除、社稷不血食者，必是三臣也，故曰『政在選賢』。齊景公築雍門，為路寢，一朝而以三百乘之家賜者三，故曰『政在節財。』」

首先我們得辨明：葉公子高、魯哀公、齊景公不可能在同時間向孔子請教爲政的道理，這種戲劇性的筆法，只是爲了行文方便而已！據錢穆考證：孔子於西元前五一七年至齊，只留了一年，見齊景公（西元前五四七至四九〇年在位）當在這一年之間。齊世家及孔子世家所謂齊景公田獵，因而與晏子入魯問禮，並不可信❷。魯哀公六年（西元前四八九年），孔子自陳避亂到了蔡國的負函，早兩年，楚攻克負函，葉公子高與左司馬眅、中公壽餘奉命守負函，孔子就在此見了葉公子高❸。孔子世家記載，孔子自衞返魯，魯哀公（西元前四九四至四六八年在位）問政，當在哀公十一年（西元前四八四年）❹。既然齊景公、葉公子高、魯哀公問政不是同時，甚至不是就教於孔子，而是孔子晉見而被問，日人松皐圓纂聞疑「三公出」三字是衍文，是有道理的。也有可能是後人昧於史事，隨意羼入。

左傳哀公四年記載：「左司馬眅、中公壽餘、葉公諸梁，致蔡於負函。」葉公原姓沈，名諸梁，字子高，楚大夫，食邑於葉，僭稱公。左傳會箋，竹添光鴻箋注：「致，招致也。」當時楚剛攻得蔡，負函的蔡民可能避亂逃亡，所以三個楚大夫要「招致」人民。錢穆考證孔子見葉公不在葉，而在負函，那麼葉公切身的大問題便是「致」民，孔子告訴他「悅近而來遠」，可說非常明切合宜。論語也記述葉公問政，孔子說：「近者悅，遠者來。❺」說苑政理篇有一大段與韓非子難三篇第四節極爲相近的資料，也說：「政在附近而來遠。」不過，韓非子與說苑中孔子的解說都與負函之事不完全相切，說苑云：「夫荆之地廣而都狹，民有離志焉，故曰在於附近而來遠。」指葉都狹，宜由廣大的荆地多招致人民。至於韓非子「葉都大而國小，民有背心」，語意不很明確，若綜會前後文義，都當指葉地附屬都城，國當指葉地政治中心。附城大於政治首府，所以要「悅近而來遠」。大抵孔子的答語是有依據的，史記云：「孔子自蔡如葉，葉公問政，孔子曰：『政在來遠附邇。』❻」措辭雖小有殊異，論語、韓非子、史記、說苑所述，大意都相同。禮記學記於記述古代的學制系統和教育步驟之後，說：「夫然後足以化民成俗，近者說服，而遠者懷之。此大學之道也。」學以致用，由化民成俗，要進而做到近悅遠來，這原是儒家精粹的政教思想。

有關魯哀公問政的答覆，韓非子引述說：「政在選賢。」史記說：「政在選臣。❼」意思相同，因為儒者選臣的標準就是「賢」，禮運大同篇說：「選賢與能。」賢者有德，為政必正直，論語記述魯哀公問：「何為則民服？」孔子的答覆是：「舉直錯諸枉，則民服；舉枉錯諸直，則民不服。❽」樊遲問仁，孔子告訴他「愛人」，問知（智），孔子告訴他「知人」，補充說：「舉直錯諸枉，能使枉者直。」子夏更進一步發抒：「舜有天下，選於衆，舉皋陶，不仁者遠矣；湯有天下，選於衆，舉伊尹，不仁者遠矣。❾」皋陶、伊尹是賢者，殆無疑義，足見賢者可以賅含直者，而舉直還有無形的德化作用，能於無形中陶鎔不直之人，使歸於正直，這正是儒者賢人政治的精義。劉向說苑所記述的資料，則顯然承襲自韓非子，因為魯國孟孫、叔孫、季孫三大夫壅蔽君主，使諸侯四鄰之士不能與國君交接；在內來說，又結黨營私，愚弄君主。所以說苑中孔子的答覆是「政在諭臣。」意思是要對人臣的言行有所了解，也就是韓非子論駁中的「明下」了。由此可見，說苑政理篇的理念大致得自於韓非子。

有關齊景公問政的資料，論語中孔子的答覆是：「君君、臣臣、父父、子子。❿」這是強調定名分，「深察名號之大者。⓫」韓非子難三篇所述，側重齊景公奢侈之事，為路寢，又見於晏子春秋與淮南子：

> 景公為路寢之臺，令吏俛其期日而不趣。⓬
>
> 齊景公內好聲色，外好狗馬，獵射亡歸，好色無辯，作為路寢之臺，族鑄大鐘，撞之庭下，郊雉皆呴，一朝用三千鐘贛。……故晏子之諫生焉。⓭

齊景公豪奢，賜人也過於大方，一朝賜人三萬斛的米；難篇說：「一朝而以三百乘之家賜者三。」情形亦相類。說苑政理篇「三百乘」作「百乘」，大夫爲百乘之家，此指采地，韓非子難三篇可能衍「三」字⓮。論語記述：「齊景公有馬千駟，死之日，民無德而稱焉。⓯」史記說：「景公好治宮室，聚狗馬，奢侈，厚賦，重刑。⓰」從齊景公的衆多缺失中，孔子拈出最具體有效的「節財」，大抵史記所說的，除重刑之外，都可以產生因應的效用；至於修德，並非兩三日可以奏功，論語中「君君、臣臣」及「民無德而稱焉」的感慨，表現了孔子務本精神，與難三篇實用的方案相較，正可以顯示孔子乃「聖之時者」⓱，既不疏忽根本大道，也有求其可久可大的因應合宜政策。

然而，韓非子另有不同的視察角度，他針對孔子的言論提出論駁，大致可以歸納如下：

「葉民有背心，而提出「悅近來遠」，是教民僥倖懷惠，必將敗法亂政。宜教葉公明術用勢，防微杜漸，賞罰公允客觀。

(二)哀公「選賢」，充其量只是「選其心之所謂賢」，有身死亡國之虞。

宜因才器使，試錬督課，敍功晉昇。

(三)無術而儉，未免貧窮；有術而侈，仍可以霸。

公忠有賞，私穢有罰，使吏民各盡本分，雖侈無妨。

(四)總括三事，可以「知下」消除患害。

前文敍及，「悅近來遠」是儒家重要理念，無可非議；但是，韓非却留意到：要達致效果，往往以濫施惠愛爲手段，打破有功受賞、有罪受罰的原則，使人民心存僥倖，希冀意外的慈惠，後果堪虞，他提及防止「民有背心」的另一套具體辦法：

明君見小姦於微，故民無大謀；行小誅於細，故民無大亂。此謂「圖難於其所易」也，「為大於其所細」也。今有功者必賞，賞者不德君，力之所致也；有罪者必誅，誅者不怨上，罪之所生也。民知誅賞之皆起於身也，故疾功利於業，而不受賜於君。

任勢用術，須杜防小姦微惡，根本作法，在於實施客觀公允的法制，培養奉公守法，各盡本分，不貪欲奢求的好國民。因爲各盡本分，即有獎賞，所以「賞者不德君」，不必額外去徇私求情；有罪的自知理屈，雖受懲罰也不埋怨，自然沒有背叛之心。這種超乎人情的法治主張，是透過相當細密思考的重要貢獻。相類似的說法，又見於：

以罪受誅，人不怨上；……以功受賞，臣不德君。⓲

治強生於法，弱亂生於阿，君明於此，則正賞罰而非仁下也。爵祿生於功，誅罰生於罪，臣明於此，則盡死力而非忠君也。君通於不仁，臣通於不忠，則可以王矣。⓳

這也是「畫道德於政治領域之外⓴」的例子，這種全憑公法爲取捨，超脫道德與人情的作法，非但不是嚴酷，而且是公平客觀的，唯其如此，才能說「君不仁，臣不忠，則可以霸王矣。㉑」淮南子主術訓，有一段議論：

為惠者，尚布施之。無功而厚賞，無勞而高爵，則守職者懈於官，而游居者亟於進矣。……故為惠者生姦，……是故明主之治國，有誅者而主無怒焉，朝有賞者而君無與焉。誅者不怨君，罪之所當也；賞者不德上，功之所致也。民知誅賞之來，皆在於身也，故務功脩業，不受贛於君。㉒

由爲惠之害生姦，論及法治之極公允客觀，筆法與韓非子難三篇相同，而發揮更爲詳盡，正可作爲註腳。

就第二部分而言，韓非子反對「選賢」，乍看毫無道理，任何政治無不要求擢拔人才，法家所用，也不外賢者。事實上，他認爲賢的標準難定，又往往易於被人臣的僞飾姿態混淆視聽，以致判斷錯誤。他說哀公「選其心之所謂賢者也」，一針見血，極爲中肯。人人選賢，皆自以爲是，而所選未必眞賢，不過自己認定是賢者而已！這種誤判，常常導致身死國滅的悲劇，韓非子舉實例說：

> 燕子噲賢子之而非孫卿，故身死為僇；夫差智太宰嚭而愚子胥，故滅於越。魯君不必知賢，而說以「選賢」，是使哀公有夫差、燕噲之患也。

燕子噲與吳王夫差的慘痛教訓，取來做論證，最爲有力。子噲非孫卿之事，沒有具體資料可爲印證。孫卿是眞正的賢者，殆無疑問，有認爲即是荀卿的，如錢穆是㉓，但今本荀子及史記，都沒有荀子至燕國，與燕子噲有交接的記載；有認爲燕國當時另有賢臣，後來輾轉鈔刻，誤爲孫卿的，如羅根澤便是㉔。錢、羅二人所依據推斷的資料不同，荀卿年歲考證亦大爲懸殊。韓非子書提及孫卿的，只此一處，既資料不足，筆者贊成羅說，依據史記，西元前二三八年，「春中君死而荀卿廢，因家蘭陵」，荀卿與西元前三一六年篡奪君位的子之是否能相接？以存疑爲妥。

韓非子說：

「選其心之所謂賢」，有覆亡的危慮，那麼，一套客觀公允的遴選辦法是非常有必要的，

> 明君不自舉臣，臣相進也；不自賢功，功自徇也。論之於任，試之於事，課之於功，故羣臣公正而無私，不隱賢，不進不肖，然則人主奚勞於選賢？

英明的君主，不憑個人的私意推舉臣子，讓人臣憑實際功績互相薦達；不憑私意論斷誰有功，誰是賢者，全憑實際的功績以次提昇。考論才能，給予職事試鍊，督責實際建立功效，如此，自然能夠遴選出眞正的賢才。這是非常高明精采的用人之術。韓非子定法篇說：「因任而授官，循名而責實。」顯學篇說：「試之官職，課其功伐。」有度篇說：「明主使法擇人，不自舉也；使法量功，不自度也。」都可以與難三篇本段落並讀而會觀。韓非子的構意，在於以客觀具體的辦法替代主觀抽象的原則。我國歷朝的科舉，當今的聯考、高考，難得的便在於有一套公平的遴選辦法，其中也許還有許多尚待改進的缺失，但它的客觀公平性是可以肯定的。以此相較，可見韓非子當年提出這種理念，是難得而可貴的建樹。

有關齊景公事蹟的論難，韓非子仍是採取變道哲學的觀點，不刻意強調私德，認爲齊景公的問題不在於節儉或奢侈，而在於是否能用術行法，如果政治上軌道，雖侈無害：

> 明君使人無私，以詐而食者禁；力盡於事，歸利於上者必聞，聞者必賞；汙穢為私者必知，知者必誅。然故忠臣盡忠於公，民士竭力於家，百官精尅於上；侈倍景公，非國之患也。

人人公忠體國，各盡本分，正是韓非子的理想政治績效，他有意借題發揮，因而結論又以「知下」總賅前敘三項事蹟的討論：

夫對三公一言而三公可以無患，「知下」之謂也。知下明則禁於微，禁於微則姦無積，姦無積則無比周，無比周則公私分，公私分則朋黨散，朋黨散則無外障距、內比周之患。知下明則見精沐，見精沐則誅賞明，誅賞明則國不貧。故曰：一對而三公無患，「知下」之謂也。

大抵到「姦無積」以上，論葉公子高，中論魯哀公，「知下明」以後論齊景公，運用頂眞辭格，巧妙地以因果關係組合起來。韓非子不依事實發生前後論述，主要還在於立論方便，否則以孔子遊歷經過，應該是先齊景公，再葉公子高、魯哀公。本文所謂「知下」，是指無蔽塞，耳聰目明，對君臣的言行瞭如指掌，這就有賴「術」的運用。除了虛靜無爲，循名責實，行參揆伍等重要原則，所謂「禁於微」，是強調禁姦宜早，韓非子說：

故治民者，禁姦於未萌。㉕

善持勢者，蚤絕其姦萌。㉖

而杜絕違法情事的萌發，最根本的作法，是由心理上根除人臣爲惡的心念，韓非子說：

是故禁姦之法，太上禁其心，其次禁其言，其次禁其事。㉗

眞是要做到「禁於微」，人民自然不會有背叛之心，解決了葉公子高的難題；人臣也不會結黨營私，蒙蔽君主，又解決了魯哀公的難題。而大凡君主了解下情，所見自然精微㉘，賞罰嚴明。韓非子認爲政治安定，經濟便不成問題，所以說：「國不貧」。上文撇開齊景公侈儉問題，專探如何用術行法，使人人無私，爲國盡本分，使政治清明；這裏又兼及國家貧富問題，如此議論，未免粗略了。但藉此總結君術的運用，立意是很明切的。

註

❶ 顏淵篇便有顏淵、仲弓、司馬牛問仁，爲政篇有孟懿子、孟武伯、子游、子夏問孝，孔子的答覆因人而異。
❷ 見先秦諸子繫年頁九「孔子適齊考」。
❸ 前揭書頁四九「孔子自楚反衛考」，葉公守負函，見左傳哀公四年。
❹ 前揭書頁五〇「孔子自衛返魯考」，孔子歸魯，魯世家繫於哀公十二年，後一年。
❺ 子路篇⑯。
❻ 孔子世家。
❼ 孔子世家。

❽ 爲政篇⑲。

❾ 顏淵篇㉒。

❿ 顏淵篇⑪。

⓫ 劉寶楠論語正義頁二七一。

⓬ 晏子春秋外篇。

⓭ 淮南子要略訓。族，簇也；鐘，十斛也；贛，賜也。

⓮ 詳參太田方翼毳，松皐圓纂聞。

⓯ 季氏篇⑯。

⓰ 齊世家。

⓱ 孟子萬章下篇①。

⓲ 外儲說左下篇經一。

⓳ 外儲說右下篇經二。

⓴ 蕭公權中國政治思想史。

㉑ 六反篇。

㉒ 淮南子主術訓。

㉓ 見荀卿年十五之齊考，國史辨第四册頁一一六；先秦諸子繫年頁三三四。

㉔ 見荀卿遊歷考，國史辨第四册頁一二五、一二六。

㉕ 心度篇。

㉖ 外儲說右上篇經一。

㉗ 說疑篇。

㉘ 原文「精沐」，孫詒讓札迻疑爲精悉，太田方翼毳以爲「沐，潔也。」于省吾雙劍誃諸子新證云：「沐乃沫

譌，沫昧古通。昧，微昧之光也。見精沫，猶言見精微也。」茲從于氏之說。

八 陽虎奔齊——論防姦知微

春秋末期，大夫專擅，陪臣執政❶，而魯國三桓（孟孫、叔孫、季孫）執政的局面，也有一些波動。季氏家臣陽虎作亂，想殺嫡立庶，爲所欲爲，牽扯三桓，竊盜國寶，挾持季孫氏與魯公；不成而奔亡齊國，韓非子難四篇第二節引述了當時齊國的對策：

> 魯陽虎❷欲攻三桓，不尅而奔齊，景公禮之。鮑文子❸諫曰：「不可。陽虎有寵於季氏而欲伐於季孫，貪其富也。今君富於季孫，而齊大於魯，陽虎所以盡詐也。」景公乃囚陽虎。

齊景公原本禮遇陽虎，聽鮑文子之言，才囚禁他。鮑文子由陽虎叛亂的私心推論，此人不過逞其詐謀而已。

陽虎的資料，左傳最早出現，是在定公五年（西元前五〇五年），季平子卒，陽虎想越禮葬之，仲梁懷反對，他便要逐走仲梁懷，於是囚季桓子，已現出跋扈專斷。定公八年（西元前五〇二年）他要「盡殺三桓嫡，而更立其所善庶子以代之。❹」他挾持季桓子，準備殺了他，桓子警覺到有異，曉諭御者林楚，林楚回答說：「陽虎爲政，魯國服焉，違之徵死。❺」陽虎攬權，不聽命的等於找死，幾句話，很可以看出陽虎的專擅與氣燄。林楚有心保護主人，出其不意，縱馬馳入孟孫家。細玩左傳，陽虎作亂未成，實由於碰到成宰公斂處父（名陽，後文又稱公斂陽），公斂處父由季孫家「戒都車」，推想可能有異謀，怕牽累到孟孫家，提醒預作防備，因此孟孫氏才能及時援助季桓子；陽虎殺不了季桓子，於是劫持魯定公與武叔（叔孫不敢之子州仇），又盜取寶玉大弓。最初大約有意用來賄賂大國，想想又不妥，便又送還。陽虎奔齊，請齊侯發兵伐魯，因而有鮑文子的一段諫言，左傳記載：

鮑文子諫曰：「臣嘗為隸於施氏矣，魯未可取也。上下猶和，衆庶猶睦，能事大國，而無天菑，若之何取之。陽虎欲勤齊師也，齊師罷，大臣必多死亡，己於是乎奮其詐謀。夫陽虎有寵於季氏，而將殺季孫，以不利魯國而求容焉。親富不親仁，君焉用之？君富於季氏，而大於魯國，玆陽虎所欲傾覆也。魯免其疾，而君收之，無乃害乎！」❻

鮑文子的分析極爲透徹，包括齊、魯的對立與當時的局勢。以齊侯的立場而言，如果一舉滅魯，自然値得庇護陽虎，鮑文子的分析，「魯未可取」，便是直指出要點，破除齊侯的非分之想。既沒有得魯之利，進一層剖析庇護陽虎的後果，則是有害而無益。陽虎正是「有仇讎之志，而借力於國」❼，有心借齊報魯，而且趁齊師罷弊，逞其詐謀。顯然齊的財富比季孫還要豐厚，而陽虎正是「親富不親仁」的人。孟子援引過陽虎的話：「爲富，不仁矣；爲仁，不富矣。❽」陽虎是唯恐爲仁有害於爲富；依他的實際行爲，他當然是爲富不仁的了。齊侯聽了諫言，毫不考慮就囚禁陽虎。韓非子引述鮑文子的諫言，大抵依據左傳，撇開齊、魯對峙的局勢，直揭陽虎私心貪欲足以爲禍，使命意集中，簡潔有力。

韓非子的論難之一，便由「不仁」著墨：

> 或曰：千金之家，其子不仁，人之急利甚也。桓公，五伯之上也，爭國而殺其兄，其利大也。臣主之間，非兄弟之親也。劫殺之功，制萬乘而享大利，則羣臣孰非陽虎也。事以微巧成，以疏拙敗。羣臣之未起難也，其備未具也。羣臣皆有陽虎之心，而君上不知，是微而巧也。陽虎以貪欲攻上，知於天下，是疏而拙也❾。必使景公加誅於拙虎❿，是鮑文子之說反也。臣之忠詐，在君所行也。君明而嚴，則羣臣忠；君懦而闇，則羣臣詐。知微之謂明，無赦之謂嚴。不知齊之巧臣，而誅魯之成亂，不亦妄乎！

陽虎以「富」與「仁」對舉，人急利之心蔽障，便不得行仁。利，又不僅是財貨有形之利，還兼賅權勢無形之利。論政治，爭權奪利往往分不開，陽虎之於季氏，有意殺嫡立庶，排除異己，也不僅是爲財富，還爲了權勢，當然，權勢與財富往往關係密切。論難中，援引齊桓公爲利爭國可以殺兄（指公子糾），君臣不如兄弟親密，而利又大，人臣誰不可能是陽虎呢？韓非子書中屢屢提醒人君要杜防人臣竊國，因爲君臣之際，不比骨肉血緣關係：

> 今上下之接，無子父之澤。[11]

> 君臣之相與也，非有父子之親也。[12]

> 人臣之於其君，非有骨肉之親也，縛於勢而不得不事也。故為人臣者窺覘其君心也，無須臾之休，而人主怠慠處其上，此世之所以有劫君弒主也。[13]

> 人臣之情，非必能愛其君也，為重利之故也。今人主不掩其情，不匿其端，而使人臣有緣以侵其主，則羣臣為子之、田常不難矣。[14]

君臣既無骨肉親情，「上下一日百戰」[15]，群臣的詐謀工巧難察，只要籌備完妥，就會作亂，這其間，也關係著人主是否能洞燭臣姦，韓非子說：

> 主上不神，下將有因，……主失其神，虎隨其後。主上不知，虎將為（有）狗[16]。主不蚤止，狗益無已。虎成其群，以弒其母[17]。為主而無臣，奚國之有。主施其法，大虎將怯；主施其刑，大虎自寧。法刑苟信，虎化為人，復反其真。[18]

難四篇第二節第一難所鋪陳的：人臣爲利不親，人臣心存覬覦，皆有陽虎之心，全看君主用術是否高明，這些都合乎韓非子的重要論點，堪稱純粹法家路數。

再就陽虎叛亂一事細論，陽虎不過是疏拙者，韓非子說過：「夫事以密成，而以泄敗。⑲」眞正「密」，「微而巧」的是齊國的田氏。陽虎貪欲，攻伐君上，天下皆知；但當年的田釐子（乞）施恩爭民，可做得巧密不著痕迹，左傳記載晏嬰告訴叔向的話：

> 齊其為陳氏矣。公棄其民，而歸於陳氏。齊舊四量：豆、區、釜、鍾。四升為豆，各自其四，以登於釜，釜十則鍾。陳氏三量皆登一焉，鍾乃大矣。以家量貸，而以公量收之。山木如市，弗加於山；魚鹽蜃蛤，弗加於海。⑳

田氏暗地施恩，量米的器皿加大，以家量出貸，仍以公量收回，這是加貸，百姓心裏有數，自然感恩歸心；而山產海產，平價供應，不貪小利，使百姓得利，也是善於施恩。這著高招，是應付齊景公的厚斂與嚴刑而來，當時「民參其力，二入於公，而衣食其一。」當時「國之諸市，屨賤踊貴。㉑」田氏是爲著長遠爭民爭權而使用了巧妙手法。事又見墨子內篇問下第十七章。當時田釐子（乞）初爲大夫，便「行陰德於民」㉒，韓非子外儲說右上篇也說：

> 晏子對曰：「夫田氏甚得齊氏。其於民也，上之請爵祿行諸大臣，下之私大斗斛區

> 釜以出貸，小斗斛區釜以收之。殺一牛，取一豆肉，餘以食士。終歲，布帛取二制馬，餘以衣士。故市木之價，不加貴於山，澤之魚鹽龜鼈蠃蚌，不加貴於海。君重斂，而田成氏厚施。……」㉓

晏嬰、景公、田乞相繼卒後，田常於西元前四八五年代立，「復修釐子之政」㉔，韓非子說他：「以上請爵祿而行之群臣，下大斗斛而施於百姓。㉕」與晏嬰所敍田釐子的作法如出一轍。終於，田常弒了簡公，韓非子感慨良深，曾剖析云：

> 子夏曰：「春秋之記，臣弒君、子弒父者㉖，以十數矣，皆非一日之積也，有漸而至矣。」凡姦者，行久而成積，積成而力多，力多而能殺，故明主蚤絕之。今田常之亂，有漸見矣，而君不誅。晏子不使其君禁侵陵之臣，而使其主行惠，故簡公受其禍。故子夏曰：「善持勢者，蚤絕姦之萌。」㉗

人臣爲姦，是日久累積，有漸進之跡，人主如能「知微」，應當早加禁絕。韓非子假託孔子禁子路在郈行惠，幸而避過季康子「奪肥之民㉘」的斥責，又發揮「蚤禁於未形」的道理，而再重申感慨，說：「以景公之勢，而禁田常之侵也，則必無劫弒之患矣。㉙」綜上而觀，景公時田釐子的種種行徑，實已預伏其子田常弒君，其重孫田和篡齊的根由，難四篇第二節第一難，以田氏與陽虎對比，藉來發揮人臣爲姦、人君防姦的深刻理論。鮑文子原是針對陽虎的行事議說，頗有其正面意義；韓非子則以政治根本在內政的基本觀點，直認爲齊景公不能杜防本國巧臣的姦亂，徒然誅殺魯國的叛賊，毫無意義。本段步步爲營，語語犀利，理到辭達，是韓非子重要理論的精采呈現。

韓非子難四篇有兩層論難，第一難論駁古事，第二難則論駁第一難。至於第二節的第二難，旨在反駁第一難防姦知微之說，終究仍首肯鮑文子之言：

或曰：仁貪不同心。故公子目夷辭宋㉚，而楚商臣弒父㉛，鄭去疾予弟㉜，而魯桓弒兄㉝。五伯兼并，而以桓律人㉞，則是皆無貞廉也。且君明而嚴則羣臣忠，陽虎為亂於魯，不成而走，入齊而不誅，是承為亂也。君明則誅，知陽虎之可以濟亂也，此見微之情也。語曰：「諸侯以國為親。」君嚴則陽虎之罪不可失，此無赦之實也。則誅陽虎，所以使羣臣忠也。未知齊之巧臣，而廢明亂之罰；責以未然，而不誅昭昭之罪，此則妄矣。今誅魯之罪亂，以威羣臣之有姦心者，而可以得季、孟、叔孫之親。鮑文之說，何以為反？

舉或仁或貪四例，對偶襯比，極爲工穩。認爲若以齊桓公弒兄爲準，天下便沒有貞廉之人，正所以反駁第一論「群臣孰非陽虎」。其次，承認君須有術，陽虎之罪昭然，誅陽虎，既爲鄰國平亂，也可以威姦臣而勸忠臣，正所以反駁第一論「不知齊之巧臣，而誅魯之成亂。」有關所舉仁貪四例，正見古來貴公子各具性情，不可以一概而論。但其間因果，仍有值得推敲之處。宋襄公（西元前六五〇至六三七年在位）與公子目夷（公子魚）互相謙讓友愛，在春秋史上，罕有倫匹。目夷年長，自認庶出，接位就不順禮；若論仁，太子（後為襄公）能以國位讓給庶兄，沒有更仁的了。後來襄公爭盟，與楚人戰於泓，目夷都據理力爭，另有一番沈穩活絡的見解，確實是個賢德公子。宋襄公是五霸之一，他對仁義的偏執，表現在西元前六三八年的泓之戰，「不重傷，不禽（擒）二毛」，「不鼓不成列」[35]，成為一種理想主義的代表；也許，他的讓國，也是完美德操的一種呈現。西元前六〇五年，鄭靈公為了故意不讓公子宋「嘗異味」應「食指動」的預兆，召而不與黿羹，公子宋「染指」而出，靈公怒，想殺公子宋，結果公子宋弒了靈公。國人要立去疾（名子良），去疾推辭：論賢不足，論順序，公子堅年長，於是公子堅得立為襄公。史記鄭世家云：「靈公庶弟」，年表則云：「靈公庶兄。」韓非子所謂「予弟」，說法不同。勉強解說，若依鄭世家，是給予靈公之弟。鄭襄公即位之後，追究公子宋弒君的罪過，打算驅逐群兄弟，而獨獨豁免去疾。去疾卻表示寧願與群兄弟共生死：「穆氏宜存，則固願也；若將亡之，則亦皆亡，去疾何為！[36]」終於襄公感動，讓群兄弟都做大夫。足見去疾也是賢德公子。至於楚商臣弒成王（西元前六七一至六二六年在位），一則是商臣「蠭目而豺聲」，原就是「忍人」[37]，再則成王既立商臣為太子，又欲立王子職而黜之，這是「參疑（擬）[38]」之害。以致楚成王雖有君子之度，能不殺晉公子重耳，能命令子玉由宋撤兵，使晉文公能成就霸業；却不知「廢立不定，必生大亂。」竟「使商臣得聞，江芊得知，蹈大易機事不密之殃。㊴」終至請吃熊蹯而死（以便求援）都不允准，只好自縊。魯桓公弒隱公，則另是一類宮廷悲劇。魯隱公（西元前七二二至七一二年在位）以長庶子的身分，代太子允攝行君事，原擬引退，還政給太子允。據史實，允的生母，原是魯惠公爲隱公聘娶的，後見其美而奪媳自妻，登爲夫人。隱公能不計挫辱，一秉至公，仍逃不開小人挑唆的噩運。公子羽父㊵先以殺太子允爲條件，要求太宰之職；聽隱公解說已存心還政，又怕事泄，於己不利，倒過來，在太子允面前毀謗隱公。隱公是光明磊落，不信讒邪，太子允却信隱公有意殺己自立，於是公子羽父派人弒殺隱公，立允，是爲桓公。從隱、桓二公一信一疑，以致爲小人播弄，釀成悲劇，足見兄弟和諧如同公子目夷與宋襄公的，確實不易得！

就韓非子的思想體系分析：人性原無所謂善惡，只是自利，自利有只見小利的，有能兼及大利的，一般人好利，便難期盼所有的人都能表現純良的善性，一觸及權力鬥爭，人的善性更面臨重大的考驗。像曾參、史鰌那樣自律的人，像老聃那樣知足的人，並非沒有，但畢竟有限，不能期盼全民都像曾、史、老聃㊶。難四篇第二節第二難所舉宋公子目夷、鄭去疾，仁而讓國，並非絕無僅有，但政治上的爭競，實際上不能期望諸公子個個如此；相反的，楚商臣、魯桓公的事例倒反而是必須留神注意的，所謂「不恃人之爲吾善也，而用其不得爲非也。㊷」因而非得留意於防姦禁姦不可！也未必就「以桓律人」，不過總是承認人性未盡完美，既未盡完美，自然不能不防，不能不禁。

第二論中，以爲誅陽虎，可以得魯三桓之親，此話是實；但誅魯之叛賊，是否就能「威群臣之有姦心者」，則不能無疑，因爲「重一姦之罪，而止境內之邪」[43]，基本上仍須人臣有自省自飭的修爲，而這種道德自律都是未必可以期望的。至於反駁第一論「責以未然」，視田氏密巧陰謀爲無礙，顯然過於大而化之，不夠細密深刻。

事實上，鮑文子的分析，只是給齊景公做個參考，結果景公囚禁陽虎，他詭詐脫逃，先到宋，後投奔晉國的趙簡子。史記說：「魯賊臣陽虎來奔，趙簡子受賂，厚遇之。[44]」韓非子外儲說有一段陽虎與趙簡子的對話：

> 陽虎去齊走趙，簡主問曰：「吾聞子善樹人。」虎曰：「臣居魯，樹三人，皆為令尹；及虎抵罪於魯，皆搜索於虎也。臣居齊，薦三人，一人得近王，一人為縣令，一人為候吏。及臣得罪，近王者不見臣，縣令者迎臣執縛，候吏者追臣至境上，不及而止。虎不善樹人。」主俛而笑曰：「夫樹橘柚者，食之則甘，嗅之則香；樹枳棘者，成而刺人。故君子慎所樹。」[45]

本文有幾處疑竇：令尹一詞，不同於楚，魯所名，當卽縣令之意。陽虎在齊，不久被執，不可能薦人，其中一段全係子虛烏有。陽虎言薦人而於緊急時反爲所迫，趙簡子則以枳棘譬之，二人皆以私利存心，依韓非子之見，陽虎所薦頗公正，其人依法追索陽虎，乃良吏也；趙簡子之比喻，全由私心出發，不是教化的好榜樣㊻。說苑也有一段近似的資料：

> 陽虎得罪於衞，北見簡子，曰：「自今以來，不復樹人矣。」簡子曰：「何哉？」陽虎對曰：「夫堂上之人，臣所樹者過半矣；朝廷之吏，臣所立者，亦過半矣；邊境之士，臣所立者，亦過半矣。今堂上之人，親却臣於君；朝廷之吏，親危臣於衆；邊境之士，親劫臣於兵。」簡子曰：「唯賢者為能報恩，不肖者不能。夫樹桃李者，夏得休息，秋得食焉；樹蒺藜者，夏不得休息，秋得其刺焉。今子之所樹者，蒺藜也。自今以來，擇人而樹，毋已樹而擇之。」㊼

簡子回應陽虎的話，強調擇人而樹，大抵仍是培植黨羽的私心。陽虎鋪陳的話，則頗嫌夸飾。至於「得罪於衞」，與史不符。趙簡子顯然對於用人很有一番作法，韓非子云：

> 陽虎議曰：「主賢明，則悉心以事之；不肖，則飾姦而試之。」逐於魯，疑於齊，走而之趙，趙簡主迎而相之。左右曰：「虎善竊人國政，何故相也？」簡主曰：「陽虎務取之，我務守之。」遂執術而御之，陽虎不敢為非，以善事簡主，興主之强，幾至於霸也。㊽

這段話很值得玩味：陽虎事君的哲學是，看君主賢或不肖，採取不同的因應對策，賢明，就規規矩矩，盡心盡力；不肖，就文飾爲姦，嘗試試探。趙簡子敢於接納陽虎，是自信有「守護」能力，他用術，結果陽虎不敢胡作非爲。韓非子藉此發揮「恃勢而不恃信……恃術而不恃信㊾」的理論，這個事例也足以印證，只要人主用術，再姦詐的臣子都會樸實規矩的說法。據史實，趙簡子於魯哀公二年（西元前四九三年），納衞太子蒯聵，陽虎是重要助手，那麼趙簡子確實有一套駕御陽虎的方術，韓非子的譬況，還不致太過離譜。

註

❶ 見史記六國年表。孔子世家：「陽虎由此益輕季氏，季氏亦僭於公室，陪臣執國政。」論語季氏篇：「陪臣執國命，三世希不失矣。」按，諸侯之大夫對於天子自稱曰陪臣。

❷ 陽虎，卽陽貨，名虎，字貨。論語有陽貨篇；孟子滕文公上篇引做陽虎，滕文公下篇又稱陽貨。

❸ 鮑文子，卽鮑國。

❹ 見史記魯世家。

❺ 見左傳定公八年。

❻ 見左傳定公九年。

❼ 見韓非子五蠹篇。王煥鑣韓非子選：「志本作忠，疑當作志，故改。」

❽ 見滕文公上篇。

❾ 以貪欲攻上知於天下九字，各舊本作貪於天下以欲攻上。據陶小石讀韓非子札記校改。

❿ 必字，乾道本、凌本、趙本作不，茲從迂評本。

⑪ 見六反篇。
⑫ 見姦劫弒臣篇。
⑬ 見備內篇。
⑭ 見二柄篇。
⑮ 見揚搉篇。
⑯ 神、隱而莫測其所由也。虎，喻權臣；狗，喻權臣之黨與。
⑰ 母，喻君也。
⑱ 見揚搉篇。
⑲ 史記老莊申韓列傳引說難之文，韓非子而字作語。
⑳ 左傳昭公三年。
㉑ 仝⑳。
㉒ 見史記田敬仲完世家。
㉓ 見外儲說右上篇一㈡。貞按：末句「田成氏」，與史不符，疑衍「成」字。
㉔ 仝㉒。
㉕ 見二柄篇首段。
㉖ 兩弒字，乾道本、趙本、凌本作殺，茲從迂評本。
㉗ 見外儲說右上篇一㈢。
㉘ 季康子名肥。
㉙ 詳見韓非子外儲說右上篇一㈣。事亦見說苑臣術篇、孔子家語致思篇，二書「邱」作「蒲」。
㉚ 見左傳僖公八年、史記宋世家。
㉛ 見左傳文公元年、韓非子內儲說下篇五㈤、史記楚世家。

㉜ 見左傳宣公四年、史記鄭世家。
㉝ 見左傳隱公十一年、史記魯世家。
㉞ 以桓律人，桓指齊桓公，齊桓公乃五伯之首，而私德不全，以桓律人，正反駁前論以群臣皆陽虎。王先慎集解謂桓上當有三字，然三桓與五伯無涉，與前論桓公亦不銜接。
㉟ 見左傳僖公二十二年。
㊱ 見左傳宣公四年。
㊲ 見左傳文公元年。
㊳ 見韓非子內儲說下篇經五，參難三篇第三節。
㊴ 見左傳文公元年會箋引魏禧曰。商臣由成王之妹江芊處套問廢黜得實。
㊵ 左傳隱公四年經傳作「公子翬」，羽父其字也。史記秦本紀亦作公子翬，魯世家作公子揮，當係音同義近而通用。
㊶ 六反篇：「財用足而力作者，神農也；上治懦而行修者，曾、史也。夫民之不及神農、曾、史亦明矣。」「夫以殆、辱之故而不求於足之外者，老聃也；今以爲足民而可以治，是以民爲皆如老聃也。」
㊷ 見顯學篇。
㊸ 見六反篇。
㊹ 見趙世家。
㊺ 外儲說左下篇五㈣。
㊻ 外儲說左下篇經五：「非所以教國也。」
㊼ 見說苑復恩篇⑳。
㊽ 見外儲說左下篇二㈢。
㊾ 見外儲說左下篇經二。

九　一人煬君——論以術用賢

韓非子的說難篇，極力陳述諫說之難，列舉多種諫說技巧，史記曾全文引錄，是韓非子可信度最大的篇目之一。其最末一段敘及彌子瑕很得衞靈公（西元前五三四至四九三年在位）的寵愛。在難四篇第四節也援引彌子瑕的事蹟：

> 衛靈公之時，彌子瑕有寵於衛國，侏儒有見公者，曰：「臣之夢踐矣❶。」公曰：「奚夢？」「夢見竈者，為見公也。」公怒曰：「吾聞見人主者夢見日，奚為見寡人而夢見竈乎？」侏儒曰：「夫日兼照天下，一物不能當也。人君兼照一國，一人不能壅也，故將見人主而夢日也。夫竈，一人煬焉，則後人無從見矣。或者一人煬君邪❷？則臣雖夢竈，不亦可乎？」公曰：「善。」遂去雍鉏，退彌子瑕，而用司空狗。

侏儒有心，藉夢託喻以影射彌子瑕蒙蔽衞君的故事，重見於韓非子內儲說上篇——七術一㈠。文字小異，第二句作「彌子瑕有寵，專於衞國。」特別點出一「專」字，有專擅行事之實，才顯得出「一人煬君」譬喻生動，於義爲佳。太陽普照天下，任何東西也不能遮擋它；君主普察全國人，任何人也不能蒙蔽他，所以一般要進見君主的人，會夢見太陽。而竈，只要有一個人在烹炊忙碌，往竈口撥弄柴火，他的身子就擋住竈裡的火光，後邊的人再也看不到火光了。說不定就有人蒙蔽了君主的明察了？那麼夢做得古怪，不也說得通嗎？侏儒的巧喻，委婉點到爲止。在內儲說下篇至此收束，目的在解說經一的「參觀——觀聽不參，則誠不聞。」難四篇則多出末三句黜人任人的文字。

戰國策趙策三記載類似的資料❸，略有不同。起結是：「衛靈公近雍疸、彌子瑕。二人者，專君之勢以蔽左右。復塗偵謂君曰：『昔日臣夢見君。』君曰：『子何夢？』曰：『夢見竈君。』……於是，因廢雍疸、彌子瑕，而立司空狗。」文中「專君之勢以蔽左右」，解釋較韓非子內儲說上篇一「專」字更詳盡，韓非子書只提彌子瑕，趙策把「雍疸」也列上，顯然是由文末廢黜二人而來，「疸」該依鮑照本作「疽」，和「鉏」音近通用。「復塗偵」，或許是「侏儒」之訛，或看作侏儒之名。在文意上，「一物不能當（擋）」，和下文「一人煬焉」，正好相反相對，韓非子書專提彌子瑕，比趙策兼及雍疸，更精省有力。趙策當係由韓非子難四篇拓衍而出。「於是」二字與「因」字複沓，也暴露戰國策沿襲而未能精裁的缺失。

難四篇第四節指明是衛靈公感悟侏儒的諷刺，因而黜退彌子瑕。在說難篇，言及彌子瑕，則是由衛靈公感情的愛憎無常上著墨：

> 昔者彌子瑕有寵於衞君。衞國之法，竊駕君車者罪刖。彌子瑕母病，人閒往，夜告彌子，彌子矯駕君車以出。君聞而賢之，曰：「孝哉！為母之故，忘其犯刖罪。」異日，與君遊於果園，食桃而甘，不盡，以其半啗君。君曰：「愛我哉！忘其口味以啗寡人。」及彌子色衰愛弛，得罪於君，君曰：「是固嘗矯駕吾車，又嘗啗我以餘桃。」故彌子之行未變於初也，而以❹前之所以見賢而後獲罪者，愛憎之變也。

說苑雜言篇第三節引錄自韓非子說難篇，「矯駕君車以出」作「擅駕君車而出」。其他語調略有小異。本段旨在用來說明諫說之士宜體察人主之愛憎，再琢磨如何進言。彌子瑕是衞靈公嬖幸之人，說難所敍，重點全在私情上的親暱，而不是「專」於國，影響政治運作。但當他備受寵愛之時，國君事事依從，甚而犯法，都可以爲他找理由開脫，像這樣的親暱寵信關係，難保他不會被其他臣子利用攏絡，也難保他不攬權驕慢，而逐漸演變出專斷蒙蔽的行爲。孟子曾提及彌子瑕：

> 萬章問曰：「或謂孔子於衞主癰疽❺，於齊主侍人瘠環，有諸乎？」孟子曰：「否，不然也，好事者為之也。於衞主顏讎由❻。彌子之妻，與子路之妻，兄弟❼也；彌子謂子路曰：『孔子主我，衞卿可得也。』子路以告，孔子曰：『有命。』……若孔子主癰疽與侍人瘠環，何以為孔子！」❽

孟子辯明孔子以禮進退，屈伸達節，不違貞信，絕不肯「枉尺而直尋」[9]。所以否認他寄宿癰疽家裡，而辯明他是住在賢大夫顏讎由家裡。顏讎由是子路的大舅子，彌子瑕與子路是連襟，他也有意結交孔子，還擔保可以幫孔子爭取「卿」的高位，這表示他與衛君的關係較為深厚，但孔子寧可借住顏家，不願寄宿彌子家裡，這是孔子選賢結交，而不肯委屈自己去枉道巴結嬖臣。說苑至公篇第三節，完全承自孟子，「癰疽」作「雍雎」，應是同音通用。孟子一大段話，或許有可能是藉此委婉辯明儒者的出處進退之道，一如孟子否定伊尹、百里奚是主動求見商湯與秦穆公[10]，但彌子瑕頗有影響力，却並非正派的賢者，則可以肯定。那麼，韓非子所謂侏儒夢竈、一人煬君的記述，也並非無的放矢了。

韓非子難四篇第四節，以為侏儒諷諫之後，衛靈公感悟而「退彌子瑕」；然而，也有另一種說法，是因為史鰌（名鰌，字子魚，又稱史魚）屍諫，才進用蘧伯玉而退彌子瑕：

> 昔者衛大夫史魚病且死，謂其子曰：「我數言蘧伯玉之賢，而不能進；彌子瑕不肖，而不能退。為人臣生不能進賢而退不肖，死不當治喪正堂，殯我于室，足矣。」衛君問其故，子以父言聞。君造然，召蘧伯玉而貴之，而退彌子瑕，從殯于正堂，成禮而後去。生以身諫，死以尸諫，可謂直矣。詩曰：「靖其爾位，好是正直。」[11]

漢代韓嬰好雜引古事古語，證以詩經之辭，與經義不盡相符。此段韓詩外傳以史魚屍諫，使衞靈公摒退彌子瑕，論語「直哉史魚！⑫」正所謂「直矣」的詮釋；所引詩曰，見小雅谷風之什小明篇。另外，新序雜事一亦敍述同樣的事蹟：史鰌數諫靈公，囑治喪北堂，靈公慨嘆史鰌「忠而不衰」，召蘧伯玉，退彌子瑕，文末引述論語直哉史魚表示讚美。賈誼新書胎教，則誤引衞獻公之時，倒差四、五十年，而稱揚史鰌「忠不衰矣」；大戴禮保傅，用「迷子瑕」，亦稱讚「忠不衰矣」；孔子家語困誓獨獨稱引孔子之言說：「古之烈諫之者，死則已矣，未有若史魚死而屍諫，忠感其君者也，不可謂直乎！」各書都談及「退彌子瑕」，而以孔子家語最詳。孔子家語雖有古本家語存留其中，馬昭、崔述等推論係王肅所僞作⑬，不無道理。

與彌子瑕同時被黜的「雍鉏」，左傳襄公廿六年（西元前五四七年）有「雍鉏獲殖綽」，殖綽爲衞攻孫林父之戚邑，勇猛無比，則雍鉏是孫氏家臣，或者雍鉏後來又以宦者嬖於衞靈公。孟子萬章篇、戰國策趙策都作「癰疽」，孔子世家作「雍渠」，乃衞靈公宦者，說苑至公篇承襲孟子萬章上篇，而作「雍雎」，皆音近通借。至於另外進用的「司空狗」，日人松皐圓韓非子纂聞云：「史狗也，史朝之子，文子。」左傳襄公二十九年（西元前五四四年），吳公子季札到了衞國，「說蘧瑗、史狗、史鰌、公子荆、公叔發、公子朝，曰：『衞多君子，未有患也。』⑭」賢者相悅，史狗與蘧瑗（即蘧伯玉）、史鰌並提，是賢公子愛悅的賢者自然無疑。史，可能和史鰌一樣，是官名，史狗後來可能做到司空，所以又稱司空狗。

韓非子的第一難，肯定侏儒之善諫，而懷疑衞靈公的作爲：

或曰：侏儒善假於夢以見主道矣，然靈公不知侏儒之言也。去雍鉏，退彌子瑕，而用司空狗者，是去所愛而用所賢也。鄭子都賢慶建而壅焉，燕子噲賢子之而壅焉。夫去所愛而用所賢，未免使一人煬己也。不肖者煬己，不足以害明；今不加知，而使賢者煬己，則必危矣。

侏儒固然是善於假託夢境來顯現爲君之道，衞靈公却並不懂侏儒的語意，他的作法，是罷黜所愛的人，而用自己認爲賢德的人，這種作法，仍免不了讓一個臣子壅蔽自己，隔阻視聽。這壅蔽的人才能有限還好，越有才幹，人主越危險。

這段話，隱隱提示用術之重要，任用賢人，還得有方術讓他不「煬己」。否則，「貴不欺之士者，亦無不可欺之術也。⑮」徒然標榜賢人，反而被蒙蔽。當然，這裡所謂「賢」，並不是眞正道德圓滿的賢，而只是主觀認定的賢。在難四篇第四節第一難中，認爲不肖者煬己，還不致完全妨害明察；眞正的賢者煬己，必然危殆。這個賢，不是道德上的賢德，竟是才能上的精明了。這段文字的重點，是強調人主不可無術，無術之君，任用的臣子越是賢（精明能幹），越是危險。人君不可無術，是韓非子所強調的，至於這種賢字的定義，這篇算是特殊的。

「燕子噲賢子之而壅焉」，燕子噲以爲子之賢，因而任用他，結果被壅蔽。韓非子外儲說右下篇說：「子之相燕，貴而主斷」⑯，同時兼錄蘇代與潘壽勸燕王讓國於子之的資料。

二柄篇說：「子之託於賢，以奪其君者也。」燕王噲因爲無術，雖自以爲用賢者，却被壅蔽、詐騙而身死國危。另一例證：「鄭子都賢慶建而壅焉」，未詳所據。難四篇第三節第二難，有「鄭子都殺伯咺而食鼎起禍」，亦未詳所據，尹桐陽韓子新釋云：「子都、子突也，鄭厲公名。」如果子都確是子突，鄭厲公曾脅迫祭仲納己，而逼太子忽奔衞。厲公四年，祭仲專政，厲公陰謀令其婿雍糾殺之，結果祭仲殺婿，厲公出居邊邑櫟，祭仲另立太子忽爲昭公；後昭公爲高渠彌所殺，祭仲不討賊，一起立子亹，高渠彌陪子亹去會齊襄公，祭仲懼禍，稱疾不往；子亹被殺，高逃回，又與祭仲謀立鄭子。祭仲死於厲公復入之前，算是老謀深算而又僥倖。如果子都確指鄭厲公，他所用賢者而專斷的只有祭仲，但祭仲與慶建，形音皆相去懸遠，聊備一說而已。

第二難，反駁第一難「今不加知」，以爲今已加知：

> 或曰：屈到嗜芰，文王嗜菖蒲葅，非正味也，而二賢尚之，所味不必美。晉靈侯說參無恤，燕噲賢子之，非正士也，而二君尊之，所賢不必賢也。非賢而賢用之，與愛而用之同實；誠賢而舉之，與用所愛異狀。故楚莊舉孫叔而霸，商辛用費仲而滅，此皆用所賢而事相反也。燕噲雖舉所賢，而同於用所愛。衞奚距然哉？則侏儒之未見也。君壅而不知其壅也，已見之後，而知其壅也，故退壅臣，是加知之也。曰「不加知，而使賢者煬己，則必危，」而今已加知矣，則雖煬己，必不危矣。

本文以「所味不必美」與「所賢不必賢」平行比論，而指出任所賢與用所愛，情形一樣；後文却又強辯：衞君既已知退斥壅臣，則必不危。論敍偶有精到見解，但全文不盡銜貫，文末意欠完足，對第一難云云，亦未能妥切理解。

楚卿屈到嗜吃菱角，病重時囑咐死後要以菱角祭奠，他的兒子屈建却認爲：祭典有固定的奠祭品，不該「以其私欲干國之典。⑰」文王喜歡吃菖蒲菹——用菖蒲根切細加醋醃製的漬菜，孔子是景仰聖人的，「聞而服之，縮頞而食之，三年，然後勝之。⑱」屈到、文王所喜好的未必是正味，但口味隨人，是私人品味問題，儘可以隨性自適，不影響治安。不過，屈到未能如願以芰爲祭品，已顯現禮法不能不顧，行事得訴諸理性了。「所賢未必賢」便不能與「所味未必美」等同觀之。人君選賢確實不易，受主觀認知的囿限，往往所選的，只是「選其心之所謂賢者也。⑲」未必是眞正的賢德之人。燕子噲賢子之，最後失國身亡；殷紂王任用費仲，最後滅國焚身，都由於自以爲用到賢者，而事實並不然，這樣「用所賢」就跟「用所愛」沒有區分了。這些議論，還中肯。所舉參無恤，可能是左傳中的范無恤。晉靈公六年（西元前六一五年）的河曲之役，禦秦師，晉君年少，沒有車右，由范無恤御戎，范無恤兼御駕與護駕之責，必是親信，寵愛而又「賢」德，或許因是御，又稱參無恤，參與驂通。史記無相關記載，依文意，當係與子之相類，似賢又非賢之人。中段舉「楚莊用孫叔而霸」，似承「誠賢而舉之，與用所愛異狀」而出，和「商辛用費仲而滅」並提，證明「所賢」或賢或不肖，其殊異判然，尚稱細密，但下文並未能由君主區判眞賢著筆，使議論中斷，極爲可惜。末段論定衞君能退壅臣，便不危，語意含胡，第一難暗含的未能用術問題，此處並沒有突破；而前文「舉所賢，同於用所愛」的困擾，如何解決，也並未涉及。大致僅爲「難」而「難」，又匆匆煞筆，未能盡暢其言，是否出自運筆犀利酣暢的韓非子，不能無疑。

總之，侏儒假夢勸說衞靈公，勿受彌子瑕專斷蒙蔽，大致有根據；而彌子瑕之黜退，究竟是否侏儒諫說有效，則尙有二說，一是色衰愛弛，一是史鰌屍諫。論難中，重點在君主須能善用方術，否則仍不免被蒙蔽。第二難所提出的論駁，並未能另有發揮，大抵只做到補充說明而已。

註

❶ 夢踐，指夢境與事實相應驗。

❷ 煬，對火曰煬。一人當竈而炙，後之人卽無從見竈火之光；一人蒙蔽君主，其餘衆臣卽無由與君交通。

❸ 「衞靈公近雍疸彌子瑕」，姚宏本與上篇「建信君貴於趙」連篇，列在「趙策」。鮑本分列兩篇，此篇列在衞策，「雍疸」作「癰疽」。按姚本「疸」當係「疽」之誤。

❹ 「以」字衍文。

❺ 名同趙策，或以爲瘍醫，錢大昕潛研堂答問以爲卽衞靈公宦者雍渠也。按卽難四篇雍鉏。

❻ 衞國賢大夫，全祖望謂卽顏濁鄒，子路妻兄。

❼ 卽姊妹也。

❽ 見孟子萬章篇上⑧。

❾ 見孟子滕文公篇下①。

⑩ 見孟子萬章篇上⑦⑨。另有法家思想傾向者，則以爲伊尹，百里奚乃自己求見。甚而亦有言孔子因彌子瑕者，呂氏春秋貴因篇：「孔子道彌子瑕、釐夫人，因也。」淮南子泰族訓：「孔子欲行王道，東西南北，七十說而無所偶，故因衛夫人、彌子瑕而欲通其道。」

⑪ 見韓詩外傳七。

⑫ 見論語衛靈公篇⑥。

⑬ 詳見張心澂僞書通考頁六〇九至六一九。

⑭ 見左傳襄公二十九年。

⑮ 見五蠹篇。

⑯ 見外儲說右下篇三㈠。

⑰ 見國語楚語上③。

⑱ 見呂氏春秋遇合篇。

⑲ 見韓非子難三篇第四節。

十　高渠彌報惡——論不宜懸怒不誅

鄭莊公（西元前七四三至七〇〇年在位）晚期，爲任派高渠彌爲卿，和太子忽意見相左，韓非子難四篇第三節引述：

鄭伯將以高渠彌為卿，昭公惡之，固諫不聽。及昭公即位，懼其殺己也，辛卯，弑昭公而立子亶也。君子曰：「昭公知所惡矣。」公子圉曰：「高伯其為戮乎，報惡已甚矣。」

本文依據左傳桓公十七年（西元前六九五年）的記載，亶、圉，左傳作亹（音尾）、達，盧文弨韓非子拾補以爲韓非子訛誤，極是。報惡，左傳作復惡，君子曰，作君子謂。難四引述略帶詮釋性質，足證左傳在戰國時代業已流傳，也可以釐淸君子曰以下文字，並非劉歆所增益❶，高渠彌，史記秦本紀作高渠眯，眯彌二字，古音同通用，但說文不載彌字，彌爲晚出之字，秦本紀所書當係古本舊文❷。太子忽於莊公初卒時奔衞，四年後歸國即位爲昭公，至此兩年，並沒有對高渠彌採取具體懲戒的手段，可見當年反對任用爲卿，可能只是秉公論事，此時高渠彌不曾犯錯，也就不再計較，沒有把這件嫌隙放在心上。大抵昭公是厚實之人，也因爲厚實，桓公六年（西元前七〇八年），他才會力辭齊侯嫁女的美意，而留下「齊大非耦」的名言❸，若是他懂得運用妻黨的大援，接受祭仲的勸告，流亡、被弑的噩運或可以避免。沒料到，高渠彌小人之心疑懼狠戾，竟然私怨公報，演出弑君的慘劇。君子曰云云，竹添光鴻會箋以爲：「蓋美其能別白邪正，而深惜其無斷也。左氏品評，每有說半句留半句者，此類是也。」至於公子圉（達）之評，則是斥責高渠彌報惡的手段過分了，私德有虧，將來必不得其死。

韓非子的論難，直捷由公子圉的評語發端：

或曰：公子圉之言也不亦反乎！昭公之及於難者，報惡晚也。然則高伯之晚於死者，報惡未甚也❹。明君不懸怒，懸怒則臣懼罪，輕擧以行計❺，則人主危。故靈臺之飲，衞侯怒而不誅，故褚師作難❻；食黿之羹，鄭君怒而不誅，故子公殺君❼。君子之擧「知所惡」，非甚之也，曰知之若是其明也，而不行誅焉，以及於死，故曰「知所惡」，以見其無權也。人君非獨不足於見難而已，或不足於斷制。今昭公見惡稽罪而不誅，使渠彌含憎懼死以徼幸，故不免於殺，是昭公之報惡不甚也。

公子圉以爲弑君之罪，全在高渠彌「報惡」過甚；此文則以君術運用角度，探索昭公之失，在於「報惡未甚」。昭公懸怒而不誅，斷制不足，所以被弑。

這也是「人臣有大罪，人主有大失❽」的發揮。楊樹達說：「晚當作免。高伯之所以晚於死者，以昭公見（現）惡，稽罪而不誅也。下文是昭公之報惡不甚也，即承此而言，可證。懸怒，謂怒而不誅也。❾」近人陳柱就老子第四十一章文義，推斷「大器晚成」當作「免成」❿，與楊氏解晚為免，正足以互為發明。韓非子的統御術，原講究掩情匿端，不輕易顯露好惡，以免人臣飾僞投合，擾亂賞罰⓫。鄭昭公過去「惡」高渠彌，即位之後，遲遲沒有表明態度，在他來說，是不報惡了，在高渠彌內心，却沒有安全感，所以韓非子論駁，認為事情就壞在他怒而延宕不誅。舉證之一，西元前四七〇年，褚師聲子在宴飲中，穿着韈（襪）子上了席，衞出公發怒，他有所解說，說是有足疾，君主看了要嘔吐的，衞出公更生氣；褚師走出，「公戟其手，曰：必斷而足。⓬」褚師於是萌發作亂之意，聯合了幾個向來怨恨衞侯的人攻擊出公，出公奔亡。雖有魯、越、宋為他助陣，徒然望著國門不敢入，衞人另立悼公，出公終於死在越國。舉證之二，西元前六〇五年，楚人獻黿給鄭靈公，公子宋和子家入見，子公（公子宋）的食指動了，說是應兆在有異味可嘗，一見黿，兩人相視而笑。靈公備了黿羹款待大夫，故意不讓子公吃，子公便「染指於鼎，嘗之而出。⓭」靈公發怒，要殺子公，子公先下手，弑了靈公。這兩個例子，眞是「君不君，臣不臣」⓮，褚師失禮在先，衞侯的反應也過於情緒化；至於鄭靈公故意刁難子公，子公偏又非「染指」不可，更使得原本可能是極有諧趣的場面，伏下兇殺的禍根。比較起來，鄭昭公之於高渠彌，昭公正直得多，若論事件的經過，昭公惡之，高渠彌未必罪及於殺，因此沒有動手；也有可能，過去「惡之」，事過境遷，已無「惡」可言。如此看來，若說鄭昭公「怒而不誅」，評斷似有欠公允。

由「君子之舉『知所惡』」以下，旨在分析引述文中「君子曰」云云的含藏深意。昭公既知道高渠彌可惡，却不行誅，以至被殺，是不懂得權變的了。人君的缺失，不僅是沒有足夠的睿智，洞察禍難，也在於沒有足夠的決斷力，能專制行事。這議論，和左傳會箋所謂「蓋美其能別白邪正，而深惜其無斷也。」極爲相近。昭公表露憎惡，却不曾進一步論罪誅罰，使高渠彌疑懼而僥倖弒君，沒能「報惡」正是禍因。前面分析過，高渠彌也許功不足爲卿，但罪不及誅，所以昭公的困結，不在於未能進一步論罪誅罰，而在於他沒有一套防臣劫弒的方術，就韓非子思想體系而言，可以從杜防人臣劫弒再加申論。

本節的第二難，承上「是昭公之報惡不甚也」，再由反面證明：不能一味「報惡甚」，而貴在得當，歸結處，仍贊成公子圉「高伯其爲戮」之說：

> 或曰：報惡甚者，大誅報小罪。大誅報小罪也者，獄之至也。獄之患，故非在所以誅也，以讎之衆也⑮。是以晉厲公滅三郤而欒、中行作難⑯，鄭子都殺伯咺而食鼎起禍⑰，吳王誅子胥而越句踐成霸⑱。則衞侯之逐，鄭靈之弒，不以褚師之不死而子公之不誅也，以未可以怒而有怒之色，未可誅而有誅之心。怒其當罪，而誅不逆人心；雖懸奚害？夫未立有罪，卽位之後，宿罪而誅，齊胡之所以滅也⑲，君行之臣，

猶有後患，況為臣而行之君乎？誅既不當，而以盡為心，是與天下為讎也，則雖為戮，不亦可乎！

本段雖針對第一難再行論難，大抵審察的角度不同，仍是法家言。報怨過分，往往是小罪大罰，這是刑法執行的不公允。死者已矣，生者則將怨懟不平，因而引發亂事。韓非子主張重刑，說：「且夫重刑者，非爲罪人也，明主之法也。⑳」法的對象並非針對犯罪者個人，嚴明法紀本爲了維持社會秩序，且有殺一儆百的作用，所以說：「重一姦之罪，而止境內之邪。㉑」刑法的執行，作用之一，便是要生者儆戒惕厲，「重罰者盜賊也，而悼懼者良民也。㉒」於是有罪者受罰，良民見而警惕，便產生嚇阻作用，最後無人再爲惡犯法，亦可以期於無刑，韓非子的重刑說，用心良苦，自有一套頗完整的理論。但重刑仍須公允，若一味強調從重量刑，執行過於嚴峻，仍不免偏失。韓非子說：「夫以重止者，未必以輕止也；以輕止者，必以重止矣。㉓」前半重刑的理由極爲充分，後半理由就有待商量，以嚇阻效果言，是不錯；以受刑人本身的權益言，小罪重罰，便是不公，有違韓非子所謂行參揆伍，論罪定罰，各有輕重的行法基本原則。

第二難檢討第一難中所舉的例證，以爲衞侯被逐，鄭靈公被弒，不是因爲褚師聲子及公子宋（子公）沒有立刻被誅殺，而在於「未可以怒而有怒之色，未可誅而有誅之心。」剖析深刻。前文分析過，衞、鄭之君不君，臣子固然不對，爲君者也有失人君之禮儀。究竟人臣的表現，該不該發脾氣，能不能「援法」誅殺？在「怒」之前，該考慮後果，若有法理不許可誅殺之情形，就不該輕易把誅殺掛在口上，表現在動作上。褚師不脫襪事件，「大夫辭之，不可。[24]」有其他臣子排解，衞出公很可以藉此消氣；而子公染指黿羹，如非鄭靈公故意刁難，根本不會產生，即使如此，也不必要發言欲殺！筆者認爲這兩句剖析極爲中肯，是就君術掩情匿端的另一種發揮，也提醒爲人君者沈穩多慮而後動作，在此更轉筆駁論第一難中的「懸怒」致禍之說。

第二難反對「懸怒」致禍之說，筆鋒集中在鄭昭公是否該報惡，舉「齊胡之所以滅」，反證其不妥，却未曾爲鄭昭公提出更周全的辦法，只止於理論推斷，不似其他部分實際切合。據國語楚語，令尹子西欲召王孫勝[25]，葉公子高勸止不果，葉公說：「昔騶馬繻以胡公入於具水……非唯舊怨乎？」韋昭注云：「胡公虐馬繻，馬繻弒胡公，內（納）之具水。」依第二難前後文義，胡公與馬繻的舊怨可能時間頗長，和鄭昭公之於高渠彌相類，「虐」之一字是韋注臆加；史記齊世家記載此事當周夷王（西元前八九四至八七九年在位）之時，哀公同母少弟山怨胡公得位，與黨人攻殺胡公。或許馬繻與胡公有舊怨，知山有異謀，因而投奔山，做了山的黨人，達成殺胡公的目的。松皋圓纂聞云：「繻，蓋山之黨也。[26]」是近情理的推論。「夫未立有罪，即位之後，宿罪而誅，齊胡之所以滅也。」語意不很明切，陳啓天校釋疑爲「不誅」，是以鄭昭公等人君爲主語，但細玩文意，本段文字不全爲君主立說，誅一詞兼賅人臣弒主，則四句之意，應是：在君主未立之前，人臣已有罪，即位以後，人臣由於宿怨而弑君，正是齊國胡公被殺的原因。鄭昭公的下場也一樣。這種「宿罪而誅」，人君做來都不合宜，何況臣子弑君？如此歸結到：公子亹有關高渠彌爲戮的評語有道理。話中雖也含有依法論罪的意味，道德上的批判顯然較爲有力，這是本段不盡同於韓非子思想之處。

「誅既不當，而以盡爲心，是與天下爲讎也。」提示誅殺須合當的條例，值得喝采；也與前文「讎之衆也」相銜貫。但這句話在前後文中，倒不單指人君用法而言，這點頗爲特殊。「獄之患，故（固）非在所以（已）誅也，以讎之衆也。」寃獄禍害，已死之人已不可挽回，人情怨憤則甚爲可慮，這些話除了刑法對生者的意義必須顧慮，意同韓非子，有關人心的反應之強調，則別有創發。所舉例證，照理應當承接「讎之衆」發論，行文却又未能完全綰合。晉厲公滅三郤（郤錡、郤犨、郤至），事見左傳成公十七年，時當西元前五七四年，綜括其因由有三：厲公奢侈，多外嬖，愛幸大夫；而三郤各有私怨，怨郤氏者爲厲公外嬖，即胥童、夷陽五、長魚矯；另外，欒書怨郤至，誣陷郤至在鄢陵一戰（成公十五年）有通楚之嫌，厲公怨郤至。導火線是厲公田獵，郤至獻豕，寺人孟張奪取，郤至射殺孟張。胥童勸厲公，欲去群大夫，「必先三郤，族大多怨。」殺三郤之後，胥童劫欒書、中行偃，長魚矯又請殺欒書、中行偃，事亦見韓非子內儲說下篇，胥童作胥僮。厲公不忍，釋放二人，後來二人殺了胥童，第二年還弑殺厲公。事件經過頗爲複雜，三郤遭難，主因是結怨於小人，也是爲人過於苛刻，國語楚語下，葉公子高論白公勝，便把「晉長魚矯殺三郤於榭」與「齊騶馬繻以胡公入於具水」並提，用「舊怨」點明發難因由。而晉厲公殺三郤，則頗爲失德，是陷莫須有之罪名，左傳甚而以郤至的坦然，以「若殺不辜，將失其民」的推想，烘襯郤至無反叛之心，而厲公君德有虧。至於欒書、中行偃殺胥童，弑厲公，並非爲三郤抱不平，左傳明載欒書與郤至有隙，曾誣陷通楚的罪嫌；他們的動機，不外深惡胥童執脅於朝在先，又懼怕厲公將來未必不聽外嬖之言殺自己。韓非子難四篇第三節第二難引用這段史事，表面上，約略可以承「欒之衆也」，實則「欒、中行作難」並不盡如所言，此不可不辨。韓非子內儲說下篇云：

晉厲公之時，六卿貴，胥僮、長魚矯諫曰：「大臣貴重，敵主爭事，外市樹黨，下亂國法，上以劫主，而國不危者，未嘗有也。」公曰：「善。」乃誅三卿。胥僮、長魚矯又諫曰：「夫同罪之人，偏誅而不盡，是懷怨而借之閒也。」公曰：「吾一朝而夷三卿，予不忍盡也。」長魚矯對曰：「公不忍之，彼將忍公。」公不聽，居三月，諸卿作難，遂殺厲公，而分其地。

這段文字，或許爲了牽合經一的「權借在下」，「權勢不可以借人」，在起始部分，藉機說明大臣貴重，有奪權危國之勢，斷章取義，似乎胥僮、長魚矯謀國盡忠，而「六卿」罪不可逭。晉景公十二年（西元前五八八年），「晉始作六卿㉗」當時韓厥、鞏朔、趙穿、荀騅、趙括、趙旃皆爲卿。景公傳厲公，六卿何所指，史記不曾明言，是否即包括三郤、欒書、中行偃，另加韓厥，亦不敢斷言。韓厥不肯與欒、中行一起作亂，左傳與國語㉘皆有記載，如果內儲說下的六卿確有所據，自當包括韓厥。胥僮、長魚矯的諫言，提及同罪之人，有如今律所謂共犯，似六卿皆有樹黨、亂法之罪，當係牽合經言所作夸飾之筆。後兩句對白，倒是左傳之言，是眞實的資料。魯成公十七年十二月，長魚矯勸殺欒、中行，厲公未接納，懼而奔狄；閏月，欒、中行殺胥童（內儲說下篇作僮），十八年正月，厲公被弑，前後正是三個月。但「分其地」之說，根本無據。當時不過另立悼公，絕不曾囂張到分地而有之，韓、趙、魏合力滅知伯而三分其地，還要再一百二十年之後呢！因此，內儲說下篇傳一第三節這段記述，與難四篇第三節第二難所引，各有不盡周妥之處，不能不細加辨察。

至於所引第二例證，尹桐陽認爲係指鄭厲公殺原繁之事，原繁固然是無罪被逼而死，但「食鼎起禍」無考，不如存疑。第三例證，吳王誅子胥而句踐成霸，子胥確是寃屈而死，不過，結果關係兩國爭戰，一亡一霸，又不是行法公允妥當，以免「讎之衆」的前文所能賅括，在舉證手法上，本段談不上精切。

綜合上論，大抵第一難，由君術發揮，以爲制斷不足，是鄭昭公致禍之由，頗切合韓非子思想；第二難由執法貴當的理念觀察，大抵是法家言；但舉證不盡切合，「誅」字兼指人臣「弑」殺，加強道德批判等特色，有可能是後人仿作，以駁難第一難，文字則較第一節第二難更逼肖韓非子。

註

❶見劉正浩周秦諸子引述左傳考所引劉師培說。
❷參劉正浩太史公左氏春秋義述頁一八。
❸太子曰：「人各有耦。齊大，非吾耦也。」見左傳桓公六年。
❹未字，乾道本、趙本、凌本無，玆從迂評本。
❺懼罪，乾道本、藏本脫懼字，玆從迂評本、趙本、凌本。
❻見左傳哀公二十五年。
❼見左傳宣公四年。
❽見孤憤篇末段。
❾見陳啓天校釋引積微居讀書記。
❿見老子韓氏說。參拙著韓非解老喻老研究頁二〇〇、二〇一。
⓫詳二柄篇末段。
⓬仝❻。
⓭仝❼。
⓮見論語顏淵篇⑪。
⓯陶鴻慶讀韓非子札記：「故，讀爲固。以，讀爲已。言已誅之人不足患，患在讎君之衆也。」
⓰見左傳成公十七年。
⓱未詳，尹桐陽韓非子新釋以爲乃指鄭厲公復入殺原繁之事，見左傳莊公十四年。
⓲見國語吳語、史記吳世家。
⓳見國語楚語葉公子高論白公勝、史記齊世家。
⓴舊本法作法摻二字，從兪樾諸子平議校改。見六反篇。
㉑㉒㉓見六反篇。

㉔ 仝❻。

㉕ 子西，平王之子，昭王庶兄，令尹公子申也。王孫勝，故平王太子建之子白公勝也，奔鄭又奔吳，子西召之，後叛亂，殺子西於朝，葉公殺之。

㉖ 陳啓天校釋頁三七二引。

㉗ 見史記晉世家。

㉘ 見左傳成公十七年、國語晉語六。

十一　寺人披求見——論寬容與控御

韓非子的八姦篇，談論如何防止人臣八種違法情事，第一項是「同牀」：「何謂同牀？曰：貴夫人，愛孺子，便僻好色，此人主之所惑也。託於燕處之虞，乘醉飽之時，而求其所欲，此必聽之術也。」晉獻公伐驪戎，史蘇占卜說：「勝而不吉。❶」結果戰勝，擄獲驪姬回來，立爲夫人。驪姬生奚齊，一心要讓兒子繼承大統，便用計先讓公子重耳、夷吾外放蒲與屈，築城防邊；又構陷世子申生，逼他自殺，並進讒言讓獻公追殺重耳、夷吾。獻公死時（西元前六五一年），奚齊十五歲，被里克所殺，顧命大臣荀息另立卓子（驪姬女弟所生），又被殺，晉國擾亂十幾年，直到重耳回國即位爲文公（西元前六三六年），才安定下來。驪姬一介女流，影響晉國大局，十足是「同牀」成姦之害，否則，獻公說不定也能締造一番霸業，媲美同時期的齊桓公。當晉文公回國登位的時候，便有寺人（宦者）披前來求見，牽扯出二十年前寺人披追殺重耳的一段私怨，韓非子難三篇第二節引述說：

> 文公出亡❷，獻公使寺人披攻之蒲城，披斬其袪，文公奔翟。惠公卽位，又使攻之惠竇❸，不得也。及文公反國，披求見，公曰：「蒲城之役，君令一宿，而汝卽至；

惠竇之難，君令三宿，而汝一宿，何其速也？」披對曰：「君令不二。除君之惡，惟恐不堪。蒲人、翟人，余何有焉！今公卽位，其無蒲、翟乎！且桓公置射鉤而相管仲。」君乃見之。

寺人披，宦者名爲披，國語晉語作勃鞮，亦稱伯楚，當係其字，因爲是宦者，又叫奄楚；史記晉世家先作勃鞮，後作履鞮。文選報任少卿書及宦者傳論注，並引史記作履貂；後漢書宦者傳序作勃貂。宋庠國語補音云：「勃鞮，官名。」勃鞮、履鞮、履貂、勃貂，皆官號之異，主履者，同周官之鞮鞻氏。鞮是革履，貂是皮履，勃有排比之意❹。寺人披在魯僖公五年（西元前六五五年）奉晉獻公之命伐蒲，重耳逃亡在母舅外家——翟，又追殺到惠竇。此根據左傳，此刻他知道懷公（惠公之子，文公之姪，西元前六三七年在位）大臣呂甥❺，郤芮❻計謀焚燒宮室，殺晉侯，求見晉文公，有心通報訊息，藉以消解以往的罪嫌。韓非子引述的資料，沒有述明寺人披求見的善意，全靠他的辯論爭取同情。寺人披的觀點是：「君令不二」，他忠於在位的君主，過去的公子重耳在蒲在翟，他沒有必要盡義，如今登位，理該拋開敵對的立場，仿傚齊桓公忘懷射帶鉤之恨重用管仲的前例。文公動了心，終於接見了他。依據史實，文公得了寺人披的情報，早早避開，取得秦穆公的救援，消弭了一場禍亂。如此看來，寺人披求見，可視爲忠心了。日人竹添光鴻左傳會箋在僖公廿四年「雖有君命，何其速也，夫袪猶在」之下，注云：

披非不能殺之，不欲殺之也。不欲殺之，而故斬其袪耳。蓋不斬袪，安知晉不更使他人而從狄君田渭濱之時遭毒手乎！呂、郤楚宮之謀，其能與知乎！故知披固有心于文公者也。

這樣解釋，見出寺人披情義深摯，好處在於能使寺人披對待晉文公的忠心，前後貫串一氣。不過，事隔二十年，寺人披當面並不曾向文公披露，以他的處境來說，眞有此心，點明出來是再自然不過的了，犯不著謙虛含蓄，留待文公去揣摩驗證，竹添光鴻的論斷，有加意文飾美化的成分。韓非子的議論，則是由文公接納寺人披，引發有關人君統御術的省思：

或曰：齊、晉絕祀，不亦宜乎！桓公能用管仲之功，而忘射鉤之怨；文公能聽寺人之言，而棄斬袪之罪：桓公、文公能容二子者也。後世之君，明不及二公；後世之臣，賢不如二子。以不忠之臣，事不明之君；君不知，則有燕操、子罕、田常之賊❼；知之，則以管仲、寺人自解。君必不誅而自以為有桓、文之德，是臣讎君而明不能燭，多假之資，自以為賢而不戒，則雖無後嗣，不亦可乎！且寺人之言也，直飾君令而不貳者，則是貞於君也。死君復生臣不愧，而後為貞。今惠公朝卒而暮事文公，寺人之「不貳」何如？

這段議論，可以賅括地用兩點來說明：

一、齊、晉絕嗣，都由於人君侈言寬容之大德，而無控御人臣的方術。

二、寺人披虛言自飾，不過是個投機者。

就第一點說，是重要術論的發揮，一般中材之君錄用不忠之臣，非善用方術不可，非提高警覺，早加杜防不可。國君能容人，必須是能用人，齊桓公、晉文公自有一套任用管仲、寺人披的方術，才敢於容納他們。後代的君主不懂得用人的一套方術，可能就有劫弒的臣子，像燕國公孫操、宋國的子罕、齊國的田常；如果懂得用人的方術，臣子又會以管仲、寺人披為例來自我排解，國君不殺他們，自以為有桓公、文公的賢德，臣子私謀作惡，也不能洞察，反倒多多給予憑藉，自認為賢德，毫不警覺，難怪絕了後嗣。就第二點來說，為忠貞之臣界定意義，「死君復生臣不愧」，和荀息接受晉獻公託孤，立誓衞護奚齊的話相似。他說：「葬死者，養生者，死人復生不悔，生人不媿，貞也。❽」貞定的節操，要求對得住先君，對得住生者，荀息在奚齊被殺之後，立卓子，又被殺，他便自殺殉節，這是合於傳統正規的道德標準。韓非子難三篇用來駁斥寺人披的話：「惠公朝卒而暮事文公」，也是基於同樣的道德觀念，猶如孔門弟子同意召忽死公子糾，而懷疑管仲折節改事齊桓公是否不仁，是對個人私德的嚴格要求。在難一篇第七節，韓非子對郤子分謗一事提出質疑，評斥郤克對韓厥未能克盡朋友規勸之道，也論定郤克分謗之說不能替代韓厥彌補人民「絕望於上」的悵恨，是對個人私德的要求。在政治與道德能兼融的情形之下，要求郤子盡朋友之義，盡長上之仁，原不爲過；寺人披求見晉文公，照史實看來，確實對文公「有利」，至於私德，本就有虧，（除非像竹添光鴻那般解釋），依韓非子的看法，何必侈談「貞」？韓非子的思想，「畫道德於政治領域之外，而建立含有近代意味純政治之政治哲學。❾」最重要的是，此後晉文公能控御住寺人披，寺人披能夠克盡人臣之責。這種變通哲學，在春秋戰國的多變混亂之局，自有其因應之需與施行之便利。由「寺人之不貳，何如？」表面上只能看到韓非子對私德的要求，但全文並無反對文公聽用寺人披的議論，必須融會法家的變通哲學，才能通貫了解，也才能了解「桓公、文公能容二子者也」，不只是寬宏大量，而兼指管仲、寺人披之能爲其所用，忠誠不二；也因此才感嘆後世之君無術而侈談能容，足以絕嗣。

綜觀前文，韓非子論難，主要在於藉此發揮術治理論。不過，由「惠竇」一詞，得以考證左傳、國語「渭濱」的訛誤❿，確定惠竇乃翟境地名，是韓非子引述古事的另一效用，如果援用左傳、國語來校正韓非子，倒反而不合地理方位，只有善加選擇了。

註

❶ 國語晉語一2。

❷ 文公當時只是公子重耳的身分。

❸ 惠竇，顧廣圻識誤云：「當依左傳作渭濱。」劉師培則考證左傳爲訛，惠竇當爲翟境地名，見劉正浩周秦諸子述左傳考頁七〇、七一。

❹參閱日人瀧川資言史記會注考證晉世家。

❺史記晉世家作「呂省」。

❻國語晉語四作「冀芮」。

❼燕操，卽公孫操，燕將，封成安君，弒其君惠王。子罕，戰國宋昭公之臣，刼君專政；田常，卽陳恒，封田成子，弒齊簡公。

❽國語晉語二8。

❾蕭公權中國政治思想史。

❿仝❸。國語渭濱見晉語四。

十二　兩用抑專任——論用人貴術

韓非子難一篇第九節引述韓宣王（卽宣惠王，西元前三三二——二九四年在位）與臣子樛留討論用人之道究竟是兩用還是專任的好：

韓宣王問於樛留❶：「吾欲兩用公仲、公叔❷，其可乎？」樛留對曰：「昔魏兩用樓、翟而亡西河，楚兩用昭、景而亡鄢、郢。今君兩用公仲、公叔，此必將爭事而外市，則國必憂矣。」

據戰國策韓策：「公仲爲韓、魏易地，公叔爭之而不聽。❸」公仲、公叔頗有爭執，初期公仲專政，公叔也偶而用事，韓宣惠王的口氣，只是探詢，眞正兩人並用，是在襄王的時候，後來公叔勢力壓倒公仲，兩人爭權的惡果，幾乎全被樛留料中。韓非子說林上篇有一段相近的記載：

韓宣王謂樛留曰：「吾欲兩用公仲、公叔，其可乎？」對曰：「不可。晉用六卿而國分，簡公兩用田成、闞止而簡公殺，魏兩用犀首、張儀而西河之外亡。今王兩用之，其多力者樹其黨，寡力者借外權。群臣有內樹黨以驕主，有外為交以裂地❹，則王之國危矣。」

戰國策韓策一所錄，除「樛」作「摎」，「闞」作「監」，「殺」作「弒」，「樹其黨」上有「內」字，「寡」上多「其」字，「群臣」下兩句作：「或內樹其黨以擅其主，或外爲交以裂其地」，大體上乃承襲韓非子而來。就韓非子難一篇與說林上篇比較，舉例不盡相同，說林所提六卿專政與田常弑君，皆史有明文可據。魏兩用「犀首、張儀」之說却値得商榷，史記所載，張儀與公孫衍（犀首）先後相魏，並非同時被任用。難一篇所謂「樓、翟」，當是樓鼻、翟強，魏策三有云：「翟強欲合齊、秦外楚，以輕樓鼻；樓鼻❺欲合秦、楚外齊，以輕翟強。」兩人爭權，確是「外市」，結合鄰國，各圖私利。至於昭、景，是楚王族二大姓，楚之用事者多昭氏、景氏，仍脫不了鄢、郢都城淪落的惡運。秦昭襄王二十八年（西元前二七九年）拔鄢，二十九年（西元前二七八年）拔郢，年代可考。人物方面，史記有昭陽、昭睢，楚策有昭陽、昭睢、昭奚恤、昭常、昭鼠及景舍、景鯉，難以斷定韓非子究竟何所指。不過，戰國策有段記載極有趣味：太子橫由齊歸楚，即位爲頃襄王，齊派使者要求東地，頃襄王教群臣獻計，聽從師傅愼子的意見，同時採用三位大臣的計謀，「發上柱國子良車五十乘，而北獻地五百里於齊。發子良之明日，遣昭常爲大司馬，令往守東地。遣昭常之明日，遣景鯉車五十乘，西索救於秦。❻」結果是不費一兵一卒，保全了東地。頃襄王這一著棋，不止是兩用，還是三用了。

韓非子書，談及人君任勢，頗注重獨擅之理，認爲權不可下借，「賞罰共，則禁令不行❼，他舉例說：

王良、造父，天下之善御者也，然而使王良操左革而叱咤之，使造父操右革而鞭笞之，馬不能行十里，共故也。田連、成竅，天下之善鼓琴者也，然而田連鼓上，成竅撅下，而不成曲，亦共故也。夫以王良、造父之巧，共轡而御，不能使馬；人主安能與其臣共權以為治？以田連、成竅之巧，共琴而不能成曲，人主又安能與其臣共勢以成功乎？❽

人主不能分權借予臣下，賞罰是治國的「利器」，「不可以示人」❾，甚至隨便喪失其中一種，便有劫殺之禍：「田常徒用德而簡公弒，子罕徒用刑而宋君劫。❿」韓非子舉王良、造父不能共車，田連、成竅不能共琴，旨在說明人主不能與其臣共勢。同理，人君任用臣僚，是該「明分職，不得相踰越」⓫，專任分職是重要的用人原則之一，「一人不兼官，一官不兼事」⓬，否則人臣投機取巧，兼官蒙混的必定難免：

> 秦武王令甘茂擇所欲為於僕與行，孟卯曰：「公不如為僕。公所長者，使也，公雖為僕，王猶使之於公也。公佩僕璽，而為行事，是兼官也。」⑬

人臣莫不欲兼官兼事，秦武王如若「因任而授官」⑭，自當直派甘茂爲「行」。

韓非子說疑篇論說人主必須破除四種僭擬：

> 孽有擬適之子，配有擬妻之妾，廷有擬相之臣，臣有擬主之寵，此四者國之所危也。故曰：「內寵並后，外寵貳政，枝子配適，大臣擬主，亂之道也。」⑮

庶孽擬於正嫡，人臣權勢相擬相敵，既亂名分，敗壞體制，是亂亡的根源；因此韓非子內儲說下——六微經傳五便反覆舉證說明「參擬內爭」的弊病，提醒人主避過致功，亡徵篇也把「大臣兩重」列爲致亡徵象：

> 大臣兩重，父兄衆强，內黨外援以爭事勢者，可亡也。

大臣或父兄，雙方或多方都有相等的強大勢力，內結黨羽，外借交援，來爭權奪勢，便是國家危亡的徵兆！這段話與難一篇引述的樛留之言命意正同。

不過，韓非子在難一篇的論駁，却並不著重在前述各處論點的重複申述，而放在人主有術抑無術上：

> 或曰：昔者齊桓公兩用管仲、鮑叔，成湯兩用伊尹、仲虺⑯。夫兩用臣者國之憂，則是桓公不霸、成湯不王也。湣王一用淖齒而身死乎東廟；主父一用李兌，減食而死。主有術，兩用不為患；無術，兩用則爭事而外市，一則專制而劫弒。今留無術以規上，使其主去兩用一，是不有西河、鄗、郢之憂，則必有身死減食之患，是樛留未有善以知言也。

本段文意，突破一用、兩用的爭論焦點，只要君主有術，兩用也不成問題，君主無術，兩用有兩用的弊病，前段樛留所謂的「爭事而外事」很有道理；一用也有一用的弊病，可能人臣專擅權勢，君主要被劫持弒殺。爲求加強論證，列舉了齊湣王與趙主父兩件史實。燕將樂毅帶領五國軍隊攻齊，破臨淄，湣王出亡莒；楚派淖齒將兵救齊，於是輔佐齊湣王，不久在莒中鼓里東廟弒殺了湣王，時當周赧王三十一年（西元前二八四年）⑰，這是個無術專用一人亦難免劫弒的好例子。至於趙主父，即武靈王，因應改革，胡服騎射。因愛吳娃而傳位所生少子何，自稱主父，時赧王十六年（西元前二九九年），長子章不服，作亂失敗，走依主父，主父收納他。當時公子成爲相，李兌爲司寇，圍主父於沙丘宮，經過三月餘，主父餓死，這是赧王二十年⑱。主父的悲劇，韓非子喻老篇第七節曾指出是由於離開君主本位之故：「邦者，人君之輜重也。主父生傳其邦，此離其輜重者也。」除了自棄權位之外，他爲吳娃而立少子，吳娃死，又憐長子，有意兩王之，猶豫不決，便患了「孽有擬嫡之子」與「兩用」的缺失；依事實而論，難一篇所謂「一用李兌」之說，反倒有些牽強。

韓非子事實上也承認樛留分析兩用的惡果有相當的道理，然而筆法跌宕開來，由「有術」與「無術」作關鍵性批判，樛留之言便有不夠周妥之處了。淮南子有段概括性的論述：

> 魏兩用樓翟、吳起而西河亡，湣王專用淖齒而死于東廟，無術以御之也；文王兩用呂望、召公奭而王，楚莊王專任孫叔敖而霸，有術以御之也。⑲

以「有術」「無術」分別申說，各舉「兩用」「專用」前後對照，却又一反一正錯綜排列，大抵脫胎自韓非子難一篇論駁一段文字，而取義更簡賅貫串。其間「樓翟」誤二人爲一人，顯然是疏忽了，整體看來，淮南子是接納了韓非子的意見的。

註

❶ 樛留，韓人，「樛」，戰國策韓策作「摎」。

❷ 公仲，名侈；公叔，名嬰。皆韓之貴族。

❸ 韓策二，頁九七五。

❹「裂」，原作「削」，從王念孫讀書雜志校改。

❺「鼻」，原作「𪖐」，字書無，依韓策改。

❻ 楚策二，頁五三三。

❼❽ 外儲說右下，校釋頁五八八、五九二、五九三。

❾ 見喻老篇、內儲說下六微篇，參拙作「韓非解老喻老研究」第八章第二節。

❿ 二柄篇。

⓫ 太史公自序所引司馬談論六家要指。

⓬ 難一篇第三節。

⓭ 說林上篇。

⓮ 定法篇。

⓯ 所有「擬」通「儗」字，僭也。

⓰ 仲虺，奚仲之後，爲湯左相。

⓱ 參閱韓非子姦劫弒臣篇、史記田敬仲完世家、資治通鑑周紀。

⓲ 參閱史記趙世家、資治通鑑周紀。

⓳ 淮南子氾論訓。

第三輯　勢　論

一　韓魏孰與始强——論任勢自恃

戰國時期，秦自孝公變法（西元前三五九年），積極致富圖強，歷經惠文王、武王而至昭襄王（西元前三〇六至二五一年在位，簡稱昭王），屢次與六國交鋒，攻城略地，於三晉多所斬獲，趙國尚有天險可恃，韓、魏幾乎招架不住，秦昭王躊躇滿志，對左右之人討論韓、魏今昔的執政者之優劣。韓非子難三篇第六節記載：

秦昭王問於左右曰：「今時韓、魏孰與始强？」左右對曰：「弱於始也。」「今之如耳、魏齊孰與曩之孟常、芒卯❶？」對曰：「不及也。」王曰：「孟常、芒卯率强韓、魏，猶無奈寡人何也。」左右對曰：「甚然。」中期推琴❷而對曰：「王之料天下過矣。夫六晉❸之時，知氏最强，滅范、中行而從❹韓、魏之兵以伐趙，灌以晉水，城之未沈者三板❺。知伯出，魏桓子御，韓康子為驂乘❻，知伯曰：『始吾不知水可以滅人之國，吾乃今知之；汾水可以灌安邑，絳水可以灌平陽❼。』魏桓子肘韓康子，康子踐桓子之足；肘足接乎車上，而知氏分於晉陽之下。今足下雖强，未若知氏；韓、魏雖弱，未至如其晉陽之下也。此天下方用肘足之時，願王勿易之也。」

根據史記魏世家，秦昭王與左右的這番問答，發生在魏安釐王十一年，相當秦昭王四十一年（西元前二六六年），在此之前，秦昭王對韓、魏的重大戰事是：

十四年，白起擊韓伊闕，斬首二十四萬。

十六年，秦拔韓宛。❽

十七年，韓與秦武遂。

十八年，秦擊魏，取六十一城。

二十一年，秦敗韓兵夏山。

三十一年，秦伐魏，拔兩城。

三十二年，秦攻魏至大梁，韓救魏，韓敗。

三十三年，穰侯伐魏，拔四城，斬首四萬。

三十四年，趙、魏攻韓華陽，秦來救，敗魏軍華陽之下，走芒卯，斬首十三萬，沈其卒二萬人於河。❾

三十九年，秦拔魏懷。

四十一年，秦拔魏邢丘。❿

如此說來，秦屢戰屢勝，秦昭王拔邢丘之後，自然有顧盼自雄之意。據史記，孟嘗君於秦昭王九年（西元前二九八年）曾相於秦⑪，昭王信說客之言，欲囚殺之，賴鷄鳴狗盜之徒逃脫回國；後相齊湣王，「後齊湣王滅宋，益驕，欲去孟嘗君，孟嘗君恐，乃如魏，魏昭王以爲相，西合於秦、趙，與燕共伐齊，齊湣王亡在莒，遂死焉。⑫」孟嘗君相魏，必在燕樂毅聯合五國攻齊（西元前二八五年）之前，他發狠報復齊國，大約對秦昭王有些刺激；但是齊襄王卽位以後，畏懼他，與他連和，他又回齊國，在魏爲相，不見得有什麼大的建樹。至於芒卯，於西元前二九五年，始以詐謀見重於魏昭王，韓非子說過：「魏任孟卯（卽芒卯）之辯，而有華下之患。⑬」華陽一戰，芒卯喪兵辱國，僅以身免，不過敗軍之將而已！孟嘗君、芒卯還算是出色的，眼前的如耳、魏齊還更不如，難怪秦昭王要得意洋洋。資治通鑑於「秦拔魏邢丘」之下，敍述范睢進諫，秦昭王「於是廢太后，逐穰侯、高陵、華陽、涇陽君於關外，以范睢爲丞相，封爲應侯。」接著敍述，須賈由魏使齊，范睢故著敝衣往見，須賈贈送綈袍，范睢顧念他「戀戀尚有故人之意」，不殺他，要脅他回魏告魏王：「速斬魏齊頭來，不然，且屠大梁。」須賈告訴了魏齊，魏齊逃亡到趙國，藏匿在平原君家裡。范睢本是魏國人，曾跟隨須賈，被誤會通敵，須賈向魏齊告發，范睢被鞭笞得差點死去。他裝死才避過大劫，此時爲強國卿相，便要公報私仇，於是逼得魏齊只有逃亡。照這段資料看來，秦昭王問左右，必早於須賈來秦歸魏；而魏齊在魏國的權勢也未必有多大，以致禁不起范睢的恐嚇。那麼，秦昭王眼中的魏相，自是不足重視了，因而他說：卽使以往的孟嘗、芒卯也都拿我沒辦法。言外的「藏詞⑭」是：何況現在的如耳、魏齊呢？當時秦國君臣確有他們足矜的客觀條件，但物盛則衰，凡事如不敬慎做長遠的展望，往往釀成悲劇，中期便是反應這種觀念。他所舉知伯先率領韓、魏伐趙，而終於被韓、魏、趙聯手覆滅的事蹟，又見於韓非子十過篇第五節「貪愎」。十過篇的資料與戰國策趙策一相近，著重在知伯貪婪，而又剛愎自用導致滅亡；難三第六節則以活潑的筆調，集中描摹知伯如何失言，韓、魏如何領悟必須爭取主動，求取生存。十過篇旨趣，思想大體與韓非子似無不合，但辭語多枝冗，有些可疑⑮；難三篇則精潔有力，如：「魏桓子肘韓康子」，以「肘」作動詞，生動地呈現用肘觸動對方，暗示小心提防之意，與下句「康子踐桓子之足」平行，而「肘足接乎車上，而知氏分於晉陽之下。」把時空凝縮來反映肇禍之速，令人格外心生警惕，對於其間的因果關係能留存深刻的印象。中期的一段話，重點在提醒秦昭王切莫大意輕忽，是相當切實，也是非常傳統慣見的忠言。說苑以「敬慎」二字賅括，收錄許多資料，第十八條卽是難三此節，「敬慎」正是中期忠言的主旨。

韓非子別有所見，他辯論說：

或曰：昭王之問也有失，左右、中期之對也有過。凡明主之治國也，任其勢。勢不可害，則雖强天下無奈何也，而況孟常、芒卯、韓、魏能奈我何？其勢可害也，則不肖如如耳、魏齊及韓、魏猶能害之。然則害與不侵，在自恃而已矣，奚問乎？自恃其不可侵，强與弱奚其擇焉？夫不能自恃而問其奈何也，其不侵也幸矣！申子曰：

「失之數而求之信，則疑矣⑯。」其昭王之謂也。知伯無度，從韓康、魏桓而圖以水灌滅其國，此知伯之所以國亡而身死、頭為飲杯之故也。今昭王乃問「孰與始强」，其畏有水人之患乎⑰？雖有左右，非韓、魏之二子也，安有肘足之事⑱？而中期曰：「勿易」，此虛言也。且中期之所官，琴瑟也。絃不調，弄⑲不明，中期之任也，此中期所以事昭王者也。中期善承其任，未慊昭王也，而為所不知，豈不妄哉！左右對之曰「弱於始」與「不及」，則可矣，其曰「甚然」，則諛也。申子曰：「治不踰官，雖知不言。」今中期不知，而尚言之，故曰：昭王之問有失，左右、中期之對皆有過也。

他的意思是：昭王發問得不妥，左右及中期的應對有毛病。中間分三段議論，結筆再重複首二句，前後呼應。

韓非子的第一個論點是：明主治國應該任用威勢，任勢則內政安定，國力富強，有他國無法侵害的勢力，那麼卽使天下各強國聯合，也拿這「明主」沒辦法，何況小小的孟嘗君、芒卯，區區的韓、魏，能奈何！如果勢力單薄，易於侵害，卽使不賢像如耳、魏齊照樣能造成侵害。其中的關鍵，就在「自恃」，自恃的作法，便是任數不任信，換言之，是要任用法術，如果不用法術，而一味要求人忠實，那是不可能的。韓非子的法、術、勢是融合並用的，所以難三篇此節先提「任其勢」，又談「數」（卽法、術）；外儲說左下篇經二說：「恃勢不恃信……恃術不恃信。」韓非子由自利觀出發，相信人性自利，行事動機都出於自爲，因此治民方面，不主張採用愛民之道，理由是政治對象是全體人民，要求普遍的、必然的效果，就只有「不恃人之爲吾善也，而用其不得爲非也。⑳」這便是「自恃」，依恃自己有法術可以約束人民，讓他們守法，不敢爲非作歹，而不期盼人們自我修鍊行善。所謂明主善用法術，自有讓人民不得不聽令的辦法，而不奢望人民憑愛來爲我做事，韓非子說：「聖人之治國也，固有使人不得不爲我之道，而不恃人之以愛爲我也。㉑」這一套治術，其實就是韓非子整套法術勢融用的治術，所以談「自恃」，歸結到「善任勢者國安，不知因其勢者國危。㉒」難三篇議論「自恃」，起筆也是「凡明主之治國也，任其勢。」這種治術必講究實力的充實及擴張，也就是務力的國家觀，難三篇「勢不可害」，不外是有充足的實力爲後盾。這種「不可害」，未必是天下第一等強國的壓倒性強勢，也兼賅小國自力更生，奮發圖強。韓非子舉過徐偃王談仁義而被滅，子貢爲魯向齊論辯而仍阻止不了齊兵的進攻，他下結論說：「去偃王之仁，息子貢之智，修徐、魯之力，使敵萬乘，則齊、荆之欲不得行於二國矣。㉓」他相信，卽使是小國，只要充實實力，提倡武勇，在列國紛競的對峙中，仍可以立足，進而求其壯大，讓其他國家不敢覬覦。

　　難三篇第六節的第二部分論辯，指出中期「引喩失義」㉔，所舉知伯覆滅的事蹟與昭王之問不能對合，昭王要對付的韓、魏是敵國，不像知伯未能杜防的韓、魏內叛。知伯覆亡是由於貪婪無度，既率領韓、魏共圖大舉（滅趙），又想用水灌滅韓、魏，這是知伯本身的缺失；

昭王所問，是比較韓、魏今、昔勢力，意義完全不同，也不至有內叛之事。這段剖析明白曉暢，理智客觀。不過，中期勸秦昭王不要太過輕忽，在立意上，自有其正面價值。知己知彼，百戰百勝。單憑自恃，難免有所偏，國勢再強大，如果昧於國際局勢，固步自封，仍不免落伍，甚或要失敗。戰國紛爭，縱橫短長之說起，韓、魏的外交，或縱或橫，在秦昭王來說，韓、魏有時聯手共同對付秦國，仍是不能小視。中期說：「天下方用肘、足之時」，正是六國謀合縱，共同抵禦強秦的生動刻畫，他提醒秦昭王：留意天下諸侯正彼此互通聲氣，共同謀秦的狀況，事實上極有見地。試看昭王即位前十二年（西元前三一八年），蘇秦約六國合縱，楚、燕、三晉同伐秦，至函谷關敗走。次年，趙武靈王聯合韓、魏共擊秦，趙兵被斬首八萬。這些史實，六國雖不曾得勝，卻表示六國有聯手抗秦的意圖。在秦昭王任內，由於國勢強盛，沒有遭遇挫折，也沒有受到威脅，但昭王死後四年（西元前二四七年），魏公子信陵君率五國聯軍敗秦將蒙驁於河外，追至函谷關而還。這一次六國的勝利，顯示六國雖長期挫敗，各有利害關係，矛盾衝突，被秦國連橫政策一再離間挑撥，仍能排除成見，聯合抗秦，而且只要有優秀的領導人，未嘗不能致勝，封鎖秦國東出之路。宋代蘇轍曾爲六國計謀，說：「莫如厚韓親魏以擯秦㉕」，齊、楚、燕、趙四國離秦較遠，好好補充資源，支援面對強秦，打前鋒的韓、魏，「以（韓、魏）二國委秦，而（齊、楚、燕、趙）四國休息於內，以陰助其急，若此可以應夫無窮；彼秦者將何爲哉？㉖」如果眞是六國同心，試問秦昭王焉能不急？所以中期提及：「天下方用肘足之時」，不但不嫌虛泛，而且是相當切實有力。試看這年范睢被重用，開始行「遠交近攻㉗」之策，便打破了蘇轍為六國所擬定的萬全謀略。前文敘及，范雎拜相，逼魏齊逃亡，在中期進諫之後；如果說，中期的諫言間接促成秦昭王新策略的運用，亦不無可能，那麼，中期之言絕非虛言了。

韓非子第三部分的駁論，從人臣專任分職，恪守本分出發，認為中期的職守是樂師，調絃奏曲是本分，進言是越職。專任分職的強調，是法家哲學的不朽貢獻之一，司馬談說過：「若尊主卑臣，明分職，不得相踰越，雖百家弗能改也。㉘」便肯定分職的必要性，相信也是各家不可改易的治國之道。有關申子的話，引述重見於定法篇，定法篇援引來證明：事有輕重緩急，「告姦」若成為大前提，則不宜固守「知而弗言」的信條，但仍肯定「治不踰官」謂之「守職」的意義。在定法篇，韓非子引申子之言，否定其中一部分，以證明申子之術未盡完善；在難三篇，近似的引文，卻是全面的肯定，認為中期對於越職的事，也應當「雖知不言」。如此說來，術之完善與否，是「用」的問題，並不在於申子的言論有所缺失。否則兩處援引同義的句子，卻做不同意義的認定，韓非子便難逃自我矛盾之譏。

禮記有一段「杜蕢揚觶」，記述杜蕢勸諫晉平公：大臣知悼子卒而未葬，不宜奏樂。他酌酒罰自己，理由是：「蕢也宰夫也，非刀匕是供，又敢與知防，是以飲之也。㉙」事在魯昭公九年（西元前五三三年），杜蕢已有不能越職進言的認識，足見官吏奉職，不越本分，是古來已有的規範。韓非子在二柄篇第二段，舉韓昭侯醉寢，典冠加衣，因兼罪典衣與典冠的事例，認定官吏不得疏忽職守，也不得越官而求功，主張要嚴厲懲罰越官的人㉚。推究因由，是韓非子對人性持懷疑防戒的態度，他要杜絕倖進，認爲唯有要求人臣嚴守分際，再配合循名責實的考核辦法，才能使人臣奉法盡分，不致「朋黨相爲」㉛。了解韓非子這方面的看法，他評論中期越分便易於理解了。

註

❶ 如耳，魏大夫，曾仕於衛。魏世家謂其爲衛請罷魏兵，免成陵君；韓非子內儲說上謂：「衛嗣公重如耳，愛世姬，而恐其皆因其愛重而壅己，乃貴薄疑以敵如耳，尊魏姬以偶世姬。」吳師道補正戰國策秦策四云：「高注，韓臣，如，姓，魏有如姬。」姑備一說。魏齊，魏相。孟常卽孟嘗君，張榜本作「孟嘗」，國策、史記、說苑都作「孟嘗」。齊公子田嬰，曾去齊至魏，爲魏昭王相。

❷ 中期，迂評本作「鍾期」，附會也；史記魏世家作「中旗」，說苑敬慎篇作「申旗」，「申」爲「中」之誤。推琴，御覽引作「伏瑟」，魏世家作「馮琴」，說苑作「伏瑟」，顧廣圻識誤據難二篇「師曠伏琴而笑之。」以爲當作「馮琴」，伏、馮通，皆憑也。按，推琴猶論語先進篇「舍瑟而作」之用法，不改可通。

❸ 六晉，謂晉卿智襄子、范昭子、荀文子（中行）、趙襄子、韓簡子、魏襄子。

❹ 從，率也。魏世家：「率韓、魏之兵以圍趙襄子於晉陽。」說苑：「又率……。」秦策四作「帥」。

❺ 板，築牆之板，高二尺。

❻ 魏桓子，襄子子，名駒。韓康子，簡子子，名虎。駕兵車者，在中爲「御」，在左右爲「驂」。

❼ 安邑，魏都；平陽，韓都。

❽ 宛，秦本紀作攻楚取宛。孟嘗君傳提及：以齊爲韓、魏攻楚，取宛、葉以北以彊韓、魏。則宛初屬楚，後歸韓也。

❾ 秦本紀列在三十三年。

❿ 秦本紀列「邢丘、懷」。梁玉繩曰：邢丘當依魏世家作郪丘。瀧川龜太郎考證：拔懷之事在三十九年。

⑪ 秦本紀。

⑫ 見孟嘗君傳。

⑬ 見顯學篇。

⑭ 修辭之一方式，詳見黃慶萱修辭學。

⑮ 參閱陳啓天校釋十過篇考證部分。

⑯ 數，法術。

⑰ 知氏以水滅人之國，引起韓、魏的合謀，以至國亡身死。此言昭王心中也許懼有見侵之患。

⑱ 比喻謀反之事。

⑲ 弄，曲調。

⑳ 顯學篇。

㉑ 姦劫弒臣篇。上「爲」字原作「愛」，依俞樾諸子平議校改。

㉒ 姦劫弒臣篇。

㉓ 五蠹篇。「修」原作「循」，依文義徵劉師培韓非子斠補改。

㉔ 諸葛亮出師表。

㉕ 六國論。

㉖ 同㉕。

㉗ 史記范雎蔡澤列傳：范雎見秦昭王，曰：「夫穰侯越韓、魏而攻齊綱壽，非計也。……王不如遠交而近攻，得寸則王之寸也；得尺亦王之尺也。」蘇轍六國論：「昭王未得韓、魏之心，而出兵以攻齊之剛壽，而范雎以爲憂。」綱、剛不同。資治通鑑赧王四十五年：「穰侯使客卿竈於秦王，使伐齊，取剛、壽以廣其陶邑。」胡三省注：故剛城在兗州龔丘縣；壽，鄆州壽張縣。是當爲二地。韓非子定法篇云：「穰侯越韓、魏而東攻齊，五年而秦不益尺寸之地，乃成其陶邑之封。」資治通鑑所記，正見韓非子之言並非無據。

㉘ 司馬遷史記太史公自序引述論六家要指。

㉙ 檀弓下。

㉚ 二柄篇有「越官則死，（陳言）不當則罪」之言，筆者以爲兩句當爲互文，不論越官或陳言不當，輕則加罪論罰，重則處死。上文「兼罪典衣與典冠」的「與」字，不宜據意林改爲「殺」字。

㉛ 見二柄篇。

二 霸業誰之功——論君臣協力

齊桓公九合諸侯，一匡天下，他的霸業是春秋時代一些君主所欽羨的，韓非子難二篇第四節引述晉平公（西元前五五七至五三二年在位）與臣子的一段議論：

晉平公問叔向❶曰：「昔者齊桓公九合諸侯，一匡天下，不識臣之力也，君之力也？」叔向對曰：「管仲善制割，賓胥無善削縫，隰朋善純緣❷，衣成，君舉而服之。亦臣之力也，君何力之有？」師曠❸伏琴而笑之。公曰：「太師奚笑也？」師曠對曰：「臣笑叔向之對君也。凡為人臣者，猶炮（庖）宰和五味而進之君；君弗食，孰敢强之也。臣請譬之：君者、壤地也，臣者、草木也；必壤地美，然後草木碩大。亦君之力也，臣何力之有？」

霸業的成就，究竟是國君的心力抑臣子的心力所致？叔向認為是人臣的功勞，他用譬喻法，比方做衣服：管仲善於剪裁，賓胥無善於縫紉，隰朋善於鑲邊，衣服做好了，齊桓公把它穿上就是了。師曠認為是君主的功勞，他也用譬喻法，比方人臣是廚師，調和五味的美食，進奉給君主，君主不吃，那個敢強迫？又比方說：君主是土地，臣子是草木，必須是土壤肥美，草木才能長得結實壯大。劉向新序記載二臣的爭論，說法近似，而略爲繁複：

叔向對曰：「管仲善制割，隰朋善削縫，賓胥無善純緣，桓公知衣而已，亦臣之力也。」師曠侍曰：「臣請譬之以五味：管仲善斷割之，隰朋善煎熬之，賓胥無善齊和之，羹已熟矣，奉而進之，而君不食，誰能彊之？亦君之力也。」❹

大抵承襲韓非子的文意，師曠的比喻，模擬叔向的口氣略加敷衍，更見生動；而「賓胥無」與「隰朋」的能力與擅長剛好顚倒層次，作者不置可否，晉平公的問題並沒有答案。

孔門弟子曾就管仲的功業與德行的衝突，一再提出疑問，孔子曾說：

桓公九合諸侯，不以兵車，管仲之力也。如其仁！如其仁！❺

肯定管仲輔佐齊桓公的事功，是否可以據此斷定是「臣之力也」呢？荀子把管仲列入「功臣」一類，認爲「用功臣者彊」，「功臣用則必榮」，所謂功臣，是「內足使以一民，外足使以距難。民親之，士信之。上忠乎君，下愛百姓而不倦。」荀子還把管仲列入「次忠」，是「以德調君而補之」❻。試問如果沒有國君任用他，如何能忠君愛民？如何調補？如果君主是扶不起的阿斗，管仲又如何表現才能？史稱介之推不言祿，他的看法是：

> 獻公子九人，唯君在矣。惠、懷無親，外內弃之，天未絕晉，必將有主。主晉祀者，非君而誰？天實開之，二三子以為己力，不亦誣乎！竊人之財，猶曰是盜，況貪天之功以為己力乎！❼

晉公子重耳流亡在外十九年，歸國卽位爲文公，犒賞從亡的人及有功的臣子，介之推隱居起來，不想得賞，他認爲晉文公受命是天意，一些臣子自以爲有功，簡直是貪盜之行。他的看法雖然過於强調天功，不盡符合事理，但斷定君主在霸業上的作用，却與師曠之言近似，也透露出古人貴賤觀念與命定理論多少都助長了尊君及君權擴張的趨勢。

韓非子的帝王政治理想，提倡尊君的觀念，不過，對於齊桓公的霸業，他却很理智而公允地斷定是君臣協力的結果：

> 或曰：叔向、師曠之對，皆偏辭也。夫一匡天下，九合諸侯，美之大者也，非專君之力也，又非專臣之力也。昔者宮之奇在虞，僖負羈在曹❽，二臣之智，言中事，發中功，虞、曹俱亡者，何也？此有其臣而無其君者也。且蹇叔處干而干亡，處秦而秦霸，非蹇叔愚於干而智於秦也❾，此有君與無君也。向曰「臣之力也」，不然

矣。昔者桓公宮中二市，婦閭二百[10]，被髮而御婦人；得管仲，為五伯長；失管仲、得豎刁，而身死，蟲流出戶不葬。以為非臣之力也，且不以管仲為[11]霸；以為君之力也，且不以豎刁為亂。昔者，晉文公慕於齊女而忘歸，咎犯極諫，故使得反晉國[12]。故桓公以管仲合，文公以舅犯霸，而師曠曰「君之力也」，又不然矣。凡五霸所以能成功名於天下者，必君臣俱有力焉。故曰：叔向、師曠之對，皆偏辭也。

韓非子於定法篇第二段，鋪敘有術無法與有法無術之不可行，說理精到，歸納有力。難二篇本段，舉史實論證「有臣無君」不免亡國；又以百里奚在虞虞亡，在秦秦霸，印證君主為存亡關鍵，推翻叔向所謂「臣之力也」之說。進一步，以君主為本位，舉齊桓公之事例，得管仲而霸，用豎刁而蟲流，證明人臣為興衰關鍵，既證明「君之力也」不完全可取，亦反證單言「臣之力」或「君之力」皆欠周妥。再舉公子重耳得助於咎犯，並合齊桓公得力於管仲，反駁師曠所謂「君之力也」之說，最後歸結「君臣俱有力焉」。全段始終以史實論證，最具說服力，而中間部分略作推衍，繁而有序，以至第二度推翻前人說辭，而自然牽引出結論，極為精簡透闢。

韓非子認為五霸所以能成就功名，都是君與臣協力的結果，是承認在政治舞台上君與臣都是重要的角色，都具有舉足輕重的影響性。韓非子講君術，以無為為總綱，「聖人執要，四方來效」[13]，他的君主「治吏不治民」，「守法責成」[14]，國君任命臣子，使其分層負責去處理政務、管理人民，國君固然重要，他「直轄」的大臣也重要，甚而基層官吏都必須負責盡職，才能完滿達成任務。韓非子難二篇這種君臣協力，齊致霸功的說法，無疑是客觀而切實的。孔子不也說過？「人之言曰：『爲君難，爲臣不易。』如知爲君之難也，不幾乎一言而興邦乎？⑮」如果君與臣都知道自己的角色重要，都知道不容易做，必有崇高的理想，謹愼戒惕的心思，國家自然興盛有望！

難二篇此節：「蹇叔處干而干亡，處秦而秦霸，非蹇叔愚於干而智於秦也」，俞曲園考證「干」卽「虞」，日人太田方韓非子翼毳考證「蹇叔」疑爲「百里奚」之誤，極有慧見。百里奚的事例在先秦與漢、魏論著中並非孤證：

> 百里奚處乎虞而虞亡，處乎秦而秦霸。……百里奚之處乎虞，智非愚也；……其處於秦也，智非加益也；……有其本也。其本也者，定分之謂也。⑯
>
> 百里奚居虞而虞亡，在秦而秦霸，非愚於虞而智於秦也。用與不用，聽與不聽也。⑰
>
> 百里奚在虞而虞亡，在秦而秦霸，非不才於虞而才於秦也。……運命之謂也。⑱

首則呂氏春秋之文，强調人臣宜予以定分，使發揮所長；次則係韓信破趙之後，生擒其謀臣廣武君李左車而加以慰撫之詞。人臣得用與否，獻策被聽信與否，關係成敗，非干個人智愚，這是以百里奚比況李左車，可謂善於辭令，貼切自然。第三則乃魏李康（蕭遠）命運論之文，意謂士人有可能關係國家霸或亡，不是才與不才之故，是運命，與起筆「夫治亂，運也；窮達，命也；貴賤，時也。」相綰合。直認爲忠賢之臣得遇聖明之君，大約有天命，不能强求，鼓勵士人樂天知命，可以抑身不可屈道。這些例證都從臣子的條件著眼，成敗、治亂、興衰的關鍵全在君主，劉向新序便說：

> 昔者唐、虞崇擧九賢，布之在位，而海內大康，要荒來賓，麟鳳在郊。商湯用伊尹，而文、武用太公、閎夭，成王任周、召，而海內大治，越裳重譯，祥瑞並降，遂安千載，皆由任賢之功也。無賢臣，雖五帝三王不能以興。齊桓公得管仲，有霸諸侯之榮；失管仲，而有危亂之辱。虞不用百里奚而亡，秦繆公用之而霸。楚不用伍子胥而破，吳闔廬用之而霸。……闔廬用子胥以興，夫差殺之而以亡；昭王用樂毅以勝，惠王逐之而敗。⑲

先列擧聖王之治功都由於任賢，再錯綜比論賢臣得用與否，關係成敗興亡。先擧同一君主，有無賢臣之影響；次擧同一賢臣，不同國家不同君主，用與不用之影響；再擧同一賢臣，同一國家，不同君主，用與不用之影響。全段列擧史證貫串，筆法與韓非子難二篇頗爲神似。

漢高祖十一年（西元前一九六年），曾頒布徵求天下賢材的詔令：

蓋聞王者莫高於周文，伯者莫高於齊桓，皆待賢者而成名。今天下賢者智能，豈特古之人乎？患在人主不交故也，士奚由進？今吾以天之靈，賢士大夫，定有天下，以為一家，欲其長久，世世奉宗廟亡（無）絕也。賢人已與我共平之矣，而不與吾共安利之，可乎？賢士大夫有肯從我游者，吾能尊顯之。布告天下，使明知朕意。⑳

高祖以天子身分，也肯定王霸皆待賢者而成名，再以己願與賢者平治天下爲期許，「君臣協力」之說得以證明。漢王褒四子講德論有如下一段：

刺史見太上聖明，股肱竭力……所以歌詠之者，美其君術明而臣道得也。……（微斯）文學、（虛儀）夫子曰：「昔成、康之世，君之德與臣之力也。」（浮遊）先生曰：「非有聖智之君，惡有甘棠之臣。……千金之裘，非一狐之腋；大厦之材，非一丘之木；太平之功，非一人之略也。蓋君為元首，臣為股肱，明其一體，相待而成，有君而無臣，春秋刺焉。三代以上，皆有師傅；五伯以下，各自取友。……有賢聖之君，必有明智之臣，欲以積德，則天下不足平也；欲以立威，則百蠻不足攘也。㉑

君臣一體，相待而成，這種肯定君與臣之政治角色理論，足見韓非子的說辭有其影響性，由於客觀切實，自然易於被接納。

劉向新序曾藉孫叔敖之口，發揮君臣和合、共定國是的道理：

> 楚莊王問於孫叔敖曰：「寡人未得所以為國是也。」孫叔敖曰：「國之有是，衆非之，所惡也。臣恐王之不能定也。」王曰：「不定，獨在君乎？亦(抑)在臣乎？」孫叔敖曰：「國君驕士曰：『士非我，無逌（由）貴富。』士驕君曰：『國非士，無逌安強。』人君或至失國而不悟，士或至飢寒而不進。君臣不合，國是無逌定矣。……」莊王曰：「善哉！願相國與諸士大夫共定國是，寡人豈敢以褊國驕士民哉！」㉒

孫叔敖由反面立說，期盼君臣捐除成見，精誠合作，共同決策，贏得楚莊王的讚許。漢光武時，桓譚上奏書，鋪陳時政所宜之事，援引新序故事，却沒有得到重視㉓，但就實際政治運作而言，君臣和合，共同決策的主張，正可以看做是韓非子所謂：霸業之成，「必君臣俱有力焉」的註腳。

說苑記述魏文侯與樂羊相得益彰，輔成功業的事蹟：

> 魏文侯攻中山，樂羊將。已得中山，還反報文侯，有喜功之色。文侯命主書曰：「群臣賓客所獻書操以進。」主書者擧兩篋以進，令將軍視之，盡難攻中山之事也。將軍還走，北面而再拜曰：「中山之擧也，非臣之力，君之功也。」㉔

攻打中山，拔城佔領，這是樂羊爲將的汗馬苦勞；但魏文侯力排衆議，竭力支持，統籌帷幄，又是爲君的責成立功㉕。樂羊雖謙認「非臣之力」，承認君主的調度責成；若沒有樂羊的攻城野戰，事實上也不能取得中山。這又是君臣協力，成就事功的佳例！

註

❶ 晉平公，悼公之子，名彪。叔向，氏羊舌，名肸，晉大夫。

❷ 制割、削縫、純緣，皆由兩同義字構成聯合式合義複詞。削，亦縫也。詳高亨韓非子補箋及荀子集解臣道篇注引王引之說。純緣、亦同義詞，飾其邊緣，謂緣飾衣領與袂。

❸ 師曠，晉主樂太師子野。

❹ 雜事四⑤。

❺ 論語憲問篇。

❻ 引文皆出荀子臣道篇。

❼ 史記晉世家。左傳僖公二十四年文略小異。

❽ 宮之奇在虞而虞亡，見左傳僖公五年，亦見韓非子十過篇「顧小利，則大利之殘也」；僖負羈在曹而曹亡，見左傳僖公二十三年、二十八年，亦見韓非子十過篇「國小無禮，不用諫臣，則絕世之勢也。」

❾ 蹇叔，疑百里奚之誤，參太田方翼毳徵呂氏春秋處方篇、史記淮陰侯列傳、文選李康運命論校改。干，卽虞，參兪樾諸子平議。

❿ 戰國策東周策：「齊桓公宮中七市，女閭七百，國人非之。」

⓫ 以，因也；爲，而也。詳裴學海古書虛字集釋。

⓬ 見左傳僖公二十三、二十四年。

⑬ 揚搉篇。

⑭ 外儲說右下篇。

⑮ 論語子路篇⑮。

⑯ 呂氏春秋處方篇。

⑰ 史記淮陰侯列傳。

⑱ 昭明文選李蕭遠運命論。

⑲ 新序雜事二①。

⑳ 見漢書高帝紀。

㉑ 昭明文選王子淵四子講德論，括孤乃筆者依文意補足，便於閱讀。

㉒ 新序雜事二⑮。

㉓ 後漢書桓譚傳。

㉔ 見說苑復恩篇⑦，亦見戰國策秦策一。

㉕ 韓非子外儲說右下篇：「人主者，守法責成以立功者也。」

三 孫林父不臣——論臣主各守本分

春秋時代，王綱解紐，君臣分際的儀節常有被輕忽的現象；到了後期，人臣無禮的情形，有時甚至流露於外交禮儀上。韓非子難四篇第一節引述：

衞孫文子聘於魯，公登亦登。叔孫穆子趨進曰「諸侯之會，寡君未嘗後衞君也。今子不後寡君一等，寡君未知所過也，子其少安。」孫子無辭，亦無悛容。穆子退而告人曰：「孫子必亡。亡臣而不後君，過而不悛，亡之本也。」

這段資料大抵依據左傳襄公七年：「衞孫文子來聘」以下的一段文字。左傳說明來聘的事由：「且拜武子之言，而尋孫桓子之盟。」襄公元年（西元前五七二年）冬，衞侯派子叔（公孫剽）來聘，七年（西元前五六六年）秋，魯國季武子（季孫宿）到衞國，回報子叔的聘問，並且婉轉陳辭，說明「緩報非貳」；此時孫文子（孫林父）來，一則回拜季武子的厚意，一則接續成公三年（西元前五八八年）時父親孫桓子（孫良夫）的盟約。有這麼重要的任務，按理孫文子該敬謹從事，恪守禮節才是，但「公登亦登」已明晰地刻畫出「不臣」的形象。

左傳裡叔孫穆子（叔孫豹）的話中「今吾子不後寡君」，韓非子以「今子不後寡君一等」來解釋，晉代杜預注：「禮，登階，臣後君一等。」正與韓非子一致。而韓非子「孫子必亡，亡臣而不後君」，顧廣圻韓非子識誤說：「藏本今不重『亡』字。」應當從藏本，因爲「臣而不後君」正是詮釋左傳「爲臣而君」的意義❶。

依據左傳，孫林父承乃父餘蔭，「世專衞政，而倚晉卿爲援。❷」他在成公七年（西元前五八四年），由於衞定公嫌惡他，就把封邑戚獻了晉，投奔晉。衞侯去晉國，有意訴說原委，晉卿把戚還給衞侯，預留將來轉圜的餘地，將來好爲孫林父復位說項。成公十四年（西元前五七七年），衞定公再去晉國，晉景公勉强他接納孫林父，定公執意不肯，經過夫人定姜剖析「大國以爲請」的利害關係，終於接見孫林父，而且恢復他的爵位。定公卒，獻公將立，孫林父預先準備逃避禍難，把重器都移置在戚邑。如此看來，孫林父恃强國爲援，早已不臣於衞，一旦做外交使節，魯國既是小國，便把驕恣的習氣毫不保留地表露出來。偏偏魯國雖小，積弱不堪，却是周公之後，最重禮儀教化，此所以吳國的賢公子季札到了魯國，聽聞歌詩、觀賞樂舞，要一再讚譽其淳美❸。叔孫穆子的語調溫婉，所陳論的君臣大義，可是凜然莊嚴之至，無奈孫林父吃定魯國，不僅不表示歉意，也沒有悔過的樣子，難怪叔孫穆子要失望，進而推論孫氏當亡。

事實上，左傳記載，孫林父在襄公十四年（西元前五五九年），警覺衞獻公待自己不友善，便認爲「弗先必死」，把妻子兒女送到戚邑，採取主動，殺了來結盟的幾位公子，獻公逃亡到齊國，孫林父追擊不捨。十二年後，獻公要求復位，甯氏與孫氏傾軋，孫林父在戚邑，留守的兒子孫襄被攻擊受傷死亡，衞殤公被弑，孫林父在兩君接位的空隙，二度把戚邑奉獻給晉國，表明叛衞，這種「專祿以周旋❹」的作法，大悖人臣之義，論罪是該殺的。結果衞攻擊戚邑，孫林父向晉國訴求，晉爲了他召集諸侯，讓趙武以大夫的身分會魯公及宋、鄭、晉的代表，去討伐衞國，「彊戚田，取衞西鄙懿氏六十，以與孫氏。」逮捕甯喜，指斥他弑君伐孫氏的罪過。衞侯到晉國，也被囚禁，幸虧齊侯、鄭伯專程爲此到晉國，又透過晏嬰與叔向兩大賢臣的私下溝通，晉平公才答應送衞侯回國。左傳微諷了晉國「爲臣執君」的不公❺，而衞獻公忍辱曲全，孫林父傲慢囂張，也可以想見。甯喜不守臣節而被殺，孫林父却只犧牲了一個兒子，不僅沒有覆亡，還依恃强國之援，擴大了封邑，叔孫穆子的感慨，只有道德修爲上推論的意義而已。

與叔孫穆子的立意相近的，倒是吳公子季札的一席話：

> 自衞如晉，將宿於戚。聞鐘聲焉。曰：「異哉！吾聞之也，辯而不德，必加於戮。夫子獲罪於君，以在此，懼猶不足，而又何樂？夫子之在此也，猶燕之巢于幕上，君又在殯，而可以樂乎？❻」

季札以吳國賢公子讓國的美名，在左傳裡還被描摹爲有智慧、懇切、善言辭的高華人物。他聘問各國，往往對自己喜歡的重要大臣，如魯國的叔孫穆子、齊國的晏子、鄭國的子產、衞國的蘧瑗（蘧伯玉）等，克盡朋友（卽使是初會，也「如舊相識」）之義，說些知己的逆耳忠言，這些言論都帶有相當深度的預言性，而又未必是吉，一些賢者能察納雅言，還不足爲奇；他趁衞獻公未葬，給孫林父「辯而不德」的直言，竟能讓四十年來桀驁不臣的孫林父改變行徑，便不能不令人折服。他不住戚，不屑留宿，竟能刺激孫林父猛省猛改，因而「終身不聽琴瑟」。竹添光鴻會箋云：

> 琴瑟且不聽，況鐘鼓乎！其變化轉移之速。使未逐君之前與札處，未必不改移歸於善。傳記之，以見季札之言，徹人肝脾，寔為曠世異人也。❼

或許，年齒增長，別有感悟，無論如何，比起二十二年前叔孫穆子的婉言，只使他「無辭，亦無悛容」，季札的直言顯然震撼力大得驚人。或許，正因爲由此孫林父的行徑有所收斂，因而就逃開覆亡的噩運。

韓非子的論難，旨在强調孫林父的無禮，是衞君的過失：

> 或曰：天子失道，諸侯代之，故有湯、武。諸侯失道，大夫代之，故有齊、晉。臣而代君者必亡❽，則是湯、武不王，晉、齊不立也❾。孫子君於衞，而後不臣於魯，

臣之君也⑩。君有失也，故臣有得也。不命亡於有失之君，而命亡於有得之臣，不察⑪。魯不得誅衛大夫，而衛君之明不知不悛之臣，孫子雖有是二也巨以亡⑫？其所以忘其失，所以得君也。⑬

本段設語平板，與韓非子其他篇目明白曉暢不盡相類，立意則大抵相通。推究文義，君臣關係並非一成不變，臣而代君者未必覆亡。就叔孫穆子的言論分析，以爲人臣不守禮法，又毫不悛悔，必將覆亡，不過是就純道德修爲的貫徹上立說，未必是現實必然現象，孫文子雖跋扈，依倚衞、晉之間，倒不曾覆亡。可是，也絕非論難中所謂的「以臣代君」，他絕不能比擬三家分晉，田氏代齊，此處論辯不盡切合。

中段部分是重點，孫文子在衞已僭擬於君，所以在魯就不肯謹守人臣之禮。如從韓非子思想體系去探討，人臣不守法（韓非子不談禮節，人臣不守儀節，也是不守法了），往往是國君有過失，「人臣有大罪，人主有大失。……人臣有大罪而主弗禁，此大失也。⑭」歸結是國君未能善用方術。當時魯國是主人，沒有權利懲罰孫文子，要自責，只怪國小力弱，不在孫文子眼中，至於衞君未必不知孫文子的專擅怙惡不悛，定公與獻公都曾表露過嫌惡。筆者以爲：最大癥結在於君主奈何他不得，而孫氏攀援晉卿，對衞君來說，正是「敵國廢置」⑮，晉國干預衞國的內政，衞侯的君權受到脅制；再就衞侯輕易表示嫌惡與輕蔑，惹反孫氏，又沒有妥善的因應對策，可說是完全不能用術，那麼雖知孫氏爲不悛之臣，也於事無補了。小結論推述：孫氏專擅縱恣，不在乎自己有失人臣之禮，正因爲如此，他才得以爲君。由於孫氏終究是臣，小結論仍欠妥切。

難四篇的體例與前三篇略有小異，前三篇大抵是援引古事，然後假設「或曰」，由不同角度發論，大多是韓非子理論的發揮。難四篇却在「或曰」之後，另有「或曰」，第一節的第二「或曰」如下：

> 或曰：臣主之施分也⑯。臣能奪君者，以得相踦也⑰。故非其分而取者，衆之所奪也；辭其分而取者，民之所予也。是以桀索崏山⑱之女，紂求比干之心，而天下離；湯身易名⑲，武身受詈⑳，而海內服；趙宣走山㉑，田氏外僕㉒，而齊、晉從。則湯、武之所以王，齊、晉之所以立，非必以其君也，彼得之而後以君處之也。今未有其所以得，而行其所以處，是倒義而逆德也。倒義，則事之所以敗也；逆德，則怨之所以聚也；敗亡之不察何也！

本段大抵針對前段「或曰」提出論難，然而辭旨不甚明晰。前文以孫文子的「不臣」，歸咎於衞君的不明；此處首揭臣主名分，並以得民衆擁護與否爲成敗關鍵，最後抨擊孫文子倒義逆德，理當敗亡，又回復古事中叔孫穆子的論調，等於是支持叔孫穆子的批評。

君臣之際，名分有別，臣子能侵奪於君，是因爲臣子的勢力壓倒君主，實力相去懸殊。

韓非子說：「夫兩堯不能相王，兩桀不能相亡。亡、王之機，必其治亂，其強弱相踦者也。㉓」戰國策云：「齊秦非復合也，必有踦重者矣。後合與踦重者，皆非趙之利也。㉔」踦字用法相同，意謂有所偏重。「非其分而取者，衆之所奪也；辭其分而取者，民之所予也。」細玩上下文意，乃以民心爲依歸，以確定成敗：不是分內該得而勉強索取，如桀、紂，其君位終究難保；如果是分內當取，推辭也推不掉，如湯、武之得天下而海內心悅誠服。上段論難以田齊、三晉得國與湯、武得天下並提，本段亦然，是對齊、晉給予正面的肯定。趙宣子與田成子本身並未有國，但能爲子孫奠基，已有發皇現象。趙宣子之事，「晉靈公不君」，彊諫干怒，幾乎被刺殺，趙宣子逃亡，未出山，聽說靈公被殺，就又折回，史官記載：「趙盾弒其君」㉕，實則趙宣子原本無辜，但返國之後並不討賊，似乎樂見君死；又讓弒君的趙穿去周迎立黑臀，顯然默認趙穿弒君的行爲。這年是西元前六○七年，要到西元前五八七年，趙簡子等六卿以法誅公族祁氏、羊舌氏，分其邑爲十縣，各令其族爲大夫，晉的公室日益削弱；西元前四九一年，趙簡子攻有邯鄲，名爲晉卿，實專晉權，奉邑侔於諸侯。西元前四五三年，趙襄子與韓、魏三分晉國，是爲三晉。若論功業，趙簡子大而近，舉宣子爲例，似嫌過遠，又不具體。至於舉趙以賅三晉，大致是簡化的筆法，還說得過去。

韓非子說林上篇，記述田成子與鴟夷子皮的事蹟：

鴟夷子皮事田成子，田成子去齊，走而之燕，鴟夷子皮負傳㉖而從。至望邑，子皮曰：「子獨不聞涸澤之蛇乎？澤涸，蛇將徙，有小蛇謂大蛇曰：子行而我隨之，人以為蛇之行者耳，必有殺子。不如相銜負我以行，人必以我為『神君』也，乃相銜負以越公道而行，人皆避之曰神君也。今子美而我惡，以子為我上客，千乘之君也；以子為我使者，千乘之卿也。子不如為我舍人。」田成子因負傳而隨之，至逆旅，逆旅之父待之甚敬，因獻酒肉。

墨子非儒篇：「乃樹鴟夷子皮於田常之門」，說苑臣術：「陳成子謂鴟夷子皮」，淮南子氾論訓：「私門成黨，而公道不行，故使田常、鴟夷子皮得成其難[27]。」數處所提鴟夷子皮當係同人，乃田常舍人；或有以爲范蠡者，史記謂范蠡佐句踐滅吳，雪會稽之恥，乃乘扁舟，浮於江湖，變易姓名，適齊，爲鴟夷子皮[28]。句踐滅吳，在西元前四七三年，而田常（卽田恆、田成子、陳恆）弑簡公在西元前四八一年，託庇父蔭，已頗有權勢。細玩淮南子文意，鴟夷子皮爲田成子舍人，必在弑簡公之前；韓非子文意更似在田成子未曾得勢之前，就年代看，不可能卽是范蠡。卽令范蠡有可能眞的捨越適齊，試想在越國歷經二十年艱辛，才爲句踐洗雪會稽之恥，他離開越國，大抵是急流勇退，是否有可能再去找齊國權臣，依託門下，從頭由舍人做起，再在政壇上希圖爭一席地？不無疑問。所謂鴟夷子皮，當係同名異實，一爲田成子舍人；一爲齊之商人，託稱范蠡變姓名者，未必卽范蠡；又一爲楚之賢人，說苑有鴟夷子皮日侍於屈春[29]。韓非子說林上篇所敍田成子負傳隨鴟夷子皮之事，略帶寓言性質，事件經過頗具傳奇性，但與田成子如何累積威勢，使子孫得以有國爲君，關係並不大。在韓非子的其他篇目中，田成子是早有計謀，奪取大權，廣結善緣：

田常上請爵祿而行之群臣，下大斗斛而施於百姓，此簡公失德而田常用之也，故簡公見弒。[30]

簡公在上位，罰重而誅嚴，厚賦斂而殺戮民，田恆設慈愛，明寬厚。簡公以齊民為渴馬，不以恩加民，而田恆以仁厚為圃池也。[31]

韓非子中還常以田常代表弒君之臣，以子罕代表劫君之臣[32]。談論人君善用術，便不致有弒君之臣；不能用術，平凡的臣子也易生異心，而爲弒君之臣，韓非子也往往以田常爲例，甚而做爲典故，而不徹底明說：

今人主處制人之勢，有一國之厚，重賞嚴誅，得操其柄，以修明術之所燭，雖有田常、子罕之臣，不敢欺也，奚待於不欺之士？[33]

今人主不掩其情，不匿其端，而使人臣有緣以侵其主，則群臣為子之、田常不難矣。[34]

暢言人主如何用術，如何專擅權勢，不隨意下借；抑或談論人臣如何巧用計謀，逐步奪取政權，人君不宜輕忽，是韓非政治思想的重要理論。像說林上篇田成子負傳隨鴟夷子皮的小故事，絲毫不能代表韓非子某樣重要理念，難四篇第一節第二論的「田氏外僕」，用典生僻，又不同於其他重要篇目所描繪的田常形象；在語調上，其他篇目以君主本位，强調須防人臣借權弑君，難四篇則以人臣爲本位，第一論否定「臣而代君者必亡」，第二論肯定民心之歸趨，未必是人君無術才有機可乘，全因人臣能「以君處之」。這幾項殊異，再加上文筆板滯，是否出於韓非，不能無疑。

第二論末尾，以道德觀念批判孫文子必敗亡，由表象看來，很類似儒者口吻。陳奇猷韓非子集釋以爲第一論出於韓非無疑，「其另一難當非出於韓非。」理由之一，是它站在儒家立場出發，理由之二，是與韓非文勢大異。筆者以爲文勢大異，庶幾近之；至於說由儒家立場出發，又未必盡然，除了指斥孫文子「倒義逆德」，表象近似；重名分，重民心歸向，也合於儒家思想；但以「趙宣走山、田氏外僕，而齊晉從。」與湯、武事例並提，便未盡合孔子之意。春秋記載：「趙盾弑其君」㉟，加重趙宣子的罪過，貶斥之意很明顯。「齊陳恆執其君，寘于舒州。……齊人弑其君壬于舒州。㊱」田常弑君，春秋的筆意：「上經齊陳恆執其君，恆書名而不名其君，正陳恆不臣之罪也。此經則書齊人以名其君者，恆罪既正矣，不須再正。夫恒得民，而齊侯不能以禮制之，反使寵臣與之爭權，以釀成其禍，是罪亦在齊侯也，故稱人以名君，所以教爲人君之道也。㊲」孔子既貶斥田常弑君，也貶斥齊簡公爲君不正，絕不像難四篇第一節第二論，做肯定的稱揚，還和湯、武並舉。大抵後人潤筆非難第一論，有儒家思想成分，又不盡純粹，此不可不辨。

註

❶ 參閱劉正浩周秦諸子述左傳考頁一一六、七。乾道本作「亡臣」，王先慎集解：「亡讀若忘」，迂評本、藏本、趙本、凌本皆無「亡」字。

❷ 竹添光鴻左傳會箋成公八年。

❸ 見左傳襄公廿九年。

❹ 見左傳襄公廿六年。

❺ 同右。

❻ 同❸。

❼ 同❸。

❽ 諸代字，各舊本誤作伐，從顧廣圻識誤改。

❾ 晉齊，王先慎集解云：「當依上文作齊晉。」謂田氏代齊，三卿分晉也。

❿ 臣而變爲君也。

⓫ 命，言也。

⓬ 巨字各本原作臣，從識誤說改。

⓭ 忘字各本作亡，宜讀爲忘，從陳啓天校釋改，以免混淆。

⓮ 見孤憤篇末段。

⓯ 內儲說下篇經六：「廢置——敵之所務，在淫察而就靡；人主不察，則敵廢置矣。」

⓰ 漢書蒯通傳注：「施，設也，立也。」

⑰ 相踦，彼此懸殊也。

⑱ 崏山，當卽爲十過篇之有緡：「桀爲有戎之會，而有緡叛之。」

⑲ 太田方翼毳：「夏桀名履癸，湯亦名履，蓋以是抵罪易名。」松皐圓纂聞：「說苑：『湯困於呂』，按名、呂字相似，疑此爲『湯身困呂』之訛。」姑並存二說。

⑳ 武身受詈，戰國策趙策三有「武王羈於玉門」，顧廣圻識誤以爲羈當爲詈之誤，詳拙著韓非解老喻老研究頁一六六註(2)。喻老第十三節「文王見詈於玉門」，依文意，文王當爲武王，則韓非子固有武王見詈之說，不必改詈爲羈也。高亨韓非子補箋：「呂覽、趙策、尸子、竹書紀年皆作羈，而本書獨作詈者，疑詈亦有羈誼也。」

㉑ 宣，原作咺，據識誤校改，左傳宣公二年：「（趙）宣子未出山而復。」

㉒ 指田成子負傳隨鴟夷子皮事，見韓非子說林上篇。

㉓ 見亡徵篇末段。

㉔ 趙策四「五國伐秦無功」蘇代語。黃丕烈以爲：「後」乃「復」形近之譌。

㉕ 見左傳宣公二年。

㉖ 傳，以木爲之，長五寸，書符信於上，又以一板封之，封以印章，出入關合之，乃得過。

㉗ 指弒齊簡公事。

㉘ 見貨殖列傳。

㉙ 參松皐圓韓非子纂聞，陳啓天校釋說林上篇引，頁六二〇。

㉚ 見二柄篇首段。

㉛ 見外儲說右下篇一㈢。

㉜ 見二柄篇首段及外儲說右下篇一㈡、一㈢。王煥鑣以爲子罕當卽戰國時代劫持宋昭公的皇喜。

㉝ 見五蠹篇。

㉞ 見二柄篇末段。子之假託賢名以奪取燕王噲的君位。

㉟ 宣公二年經。

㊱ 哀公十四年經。

㊲ 見左傳哀公十四年經下竹添光鴻會箋。

四　管仲有三歸——論尊君明法

齊桓公與管仲的事蹟，在韓非子書中多次被引用，難篇稱述而借發議論的不少，難一篇第八節談及管仲被釋並任命爲相之後，提及「臣有寵矣，然而臣卑」，「臣貴矣，然而臣貧」，「臣富矣，然而臣疏。」委婉地呈示問題，讓桓公主動安排：「使子立高、國之上。」「使子有三歸❶之家。」「立以爲仲父。」接著引述：

霄略❷曰：「管仲以賤為不可以治國，故請高、國之上；以貧為不可以治富，故請三歸；以疏為不可以治親，故處仲父。管仲非貪，以便治也。」

藉霄略的批評，烘襯前文，以爲管仲是爲治國方便而有權宜措施，說苑尊賢篇稱引孔子的話，也說：「管仲之賢，不得此三權者，亦不能使其君南面而霸矣。」全是承襲韓非子中霄略的說法，未必應合孔子的思想理路，韓非子外儲說左下援引同樣的故事，句末「孔子聞而非之，曰：『泰侈偪上。』❸」從僭越、奢侈等越禮越分的角度品評管仲，倒是比較貼合儒家本位的觀點。霄略的剖析是純就管仲有利的角度加以解說，由管仲「樹塞門」、「反坫❹」的越禮，「縷簋朱紘，山節藻梲❺」的奢侈看來，他不很拘泥小節，頗安享榮華，也許實質上，「富」「貴」而「親」的名位在政令推行上確有許多便利之處，因爲他爲相的時代（西元前六八五年）還是貴賤有等，貧富殊異的環境。

說苑尊賢篇記載：

齊桓公使管仲治國，管仲對曰：「賤不能臨貴。」桓公以為上卿，而國不治。桓公曰：「何故？」管仲對曰：「貧不能使富。」桓公賜之齊國市租一年，而國不治。桓公曰：「何故？」對曰：「疏不能制親。」桓公立以為仲父。齊國大安，而遂霸天下，孔子曰：「管仲之賢，不得此三權者，亦不能使其君南面而霸矣。」

這段文字除孔子之言不盡妥切，前文已論及，其他也有一些線索極爲有趣：桓公的反應與韓非子難一、外儲說左下篇不盡相同，以市租和三歸之家對合，使校讎上別有新解；最大的差異是，韓非子書中的管仲只是謙和地陳訴困難所在，並不曾自己解說理由，也不曾主動要求享受某些特權，說苑却明述管仲自陳理由而桓公滿足他的需求。韓非子難一篇霄略的剖析，直接斷定管仲認爲如何，「故請」某某，似乎是主觀的認定某種需要，而且是直接的訴求某種待遇，說苑的語意該是受霄略一段話的影響，也就是說，說苑大抵是承襲韓非子難一篇的資料，而透過法家霸天下的理念組合而來的。

然而，韓非子的論難著眼則在君令下達如何配合法制的問題：

> 或曰：今使臧獲奉君令，詔卿相，莫敢不聽，非卿相卑而臧獲尊也，主令所加，莫敢不從也。今使管仲之治，不緣桓公，是無君也；國無君，不可以為治。若負桓公之威，下桓公之令，是臧獲之所以信❻也，奚待高、國、仲父之尊而後行哉！當世之行事、都丞❼之下徵令者，不辟尊貴，不就卑賤。故行之而法者，雖巷伯❽信乎卿相；行之而非法者，雖大吏詘乎民萌。今管仲不務尊主明法，而事增寵益爵，是非管仲貪欲富貴，必闇而不知術也。故曰：管仲有失行，霄略有過譽。

韓非子認爲：法是「人臣之所師也」❾，人臣奉守公法，稟承君令，下達於人民，也許這個臣子地位卑微，只是行事、都丞等基層官吏，但徵稅、徵兵命令的傳達對象是不論尊卑貴賤，一律平等的。所以只要是守法，承奉君令，即使卑賤的奴僕（臧獲）、宦官（巷伯），照樣可以達成國君所差遣的任務，韓非子藉此提出「尊主明法」的主張。他認爲：管仲不能講求「尊主明法」，只求「增寵益爵」，不是貪求富貴，便是愚闇不懂方術。

據羅根澤的考證，「相」爲官名，大約始於戰國❿。難一篇雖說：「桓公解管仲之束縛而相之」，並不意味管仲已如後世的宰相，位極人臣，居一人之下，萬人之上。左傳僖公十二年記載：

齊侯使管夷吾平戎於王，……王以上卿之禮饗管仲，管仲辭曰：「臣賤有司也，有天子之二守國、高在。……」管仲受下卿之禮而還。

依據王制，侯伯之國二卿受命於天子，都是上卿。國子高子位爲上卿，管仲只是下卿，卽使功勞大，也不敢凌駕其上⑪。難一篇說「臣卑」，是事實，桓公是否就讓管仲「立高、國之上」，不無疑問。照道理，桓公讓管仲任政，必得付予實權，在政治運作上，能超乎高、國之上；而富有資財與否，與權利之行使，未必有實然的關係，不過加强背景而已。和君主的關係親近，是比疏遠的便於辦事，却也並非決定性因素。因此，愚意以爲，權力與地位才是管仲治國必備條件，三歸之富與仲父之親，不過踵事增華；韓非子却藉此歸納出「尊主明法」的法家思想，這正是難一篇第八節的命意所在。

註

❶ 三歸，管子輕重乙：「與民量其重，計其贏，民得其十，君得其三。」說苑尊賢：「桓公賜之齊國市租一年。」三歸，當係稅名，或貯藏租稅的臺名，見梁啓雄韓子淺解、陳啓天校釋、陳奇猷集釋韓非子外儲說左下傳五㈡考證。另包咸注：「娶三姓女。」俞樾群經平議：「家有三處。」日人太田方翼毳解爲三百乘。

❷ 胥略，齊大夫，陳奇猷以爲卽蕭叔大心。

❸ 傳五㈡。

❹ 見論語八佾篇、禮記禮器篇。

❺見禮記禮器篇、雜記篇。

❻信，伸也。

❼行事、都丞，皆官之卑者。

❽閽人。

❾見定法篇

❿見管子探源頁二六至三〇。

⓫參竹添光鴻左傳會箋僖公十二年。

五　師曠援琴撞君——論納諫與尊君

據說，晉國有名的樂師師曠曾因爲平公說了一句不得體的話而用琴去撞國君，韓非子難一篇第五節引述說：

晉平公與群臣飲，飲酣，乃喟然歎曰：「莫樂為人君！惟其言而莫之違。」師曠❶侍坐於前，援琴撞之，公披衽而避，琴壞於壁。公曰：「大夫誰撞？」師曠曰：「今者有小人言於側者，故撞之。」公曰：「寡人也。」師曠曰：「啞！是非君人者言也！」左右請塗❷之，公曰：「釋之，以為寡人戒。」

師曠以虛辭掩飾，技巧地讓晉平公省察個人的缺失，晉平公也表現了難得的納諫的雅量。這段記載的關鍵語，在平公得意忘形說的：「莫樂爲人君！惟其言而莫之違。」話中飽含做君主唯我獨尊，衆臣唯唯諾諾，順承意旨的優越感。有了這種心理，必定傲慢無禮，有過不知，禍亂喪國必由此起，所以論語歸入「一言而喪邦」之列：

（定公）曰：「一言而喪邦，有諸？」孔子對曰：「言不可以若是其幾也。人之言曰：『予無樂乎為君，唯其言而莫予違也。』如其善而莫之違也，不亦善乎！如不善而莫之違也，不幾乎一言而喪邦乎！」❸

爲政者最忌的是師心自用，斷絕言路，下情不通。而君主一味要求人臣不違背君意，必然是讒諂的人任用，而無人敢進納忠鯁之言，說苑有一段和難篇近似的記載：

師經鼓琴，魏文侯起舞，賦曰：「使我言而無見違。」師經援琴撞文侯，不中，中旒，潰之。文侯謂左右曰：「為人臣而撞其君，其罪如何？」左右曰：「當烹。」提師經下堂一等，師經曰：「臣可一言而死乎？」文侯曰：「可。」師經曰：「昔堯、舜之為君也，唯恐言而人不違；桀、紂之為君也，唯恐言而人違之。臣撞桀、紂，非撞吾君也。」文侯曰：「釋之，是寡人之過也。懸琴於城門，以為寡人符；不補旒，以為寡人戒。」❹

故事主配角不同，師經撞君的理由却說明得很清楚，是出於杜防人君驕慢暴虐的愛君之心，魏文侯也虛懷接納忠言，並戒惕於未來。

正因爲君權擴張易於使人君驕慢暴虐，貽誤政事，所以相傳聖賢之君都是謙沖自牧，

「禹拜昌言❺」傳爲美談；唐太宗勵精圖治，「貞觀之治」的績效，得力於他虛心求諫、納諫，容忍人臣的直諫，引導人臣努力進言❻。這種謙虛接納諫言的做法，當然不同於「莫樂爲人君，唯其言而莫之違」的躊躇滿志、杜塞言路，也因此可以斷言：晉平公醉後失言，確實流露了一些「危機」，難怪多慮的師曠，要借機警戒他，師經之於魏文侯也是一樣。

師曠是晉國的主樂太師，他地位頗重要，也有特殊的異禀，「師曠之聰」與「離婁之明」是孟子並稱的絕藝❼，國語晉語有一段記載：

> 平公說新聲，師曠曰：「公室其將卑乎！君之明兆於衰矣。夫樂以開山川之風也，以耀德於廣遠也。風德以廣之，風山川以遠之，風物以聽之，修詩以詠之，修禮以節之。夫德廣遠而有時節，是以遠服而邇不遷。」❽

新聲就是靡靡之音，師曠聽了師涓奏靡靡之音，就撫著師涓的手，請他不要再奏樂，並道出這是昔日紂王時代師延所奏，師延投於濮水，此樂必得之於濮水之上❾；他不但詳知樂音的淵源，還從晉平公的偏好，嚴厲地指出「公室將卑」，足見師曠是個見微知著的智者，也是敢於直言的勇者。再看晉國大臣叔向對齊國大臣晏嬰所說的：「晉季世也，公厚賦爲臺池，而不恤政，政在私門，其可久乎！❿」平公的政局已顯露敗象，那麼，師曠略嫌莽撞的言行便可以理解了。

伍子胥奔吳，佐闔廬、夫差，獨霸東南，夫差後來驕恣，伍子胥勸諫無效，自殺之前，大發感慨：

> 申胥（伍子胥）釋劍而對曰：「昔吾先王世有輔弼之臣，以能遂疑計惡，以不陷於大難。今王播棄黎老，而孩童焉比謀，曰：『余令而不違。』夫不違，乃違也。夫不違，亡之階也。」⓫

伍子胥把人君「余令而不違」看成「亡之階」，關係一國衰亡的樞紐，這個看法，正好印證師曠憂慮平公不能善盡人君職守的心態。古代知識分子先天下之憂而憂，每有出人意表的行爲，倒也常能得到君主的曲宥，主要是當年君臣之間的分際，還沒有秦、漢以後絕對的尊卑，人臣常能擁有較大的言論自由。

淮南子齊俗訓有一段記載：

> 晉平公出言而不當，師曠舉琴而撞之，跌衽宮壁⓬，左右欲塗之，平公曰：「舍之，以此為寡人失。」孔子聞之曰：「平公非不痛其體也，欲來諫者也。」韓子聞之曰：「群臣失禮而弗誅，是縱過也，有矣也夫，平公之不霸也。」

以「出言而不當」賅括，附加孔子、韓子的批評。孔子認爲平公有獎勵招徠諫者之意，可說是相當切合事實，韓子則著重於人臣之失禮，平公縱任人臣犯過，不能成就霸業自有原故。所引韓子，大抵即根據難一篇：

> 或曰：平公失君道，師曠失臣禮。夫非其行而誅其身，君之於臣也；非其行則陳其言，善諫⑬不聽則遠其身者，臣之於君也。今師曠非平公之行，不陳人臣之諫，而行人主之誅，舉琴而親其體，是逆上下之位，而失人臣之禮也。夫為人臣者，君有過則諫，諫不聽則輕爵祿以待之，此人臣之禮也。今師曠非平公之過，舉琴而親其體，雖嚴父不加於子，而師曠行之於君，此大逆之術⑭也。臣行大逆，平公喜而聽之，是失君道也。故平公之迹不可，明也。使人主過於聽而不悟其失，師曠之行亦不可，明也。使姦臣襲極諫而飾弒君之道，不可謂兩明，此謂兩過。故曰：平公失君道，師曠亦失臣禮矣。

撤開人君委曲接納諫言的謙懷，師曠立說的深心，專由尊君卑臣的理念分析君臣之禮當如何。韓非子認爲：君臣之際，如果不滿意對方的行爲，君可以誅臣，臣只能遠身、輕爵祿以待君主體悟。有這種基本論點，韓非子指斥師曠「援琴撞君」是大逆之行，容易讓姦邪之臣取以掩飾而行弒君之實。客觀說來，師曠立意再好，援琴撞君確實有過當之處，也許他了解平公，知道不至於造成傷害，但即使平輩交往，這樣做也嫌失禮，韓非子論定「雖嚴父不加於子」，極爲有力。

註

❶ 晉平公（西元前五五七—五三二年在位），悼公子，名彪。師曠，晉主樂太師子野。
❷ 塗原作除，從盧文弨拾補徵淮南子齊俗訓改。
❸ 子路篇⑮。
❹ 君道篇㉞。
❺ 尚書大禹謨、皐陶謨。
❻ 唐吳兢撰貞觀政要，有求諫、直諫、納諫篇，參閱雷家驥撰天可汗的時代——貞觀政要第二章。
❼ 見孟子離婁上篇。
❽ 國語晉語八⑦。
❾ 見韓非子十過篇「不務聽治而好五音」、史記樂書。
❿ 見史記晉世家。
⓫ 國語吳語。
⓬ 俞樾以爲宜作「跌衽中壁」，言越過平公之衽而中於壁也。
⓭ 善諫，委婉諫爭；陳啓天校釋徵于省吾雙劍誃諸子新證改善爲若。
⓮ 太田方翼毳疑術字當作行。

六　小臣稷遁世——論隱逸與尊君

韓非子難一篇第六節，記載齊桓公委曲造訪隱逸之士小臣稷❶：

> 齊桓公時，有處士曰小臣稷，桓公三往而弗得見。桓公曰：「吾聞布衣之士不輕爵祿，無以易萬乘之主；萬乘之主不好仁義，亦無以下布衣之士。」於是五往乃得見之。

呂氏春秋下賢篇及新序雜事五，都說是「一日三至」，加强齊桓公迫切之殷；齊桓公自解的話，新序是：「士之傲爵祿者，固輕其主；傲霸王者，亦輕其士。縱夫子傲爵祿，吾庸敢傲霸王乎！」呂氏春秋以「驁」代「傲」。兩書的旨意，都在說明：齊桓公是爲了霸王之業，才委曲降尊禮遇賢士；也由於能禮賢下士，才有許多賢者投效，因而得成霸業。韓非子引述的故事重點則不同，提出「仁義」以賅涵小臣稷的價值所在，並且辯駁之文卽據此發揮：

> 或曰：桓公不知仁義。夫仁義者，憂天下之害，趨一國之患，不避卑辱，謂之仁義。故伊尹以中國為亂，道為宰干湯；百里奚以秦為亂，道為虜干穆公——皆憂天下之

害，趨一國之患，不辭卑辱，故謂之仁義。今桓公以萬乘之勢，下布衣之士，將欲憂齊國，而小臣不得見❷，是小臣之忘民也，忘民不可謂仁義。仁義者，不失人臣之禮，不敗君臣之位者也。是故四封之內，執禽而朝，名曰臣；臣吏分職受事，名曰萌。今小臣在民萌之衆，而逆君上之欲，故不可謂仁義。……使小臣有智能而遁桓公，是隱也，宜刑；若無智能而虛驕矜桓公，是誣也，宜戮。小臣之行，非刑卽戮。桓公不能領臣主之理，而禮刑戮之人，是桓公以輕上侮君之俗教於齊國也，非所以為治也。故曰：桓公不知仁義。

本文以法家的尊君思想與干涉主義，批駁桓公不宜屈就處士，其中有幾個觀念必須澄淸：

諸子之學，各是其是，各非其非。隱逸一派，卽如爲我主義的楊朱亦自有其思想體系，他說：「古之人損一毫利天下，不與也；悉天下奉一身，不取也。人人不損一毫，人人不利天下，天下治矣❸。」原是指望每個人自我檢束，不付出，也不貪欲，每個人都修養德性，雖然缺乏團隊精神，他們的構想也許根本不要政治組織，只求自由；但每個人都約束自己，外在物欲的誘惑再大，也不影響他們理想的堅持。這可說是極端的個人主義、無政府主義，却是以道德自律爲前提。淮南子說：「全性保眞，不以物累形，楊朱之所立也❹。」孟子非斥楊朱「無君」❺，只就「拔一毛利天下不爲」批駁，忽略其回歸眞實自我而不擾亂天下的道德修爲；韓非子感慨當代君主尊禮「不以天下大利易其脛一毛」的人，因爲這些人「輕物重生」，就「不入危城，不處軍旅」，國君便很難要求人民「出死而重殉上事」❻。儒、法兩家都是入世的哲學，自然都重視團體，事實上人類群居也離不開團體，那麼楊朱再輕視外物，也掩蓋不了自私自利的弊病，除非眞的僻居野處，遠離群體。法家的國家觀念更是壓倒了個人，章太炎說：「韓非有見於國，無見於人；有見於群，無見於孑❼。」國家的統一、富強是第一要務，全國君臣上下都該爲國家克盡職守，是責任也是義務，因而他主張的是干涉主義。有了這些了解，再分析難一篇齊桓公造訪小臣稷所牽引出的論點，便易於理解了。

齊桓公所謂「不好仁義，無以下布衣之士」，布衣當指賢者，與孟子「急親賢之爲務❽」意同，認爲小臣稷是仁義之人，降尊紆貴禮遇賢者，自有賢者慕義而來。韓非子針對「仁義」界定了新的意義，以法家積極進取的變道哲學，强調爲天下國家，可以犧牲自己的榮譽，卑屈以進，在所不惜；又由尊君觀念出發，主張「不失君臣之禮，不敗君臣之位。」就前者的出處進退之道而言，儒法兩家的價値觀殊異，可由孟子看出：

> 陳代曰：「不見諸侯，宜若小然。今一見之，大則以王，小則以霸。且志曰：『枉尺而直尋』，宜若可為也。」孟子曰：「昔齊景公將田，召虞人以旌，不至，……且夫枉尺而直尋者，以利言也。如以利，則枉尋直尺而利，亦可為與？……且子過矣：枉己者，未有能直人者也。」❾

「枉尺直尋」，所屈者小，所伸者大，陳代有意勸孟子屈己以伸揚大道；孟子却認爲必須篤守重要的原則，否則爲了利「枉尋直尺」，實在沒道理，因爲自我奉持與治國平天下不能貫串一致，所以孟子便不肯去見臧倉，讓他勸告魯平公能來請益，而要歸之於天命⑩。法家的看法就比較流動變通，韓非子認爲只要對天下國家有利，賢人委屈自己以求晉昇，正是「仁義」的表現，這種說法又見於：

> 伊尹自以為宰干湯，百里奚自以為虜干穆公。虜、所辱也，宰、所羞也，蒙羞辱而接君上，賢者之憂世急也⑪。
>
> 伊尹為宰，百里奚為虜，皆所以干其上也。此二人者，皆聖人也，然猶不能無役身以進，如此其汙也。今以吾為宰虜，而可以聽用而振世，此非能士之所恥也⑫。

只要能把握時機，求見人主，有機緣被接納任用，卽使卑汚羞辱，都在所不惜，爲的是賢人爲世局擔憂，急於謀求解決辦法。相對於法家主張的賢者救世，不辭卑汚屈辱，如今齊桓公親自造訪小臣稷，在士人憂國淑世的襟懷說來，正是大好時機，可以輔佐時君，施展抱負，實現仁義，小臣稷應該毫無推拖才是。

至於用「不失人臣之禮，不敗君臣之位」來範圍仁義，是出於尊君觀念。韓非子把「臣事君，子事父，妻事夫」並列，是儒家「君爲臣綱、父爲子綱、夫爲婦綱」的「三綱」教條淵源⑬。這種尊君卑臣的觀念，遠承愼到的勢論，是法家學說的重點，司馬談批判法家的實質長處說：「若尊主卑臣，明分職，不得相踰越，雖百家弗能改也⑭。」肯定爲實際政治運作的必然條件。秦法有濃厚的法家色彩，已無疑議；漢代的禮制，雖然標榜獨尊儒術，爲了順承時代潮流，叔孫通爲漢高祖制定朝儀，便：「頗采古禮與秦儀雜就之⑮。」而西漢諸儒，大多是儒法兼修，也有贊揚政治績效的⑯。漢初儒學的法家化，最具特色的就在於君臣觀念的根本改變。「漢儒拋棄了孟子的『君輕』論、荀子的『從道不從君』論，而代之以法家的『尊君卑臣』」⑰。如就歷史發展的跡象來衡論，尊君卑臣觀念的强調，是便利統治階層統治而設說，也因爲專制君權實際政治運作確實有其需要。如此推想，在戰國晚期，韓非子架構勢治理論時刻意加以强調，可說是切實的政論。

　　爲了尊君卑臣，韓非子擴張了干涉範圍，不僅君臣關係有其義務，君民關係亦不例外，只要國君有令，臣民沒有拒絕的權利，所以他贊允太公望殺狂矞、華士：

> 太公望東封於齊，齊東海上有居士曰狂矞、華士昆弟二人者……太公望至於營丘，使吏執殺之，以為首誅。……曰：「是昆弟二人立議曰：吾不臣天子，不友諸侯，耕作而食之，掘井而飲之，吾無求於人也。無上之名，無君之祿，不事仕而事力。彼不臣天子者，是望不得而臣也；不友諸侯者，是望不得而使也；耕作而食之，掘井而飲之，無求於人者，是望不得以賞罰勸禁也。且無上之名，雖知（智）不為望

用；不仰君祿，雖賢不為望功。……已自謂以為世之賢士，而不為主用，行極賢而不用於君，此非明主之所臣也，亦驥之不可左右矣，是以誅之。」⑱

狂矞、華士兄弟顯然是無政府主義自由派隱者之流，照他們的主張，法家的一大套統馭手段都不能著力，賞罰勸禁用不上，等於是化外之民，與群體無關，再智再賢，對國家都沒有好處。在姦劫弒臣篇，韓非子也批評伯夷叔齊：「不畏重誅，不利重賞，不可以罰禁也，不可以賞使也。此之謂無益之臣也。」這段承經文「勢不足以化則除之」加以舉證，太公望殺了兄弟倆，自有一套道理，客觀說來，似乎有些矯枉過正，後人就此批判韓非子的不少，王充論衡非韓篇便說：「太公不誅二子，齊國亦不皆不仕。」認爲這麼做等於「殺無辜」，如以韓非子行參揆伍，細驗罪行，除了不「尊君」之外，只怕找不到「違法」論據，論衡評論頗爲中肯。

韓非擴充國君干涉人民的範圍，在難一篇裡就把「萌」（氓）做了特殊的界定，「臣吏分職受事」叫做「萌」，意指基層吏屬，與「執禽而朝」的高級官員相對擧，把傳統解爲人民的意義改變，目的便在於强調其對國家的義務。人民可以選擇「仕」或「不仕」，臣吏則只能聽令行事。韓非子藉此否定小臣稷的選擇權，以貫徹自己一套尊君理論。進一步再就小臣稷不接見齊桓公一事剖析可能的罪罰：如是眞有智能，故意隱匿而逃避，該處罰；如果沒有智能，而假意傲慢而欺騙，該殺戮。這種議論口吻與太公望殺狂矞、華士如出一轍，都是只重群體利益，剝削個人自由而一味尊君。

綜上所言，難篇小臣稷一段，不過是法家思想的借題發揮，小臣稷若是道家隱逸高蹈之流，個人所崇仰的哲學理念，自然與法家現實觀點毫不相應。問題是：齊桓公在位的時代（西元前六八五——六四五年），中國的政治權力是否有對普天下的人民作强制干涉的力量？人民的自由，是否還具備出處進退的充裕選擇權？范曄的後漢書列有「逸民傳」，晉書以後也都有「隱逸」列傳，顯見歷代對於徵辟不就的隱者大體都是容忍的。明太祖置有不爲君用之罰，可能是最嚴酷的：

> 十八年大誥成，序之曰：「諸司敢不急公而務私者，必窮搜其原而罪之。」……貴溪儒士夏伯啓叔姪斷指不仕，蘇州人才姚潤、王謨被徵不至，皆誅而籍其家。寰中士夫不為君用之科所由設也。[19]

「誅而籍其家」的處斷，比起難篇的「刑、戮」，外儲說右上的「執殺」還要過當，君權的無限擴張，以至於專斷，罔顧民命，不顧人權，於此可見其弊病。不過，洪武皇帝强調的仍是要吏民急公而不務私，是國家主義的拓衍，與戰國晚期韓非子的主張相同；而就難一篇所拈出賢者不辭卑辱而憂天下的理念，也與後人「聖賢以用世爲心[20]」接近。孟子曾經說過：「段干木踰垣而辟之，泄柳閉門而不納，是皆已甚；迫，斯可以見矣。[21]」認爲雖是隱居不仕，魏文侯、魯穆公求見既然迫切，就可以會見了。試看清代龔定庵以陶潛比況諸葛臥龍[22]，便可見讀書人有志用世，關懷國家整體利益，原是極爲自然而又莊嚴的事，那麼，雖一篇容或有偏激之處，也足以發人省思了。

註

❶ 翼毳：小臣姓，稷名。周禮有小臣官，世是官，後爲姓。
❷ 得，原作「行」，從王先愼集解改。
❸ 列子楊朱篇。
❹ 氾論訓，卷十三頁十。
❺ 滕文公下篇⑨。
❻ 顯學篇。
❼ 國故論衡原道。
❽ 盡心下篇㊻。
❾ 滕文公下篇①。
❿ 梁惠王下篇⑯：「魯平公將出……君爲來見也，嬖人有臧倉者沮君……曰：『……吾之不遇魯侯，天也。』」
⓫ 難二篇第五節。
⓬ 說難篇。
⓭ 參余英時歷史與思想頁四〇，韓非子文見忠孝篇。
⓮ 論六家要指，見史記太史公自序。
⓯ 漢書叔孫通傳。
⓰ 參黃錦鋐西漢儒家禮制之本質。

⑰ 余英時歷史與思想頁三二。
⑱ 外儲說右上傳一㈤。
⑲ 明史卷九十四刑法二，鼎文本頁二三一八。
⑳ 明史卷二百九十八隱逸：「夫聖賢以用世為心，而逸民以肥遯為節，豈性分實然，亦各行其志而已。」
㉑ 見孟子滕文公下篇⑦。
㉒ 龔氏己亥雜詩一三〇：「陶潛酷似臥龍豪，萬古潯陽松菊高，莫信詩人竟平淡，二分梁甫一分騷。」辛棄疾賀新郎詞也說：「把酒長亭說，看淵明風流，酷似臥龍諸葛。」

七 寃言寃貨——論開發財源

古來傳聞，有許多超乎常理的事件，價值判斷有時不免有主觀成分，倒也往往言之有理，但是從政治施行上探究，這些理論是否切實呢？韓非子難二篇第六節引述有關李克的一段資料：

> 李克治中山，苦陘❶令上計而入多。李克曰：「語言辨，聽之說（悅），不度於義，謂之寃言。無山林澤谷之利而入多者，謂之寃貨❷。君子不聽寃言，不受寃貨，子姑免矣！」

李克斷事便出人意表，並且自有一番深刻的道理在。

韓非子外儲說左下篇有翟黃「薦李克而中山治❸」的記載，史記魏世家也記載翟璜對李克說：「中山已拔，無使守之，臣進先生。」「黃」「璜」當係同音通段，李克治中山是實有其事。依據魏世家，魏文侯（西元前四二四——三八七年在位）曾向李克請教置相的事，他答覆：「居視其所親，富視其所與，達視其所舉，窮視其所不爲，貧視其所不取，五者足以定之矣。」顯示他是相當重視根本的人❹。班固漢書藝文志儒家類列有李克書七篇，另法家類列有李悝的作品李子三十二篇，李克與李悝未必同是一人。難二篇這段文字，李克的看法是：花巧欺詐毫不足取。他說：「言語動聽，讓人聽了喜悅，却不能以義理來制約的，叫做欺詐不實的言論。沒有山林沼澤深谷的地利而歲終收入却很多的，叫做欺詐不實的財物。」苦陘令雖然年終奉上的錢穀數目很多，李克非但不高興，還免去了他職位。李克這種做法，以合義做大前提，講求篤實，大抵是合於儒家系統，與史記中務本的李克也還算一致。淮南子有一段類似的記載：

> 解扁為東封，上計而入三倍，有司請賞之。文侯曰：「吾土地非益廣也，人民非益衆也，入何以三倍？」對曰：「以冬伐木而積之於春，浮之河而鬻之。」文侯曰：「民春以力耕，暑以强耘，秋以收斂，冬間無事，以伐林而積之，負軛而浮之河，是用民不得休息也。民以敝矣，雖有三倍之入，將焉用之。」此有功而可罪者也。❺

除了人物改換爲魏文侯制裁解扁，立旨也微有不同，難二篇的李克著重在義與篤實，此處的魏文侯則表現了道家任自然、不擾民的清靜無爲。兩篇的相近處是不重近利，絕不「功利」。事實上，解扁的辦法不失爲開發財源的良策，既不妨礙農事，如果利益也能布施給從事勞動的百姓，未必不受歡迎。這種公私兩利的經濟發展，可以和李悝的「盡地力」比美。怕的是，百姓只能純盡義務，毫無所得，官府形同壓榨勞力，那不僅是剝削百姓的休閒時光，而且使他們沒有喘息的餘地，眞是暴虐了。

以韓非子的思想體系來衡量難二篇李克的見解，篤實，不贊成花巧詐僞，是相同之處，不過，韓非子可能要以法來替代義，要求言論合乎法度。韓非子講求切實，講求功利，因而他對於言論也要求合乎功用：「人主之聽言也，不以功用爲的，則說者多棘刺、白馬之說。❻」「人主聽言，不應之以度，而說其辯；不度之以功，而譽其行，……此人主所以長欺，而說者所以長養也。❼」這些說詞與李克的話是可以溝通的，然而，他的辯難並不從這方面落筆，他辯駁李克的「窕言」之說：

> 辯，在言者；說，在聽者：言非聽者也，則辯非說者也。所謂不度於義，非謂聽者，必謂所聽也。聽者，非小人則君子也。小人無義，必不能度之義也；君子度之義，必不肯說也。夫曰「言語辯，聽之說，不度於義」者，必不誠之言也。

巧辯的是說者，喜悅與否全看聽者，說的人和聽的人可能漠不相關，也可能產生熾熱的感應。「不度於義」，不是指聽的人，就是指聽來的話。聽話的可能是小人或君子，小人無義，不會拿義來制約，君子人拿義來制約，聽了巧辯，必不「肯」喜悅，如此說來，李克爲「窕言」所下的定義有些自相矛盾。這是從邏輯思考上仔細推敲李克一段話的語病，意思是「聽之說」

與「不度於義」不可能繫聯在一起。這段推證顯現韓非子思路細密之處。韓非子認爲君子人才「度於義」，是有其依據的。左傳記述晉國的魏獻子援引詩經大雅皇矣：「惟此文王，帝度其心。」再加以疏解說：「心能制義曰度。❽」足見先秦士人是常以「義」來衡量事理的。不過，韓非子把「度於義」用來作爲聽言喜悅與否的條件，似乎和李克的語意不符。依筆者愚見，李克的旨意，主要在强調：悅耳動聽的辯說，往往經不住義的制約，也就是說：往往不合乎義，因而稱之爲「窕言」。這是一種思辨過程，聽了喜悅，再揣度是否合義，不合義則不信。猶如「見利思義」❾，是愼思、明辨、篤行的工夫，有其先後次序。韓非子則是以「說」（喜悅）作最後抉擇，把「說」與「度於義」並合反應，他的「說」，包含了乍聽的喜悅與聽後的「悅」而信之用之。李克的話原是務本務實的看法，韓非子的駁論倒也能提出一些理念，無奈略嫌偏離，不盡貼合。

呂氏春秋有一段李克評述吳國何以滅亡的話：

> 魏武侯之居中山也，問於李克曰：「吳之所以亡者何也？」李克對曰：「驟戰而驟勝。」武侯曰：「驟戰而驟勝，國家之福也，其獨以亡，何故？」對曰：「驟戰則民罷，驟勝則主驕，以驕主使罷民，然而國不亡者，天下少矣。驕則恣，恣則極物；罷則怨，怨則極慮，上下俱極，吳之亡猶晚，此夫差之所以自歿於干隧也。」❿

照這資料，李克可能在武侯（西元前三八六——三七一年在位）時仍然治理中山。在戰國時代，「天下方務於合從連衡，以攻伐爲賢」⑪，「捐禮讓而貴戰爭」⑫，這時雖只是戰國初期，風潮必已逐漸形成，所以魏武侯認爲「驟戰驟勝」是「國家之福」，武侯在位的十幾年，就和秦、齊、趙、楚有過戰爭，並且都打勝仗，有些還是明顯的拓疆闢土，只是初年被翟人打敗過⑬。但是看李克應對的內容，是由比較根本的深遠處著慮，絕不是當代好戰的理論，他把「驟戰驟勝」說成吳國覆亡的因素，一則故作警策之言，提醒武侯屢戰屢勝未必是好，須留意不驕縱，不擾民；一則也反映了李克的政治主張不同於當代的兵家、法家。漢書藝文志把李克書歸入儒家，其書雖已散佚，呂氏春秋這段文字倒呈現了儒家色彩。

李克本質上既是傾向儒家，他「不受竅貨」，便可以理解。韓非子的思想，也反對人臣僥倖求進，認爲「言小而功大者亦罰」⑭，若要處理「竅貨」，也還能找到相近的論據。他對李克「竅貨」的說辭，却提出「知術」與「農業經濟開發」的理念來論駁：

入多之為竅貨也，未可遠行也。李子之姦弗蚤禁，使至於計，是遂過也。無術以知而入多。入多者穰也，雖倍入，將奈何！舉事慎陰陽之和，種樹節四時之適，無早晚之失、寒溫之災，則入多。不以小功妨大務，不以私欲害人事，丈夫盡於耕農，婦人力於織紝，則入多。務於畜養之理，察於土地之宜，六畜遂，五穀殖，則入多。明於權計，審於地形、舟車、機械之利，用力少，致功大，則入多。利商市關梁之行，能以所有致所無，客商歸之，外貨留之，儉於財用，節於衣食，宮室器械周於資用，不事玩好，則入多。入多，皆人為也。若天事：風雨時，寒溫適，土地不加大，而有豐年之功，則入多。人事、天功二物者皆入多，非山林澤谷之利也。夫「無山林澤谷之利入多，因謂之窕貨」者，無術之害也。

先假設「窕貨」爲眞，李克也有遂過之責。苦陘令違法，李克應該早有發現，早加禁止，如今直到歲終核計總數才發現「窕貨」，才讓苦陘令了解到做法有偏差，足見「不教而罰」，是無術！在韓非子書中，原只准人君用術，說：「此人主之所執也」[15]，「術也者，主之所以執也」[16]，賢臣乃是「奉公法，廢私術，專意一行，具以待任」的[17]。在難二篇，我們却看到稍廣的含義，「術」除了人君用以控御臣子，也包含高級官吏對待低級屬僚，韓非子責備李克的話，很具有啟引作用。

其次，韓非子提供許多增加生產的辦法，以反證「入多」未必就是「窕貨」。「因天功而盡人事」是總綱領，順應四時變化，審合土地特質，種植五穀，蕃衍六畜，是很切實的主張，六反篇也說：「適其時事，以致財物」。要求男耕女織，節儉勤勉，使地盡其力，貨暢其流，雖沒有「山林澤谷之利」，照樣可以增加生產。韓非子一書是我國古代最完整的政治典籍，書中大多是政治思想的論說，在經濟方面的著墨較少，這段文字是難得的比較具體的有關如何開發農業經濟的主張。筆法上，採取分項鋪述，一再重複「入多」，來加强論辯力，最後以「人事、天功」歸納出總綱領。這些主張相當平實，雖只是原則性質的提出，但相對於李克一段話的保守觀念，韓非子這些農業經濟開發的主張，顯得積極而又具有突破性，十足反映了法家改革創新的精神。

錢穆先秦諸子繫年，根據古本紀年推定魏文侯於西元前四四六年至三九七年在位，武侯於西元前三九六年至三七一年在位，與史記、資治通鑑推斷不同，可以備考⑱。但魏文侯伐中山同樣繫於西元前四〇八年，是魏文侯（後元）十七年，戰國策附錄于鬯所編年表，採錢穆推斷文侯在位紀年，而把伐中山繫於十七年，整整提前二十二年⑲。錢氏並徵引清沈欽韓漢書疏證：「蓋姬姓之中山滅於魏文侯，魏所封之中山又滅於趙主父。」考得「中山桓公滅於魏，中山武公之後滅於趙。⑳」趙武靈王（西元前三二五年——三〇〇年在位，卒於二九六年）胡服騎射，攻伐中山，後傳國少子何，自號主父，爲李兌、公子成所逼，餓死沙丘宮，此事稍晚，與韓非子難二篇引述者不相干。舊本韓非子難二篇此節，李克作「李兌」，明顯錯誤，前人已辨明，不再贅述。而此文中，李克的思想大致是儒家的色彩，倒值得留意。史記平準書云：「齊桓公用管仲之謀，通輕重之權，徼山海之業，以朝諸侯，用區區之齊，顯成霸名。魏用李克，盡地力，爲彊君。自是之後，天下爭於戰國，貴詐力而賤仁義。」李克與管仲並列，同爲尚實派的政治家，影響所及，使風氣轉爲「貴詐力而賤仁義」，顯然和魏世家、呂氏春秋、韓非子中的李克不盡相符，而與漢書藝文志中的「李子」（李悝）相近。班固編藝文志，把儒家的李克書和法家的李子分列，或者就已注意到這種差別：李克不重利，李悝重利。

漢代桓寬的鹽鐵論，是有關鹽鐵的財經大辯論，也是義利之辯。御史大夫桑弘羊代表官方興利之臣，論列新的財政政策，旨在爲國家爭取財源，解決饑饉、邊災、糧餉、武器等龐大的經費開支；來自民間的代表，文學與賢良則反映儒家務本重義的精神，他們主張不與民爭利，不主張提倡利，甚至不主張「興利」，與董仲舒「正其誼不謀其利㉑」的說法一脈相承。漢武帝八次發兵遠征匈奴，雖然把匈奴驅逐出戈壁以北，但長年的征戰，養兵養馬，邊防、轉輸，逐漸耗盡了七十年承平蓄積的國帑，於是起用一些商人出身的興利之臣，他們的財政：商人資本財課稅、鹽鐵酒官賣、均輸平準法、統一貨幣鑄造、賣官贖罪，最大的特色是：「民不益賦，而天下用饒。㉒」確實有效地爲國家增加許多財政收入。但是逐利之風滋長蔓衍，有識之士不能不顧慮：「示民以利，則民俗薄」㉓，而政策實施之後，因人事的弊端與制度的不公，雖說田賦不曾增加，却使得貧富益形懸殊，成了擾民的「苛政」，因此儒者要呼籲「議五帝三王之道、六藝之風」㉔，主張「天子不言多少，諸侯不言利害，大夫不言得喪㉕」了。

當然，韓非子難二篇所提揭的開發農業經濟的主張，大體上是重農務本的作法，與鹽鐵論中桑弘羊的重商興利方策不同。韓非子於五蠹篇主張：「明王治國之政，使其商工游食之民少而名卑，以趣本務而外末作」，斥商人爲「聚弗靡之財」，是「蠹」。韓非子五蠹篇所抨擊的是商人銷售不切實用的奢侈財貨㉖，而難二篇所主張的「利商市關梁之行」，是基本暢通貨物的原則，兩者並不衝突。桓寬本身是一位儒家學者，他的記錄與評斷，說不定會比較偏袒屬於儒家這一邊的人㉗；不過，「利」的開發，在政治上究竟有多少可行性？除了時代環境的殊異條件之外，漢代的財經政策對於財源的開發，本質上是法家重利觀念的實踐，黃師錦鋐秦漢思想研究認為鹽鐵論中大夫重事功，求實效，部分論說即直接承自富國強兵之戰國時代之法家思想㉘。而「漢代用人治政，本雜王（儒家）、霸（法家）。故鹽鐵論御史大夫所持之政制論說，實為漢代儒家之本色，非純法家也。」「鹽鐵論之思想，可謂儒道與儒法混合思想之紛爭，亦即漢代新興儒家思想，與復古儒家思想之論戰。㉙」那麼桓寬是心向儒道混合思想的復古派，比較著重農耕務本，桑弘羊代表的儒法混合思想之新興派，則重視工商財利。開發財利原不可厚非，至於該如何掌握契機，使「義」與「利」兼顧，做到接近完滿的程度，仍有待研究。

註

❶ 中山，古國名，周威烈王十八年（西元前四〇八年），魏文侯攻取中山，苦陘是其屬邑。

❷ 「窕」，虛假不實。「窕言」文選魏都賦引作「膠言」，皆指虛假不實之言。「窕貨」，虛貨不可恃以為富，指欺詐得來的財物。

❸ 事亦見呂氏春秋舉難篇，惟李克誤為季充，對答的重點亦不盡同。

❹ 李克是翟璜推薦的，他的務本之說，却使魏成侯被置為相。

❺ 淮南子人間訓。

❻ 外儲說左下篇經二。
❼ 外儲說左下篇二㈢。
❽ 左傳昭公二十八年。
❾ 論語憲問篇⑬。
❿ 呂氏春秋適威篇。
⓫ 史記孟荀列傳。
⓬ 劉向戰國策序。
⓭ 詳見史記魏世家、資治通鑑周紀。
⓮ 二柄篇。
⓯ 定法篇。
⓰ 說疑篇。
⓱ 有度篇。
⓲ 見魏文侯爲魏桓子之子非孫其元年爲周貞定王二十三年非周威烈王二年辨及通表第二。
⓳ 九思出版社六十七年十一月十五日台一版。
⓴ 先秦諸子繫年頁一六七。
㉑ 漢書董仲舒傳：「正其誼不謀其利，明其道不計其功」，春秋繁露對膠西王越大夫不得爲仁第三十二作「正其道不謀其利，修其理不急其功」。
㉒ 史記平準書。
㉓ 鹽鐵論本議第一。
㉔ 鹽鐵論復古第六。
㉕ 同㉓。以上參閱詹宏志著漢代財經大辯論——鹽鐵論。

㉖ 太田方翼毳：「沸靡（弗，今本作沸，通用），謂奢侈也。」松皐圓纂聞：「費用侈靡之財，謂其無用也。」

㉗ 詹宏志前揭書頁二九。

㉘ 秦漢思想研究頁二一六。

㉙ 秦漢思想研究頁二〇九。

結論

一 辯難體裁的創始

「難」的體裁，創始於韓非子。以「難」名篇的辯難體文章，有原列於第三十六、七、八、九篇的難一、難二、難三、難四，還有以威勢統治爲主題的辯難文章——難勢，列於第四十篇。難，讀去聲，指論議反駁。難勢分三段，先引用前輩法家愼到的任勢理論，再假設儒家尚賢派的詰難，旨在賢者任勢；最後據理論駁，提出自己更完密的主張，提示人爲之勢，認爲中主抱法處勢，便足以治國，不必冀望賢君安國，也不必畏懼暴君亂國❶。難篇總共二十八節，每節自成段落，體例上，一律先引述古事，再以「或曰」論難，借題發揮，以申說法家思想，與難勢的寫作筆法不盡相同。本書研究，卽以難一、難二、難三、難四篇爲範圍。

難篇，潘重規先生韓非著述考，就內容性質歸入第一類：學術論著。王煥鑣韓非子選，就寫作體例，歸入第二類：論古事以明法術。黃秀琴韓非學術思想，就文章體裁歸入第四類：辯難式之議論文。謝雲飛韓非子析論，就篇章結構歸入第二類：論辯體❷。綜括言之，難篇是援引古事，以闡發法術思想，採辯難體裁寫成的議論性學術論著。

難篇，自容肇祖撰韓非的著作考、韓非子考證以來，學者都列入可信篇目，最主要的原因，是辯難文字所呈現的大抵是精粹的韓非子學說。不過，依文義、體例及筆法看，難四篇四節不盡可信爲韓非子原作。難四篇每節各有兩難，第一難辯難古事，同於前三篇，第二難論難第一難，又使得體例極似難勢篇。但難勢的結構，援述本文是肯定，次段論駁否定，三段則補足而肯定，基本上是法家擅勝場，次段援儒設說，詞鋒銳利，最後仍然加以推翻，乍看是反面文章，實則爲末段鋪路，以便掀起更大波瀾，再全面性壓倒。難四篇的第一難是法家言，第二難往往又回頭支撐古人古事，立場不明，論證不盡充實，辭采欠活潑，文筆亦嫌板滯，很有可能是後人仿作，王煥鑣不選難四篇，也許便是這個原因。陳奇猷以爲可能就是東漢人所作的反韓非❸，論證不足，仍以存疑爲妥。

韓非子的內外儲說六篇，先總挈大綱，後分敍條目，先立說，後舉證，敍議兼用。立說部分爲經，舉證部分爲傳，經傳併合爲一單位，演至漢代，便成了「連珠體」，這是文體的創始，進而影響後人。難篇的辯難體裁，也一樣成爲後人仿效的形式。漢代東方朔有答客難，司馬相如有難蜀父老，揚雄的解難、解嘲，班固的答賓戲，都是仿其體製，假設問對辯論。而王充論衡的寫作，受韓非子的影響更爲明顯。章學誠文史通義云：

> 問難之體，必屈問而申答，……韓非治刑名之說，則儒墨皆在所擯矣。……諸難之

> 篇，多標儒者，以為習射之的焉，此則在彼不得不然也；君子之所不屑較也。然而其文華而辯，其意刻而深，後世文章之士，多好觀之，惟其文，而不惟其人，則亦未始不可參取也。王充論衡則效諸難之文而為之。……且其問孔、刺孟諸篇之辯難，以為儒說之非也，其文有似韓非矣。❹

王充的問孔、刺孟兩篇，援引論語、孟子而提出論難，形式完全是韓非子難篇的翻版。章氏曾疑慮：韓非子的難篇，論難旨趣一致，而王充的論衡，有非韓，又有問孔、刺孟，不免矛盾錯亂。細揣王充的旨意，在於就事論事，深具明辨愼思之精神。漢代孔子雖已推爲一尊，漢儒所學多數駁雜不純，孟子亦不過諸子之一家而已，並不像宋代以後以至聖亞聖推尊，不得論議懷疑。王充的思境較後代的儒生開闊，他辯論孟子梁惠王問何以利吾國一章，以爲利有貨財之利，有安吉之利，孟子宜了解之後，再設答，不宜徑以仁義表明立場，而否定了利。黃暉認爲是很精到的❺。林耀曾先生撰王充懷疑精神之探究，以爲問孔、刺孟條分縷析，致其疑而明其非，論衡全書稱引孔子、孟子的，共四百四十餘見，王充對孔、孟還是很敬佩的，並不是反孔、孟，只是闡明眞理、消除盲目的偶像崇拜而已❻。其實，這也正是韓非子難篇論難的精神。筆者以爲：孟子絕惠王利端，就儒學開宗明義而言，極有分量，但就當代環境，諸子得遊說人主以求晉用而言，孟子確實太不留意技巧，他後來對齊宣王的態度便委婉得多，他勸導齊宣王保民而王，針對好勇、好貨、好色的寡人之疾，也列舉周武王、公劉、太王的事例循循誘導。無奈終究還是被認爲迂遠不切實際❼。王充不從委曲陳諫上立說，知道孟子不肯「枉尺直尋」，他從根本上利的涵義剖陳，理由充分，論證有力，這種論辯極具警醒作用，和韓非子難篇精采部分的犀利切要，一針見血，有同工之妙。

唐宋八大家爲文著重章法，世所共譽。古文辭類纂論辨類收錄柳宗元的桐葉封弟辨，姚鼐提綱挈領說：「子厚取於韓非、賈生。」意思是柳宗元幽深緊峭之氣得自韓非子。選文之末登列方苞評語：「此篇苦效韓公子郤克分謗篇，筆墨之迹劃然可尋。」林雲銘古文析義剖論過：

> 此篇先以當封不當封二義夾擊，見其必不因戲行封。次復就戲上設言，戲非其人，何以處之，則戲不可為真也明矣，然後把天子不可戲五字痛加翻駁，……以為天子不可戲，有戲而必為之詞者，非周公所宜行，又明矣。篇中計五駁，文凡七轉，筆筆鋒刃，無堅不破，是辯體中第一篇文字。

依方苞說，這些章法全得自韓非子難一篇第七節有關「郤子分謗」的論難，見本書第一輯一。

宋代蘇洵有管仲論，論及管仲遺言去豎刁、易牙、衞公子開方，慨嘆桓公好聲色之娛，即使去三子，仍有相類者進用。明代門無子韓子迂評，於難一篇第三節有關管仲遺言的論難中評云：「『一豎刁又至』，蘇老泉管仲論本此。」這是明顯的脫胎換骨例子，詳見本書第一輯二。

二 訓詁校讎的參證

韓非子難篇的結構，一律以援引古人古事起筆，再加論駁，論駁中往往又列舉古人古事做爲論證。這些資料來源如何？是否可靠？有相關資料嗎？文字可有異同？訓詁方面有何特殊之處，對於其他篇目、其他相關書籍的訓詁、校讎是否有參證的價值？

韓非子難篇引述左傳的資料很多，劉正浩老師撰著的太史公左氏春秋義述、周秦諸子述左傳考、兩漢諸子述左傳考三書，在探原究委方面給予我的啟引很大。明代張鼎文校刻韓非子序：「其書出自先秦，載古人事多奇偪，後世儒者賴以爲據。」足見援述的資料影響到後代的著述。難篇在訓詁、校讎上的問題，可以摘要歸納如左：

一、寺人披求見——宦者名爲披，國語作勃鞮，伯楚、奄楚；史記先作勃鞮，後作履鞮；文選引作履貂，後漢書作勃貂。宋庠以爲主履者官號之異，同周官之鞮鞻氏，鞮是革履，貂是皮履，勃有排比之意。文中提及公子重耳逃亡翟，寺人披追殺到惠竇，顧廣圻識誤云：「當依左傳作渭濱。」劉師培則根據韓非子難篇，考證左傳爲訛，惠竇當爲翟境地名，詳見周秦諸子述左傳考。

二、高渠彌報惡——引述左傳桓公十七年的資料，略帶詮釋性質，足證左傳在戰國時代業已流傳，君子曰以下文字，亦釐清不是劉歆所增益。詳見周秦諸子述左傳考。史記秦本紀作高渠眯，眯彌古音同，但說文不載彌字，足見秦本紀所書爲古本舊文。詳見太史公左氏春秋義述。

三、子產斷姦——根據左傳襄公三十、三十一年，昭公四年、六年的記載，子產是勇於擔當、頗有見樹的政治家，尙書呂刑有「表厥宅里」之說，論語稱：「東里子產」，列子云：「東里多才」，東里當係鄭都城內里名，子產所居，難三篇「東匠之閭」的「東匠」，應是東里之誤。「撫其御之手」的「撫」字，有按而示意停車之意。子產斷姦，頗具心理學的理論基礎，哭已死宜哀，由後漢書呂后哭惠帝，直待陳平等人依張辟彊之計，付予諸呂權力之後，「其哭廼哀」，足以印證子產所言不虛。引述老子「以智治國，國之賊也」，類似喻老篇的筆法，是遷就法家因人治人、因物治物的無爲方術，及以天下爲網羅的知姦手段，而轉化文義，與老子本旨不盡相同。

四、桓公三難——「去其國而數之海」，其他篇目如外儲說左上篇：「齊景公遊少海」，外儲說右上篇：「景公與晏子遊於少海」，十過篇：「田成子遊於海」，及說苑正諫篇：「齊景公遊於海上」，所謂「海」、「少海」、「海上」應是某旅遊勝地，以海景稱奇者，未必是王先愼所謂的勃海，或泛指一般的海邊。

五、政在選賢——「燕子噲賢子之而非孫卿」一句，孫卿，錢穆以爲卽荀卿，但今本荀子及史記都沒有荀卿至燕國的記載，依據史記，西元前二三八年，「春申君死而荀卿廢，因家蘭陵」，荀卿是否能與在西元前三一六年篡奪君位的子之，同時做為燕王噲遴選的對象？筆者主張依羅根澤之說，認爲是燕國另有賢臣，姓名形音相近，後來輾轉鈔刻，因而誤爲孫卿，並非荀子本人。韓非子書提及孫卿的只此一處，如依錢說，則爲蘭陵令在遊趙聘秦之前，不在春申君爲相之後，論證不足，仍以存疑爲妥。

六、窕言窕貨——援引李克事例，是重義務本的作法，與魏世家回應魏文侯置相之道要務求根本的李克，大抵一致。呂氏春秋適威篇所記李克評述吳國何以滅亡，反乎當代兵家、法家以戰勝弱敵爲主要風潮❼，而認爲好戰而驕才是主因。他回答「驟戰而驟勝」，武侯大感意外，因爲他是由較根本處著慮。漢書藝文志把李克歸入儒家，另於法家列李子，則指李悝。大抵李克重義務本，不重功利，李悝則重功利。難篇儒家傾向的李克，看不出重功利的李悝的特色，也許可以證明班固把二人分列兩家，不失爲愼重，而一般以二人爲一人，不無商酌餘地。

七、霸業誰之功——文中「蹇叔處干而干亡，處秦而秦霸，非蹇叔愚於干而智於秦也。」兪曲園考證「干」卽「虞」，太田方考證「蹇叔」疑爲「百里奚」之誤。同是百里奚，而虞亡秦霸，事例又見於呂氏春秋處方篇、史記淮陰侯列傳、文選李蕭遠運命論，足見二氏所考極是。

八、一人煬君——彌子瑕有寵於衞靈公，韓非子內儲說上篇云：「専於衞國」，與「一人煬君」較能貼切承接，可能先有內儲說，再有難四篇，而難四篇還未必眞出於韓非子。戰國策趙策三所記略有不同，當係由韓非子拓衍而出。彌子瑕專於衞國，由孟子萬章上篇所記，他許諾孔子「衞卿可得」，可爲旁證。彌子瑕被黜退，除了難四篇所謂侏儒諷喻之故，說難篇說是「色衰愛弛」；另有一說，是史鰌屍諫的結果，見韓詩外傳七、新序雜事一、賈誼新書胎教、大戴禮保傅、孔子家語困誓。

九、陽虎奔齊——陽虎的資料根據左傳，左傳鮑文子分析齊、魯對立與當時局勢，兼及陽虎的私欲，難四篇則直揭私欲足以爲禍，命意集中，簡潔有力。第一難以田氏爲姦與陽虎不臣對照，犀利透闢；第二難所列舉仁貪四例，正見古來貴公子各具性情，不可一概而論，然其中細節仍有小異，值得推敲。陽虎後來投奔趙簡子，韓非子外儲說左下篇五㈣、說苑復恩篇都述及兩人談論「樹人」的事，反應培植黨羽的私心；外儲說左下篇二㈢更提及陽虎試探君主而因應變化爲臣的態度，趙簡子自信有術控御陽虎。韓非子確認人性自利，君臣對應離不開利害關係，但未始不能各得其利，諧和相處，趙簡子與陽虎正是一例。

十、賞罰信於所見——韓非子是第一部提及管子書的著作，五蠹篇云：「藏商、管之法者家有之。」難三篇七、八兩節更引述管子兩段話，藉以發揮術治理論。所引見今本管子權修、牧民篇，足見韓非子時已有管子流行；引文頗見出管子之風格特色，可知卽使非管子自述，亦必其後學所輯，可代表早些時期政治家的政治觀點，韓非子論難也正好說明踵事增華，後出轉精的政治理論。

三　法家思想的闡發

韓非子難篇，援引古事，藉以發揮法家學說，「或曰」以下的論難才是作者的重點所在。這些論駁究竟有些什麼旨意？其說是否周延，是否有參酌的價值？大抵說來，難篇是精粹的法家言，是綜括性的政論，也是批判式的史評。

兩千多年前的韓非子，難能可貴的，已具有現代各國刑法採行的罪刑法定的理念。他對郤子分謗一事的辯駁，論點集中在所斬的軍士是否有罪，有罪是一種情形，無罪又是一種情形，郤子總是理虧。層層逼進，條貫簡明，思慮周密，議論精闢。城濮之戰，晉文公以詐僞勝敵，行賞時却先雍季後舅犯。韓非子辯論，肯定舅犯言辭切當，不僅是一時之權，又是萬世之利，詐敵並非詐民，軍事與政治不能混淆，晉文公行賞不夠公允，孔子的讚譽也就不切合實情。論事客觀持平。

牟宗三先生曾分析：春秋戰國轉變期，貴族沒落，井田制崩解，君、士、民各取得客觀之地位，政治的運用也必須客觀化。法家向客觀方面的共同事務之領域用心，而不向主觀方面的個體（個人人格）用心。因而施行客觀性的法時，當然就認事不認人，認法不認人。這非有冷靜的乾慧，客觀的理智不可❽。韓非子的難篇，便有多處足以顯現這種特色，就政治哲學而言，可說是深刻的冷智。他藉舜耕於歷山的事蹟，發揮德化不如法治的道理，由效果上著論，舜一個人德化的效果有限，不如法治有普遍的必然的效果。並且認爲堯、舜不能同時讚譽，舜爲匹夫，既有德化的事實，表示堯這個國君還不夠聖明。這些議論，完全客觀就事論事，雖不盡完善，自有其體系。有關踊貴屨賤的論難，晏子諷諫齊景公減刑，是令人感佩的德政，韓非子卻毫不動情，冷靜地提出一個「當否」的考量標準。「刑當無多」，意指斷案判刑，宜求一個「允當」，要行參揆伍，不寬不嚴，無枉無縱。甚至考量到：立法是否合乎時宜，合乎情理？而不是一味在統計數據上要求表象的悅目。像這樣做全面檢討，而不是徒然在表面上做些虛飾，這種冷智便有另一番深意。由於冷靜的思慮，全盤政治運作的方針，便主張不隨意寬赦，不輕易行惠，煞費心神，主旨在杜絕人民僥倖之心，培養自食其力的精神，除踊貴屨賤之外，桓公雪恥一段也是發揮這種理念，本書兩段相次，意卽在此。

韓非子的術論，藉子產斷姦，闡發分層負責的用人之術。官吏職有所司，行參揆伍，依法辦事，這是極受後人稱揚的政治主張，也符合現代的銓敍辦法。他進而提出以天下爲網羅的嚴密統御術，是法家學說的一環，頗有可觀，卻利弊參半，後人評價不高，但不能否認有它特殊的背景及實際的效果。定法篇首段與難三篇第八節，同樣界定法、術的大義，法的意義相近，術的定義則互爲補足：定法「因任而授官，循名而責實」，是透過合法程序與運用的手段，是術的公開性質，韓非子論駁子產斷姦的前部分理論正好相通；難三篇的「術不欲見」，强調術的運用極則，在於深藏不露，這包括由道家無爲轉化的「以一御萬」、「掩情匿端」，也包括各種詭祕的伺察之術，包括以天下爲耳目，以天下爲網羅的知姦察姦辦法，一如論駁子產斷姦的後半部理論。防姦用術，有其政治考慮上的必要，原不足非，但牽引到涉及無辜、違反自由、迫害人權，便難怪備受訾議了。

一般理解，韓非子的政治主張，是為君主設說，有利於君，不利於臣民。也許是談論帝王政治理想，不得不以君主為重心，所以尊君與明法並提。在管仲有三歸的論難中，韓非子表明：管仲不該只顧要求增寵益爵，應該講究尊主明法。齊桓公的霸業究竟是君之力，抑或臣之力？韓非子倒是肯定君與臣協力合作的結果，理智而公允的論斷，全以史實為證驗。如果我們了解介之推不言祿，強調天功，相信貴賤有等，承認命定理論，多少都助長了尊君及君權擴張的趨勢，那麼，韓非子認定臣子與君主在政治舞台的角色分量相同，便和孔子引述「為君難，為臣不易[9]」一樣，是把君臣對等看待的。但是，畢竟君主專制的局勢，在立法上沒有正本清源[10]，任勢主張使尊君重於明法，師曠援琴撞君及小臣稷遁世兩段古事的論難，便要從尊君觀念上去理解。他認為「憂天下之害，趨一國之患，不避卑辱，謂之仁義。」這種特殊的理解，表現法家積極的進取精神，頗值得重視。

難篇針對所引述的古人古事加以論議，除了借題發揮政論，還兼有史評的性質。由於重心放在政論的申說，有時候不免忽略古人的時地背景，因而史評雖具批判性質，往往不盡客觀公允。譬如：郤子分謗固然含有矯飾、投機的成分，韓非子「罪刑法定」的理念也極為可貴，但郤子早韓非子三百多年，當時法家的成文公布法還未普遍流行，士人還慣於階級法、祕密法，責備他不能篤守法家行法的原則，便略嫌苛刻了。在論駁高赫為賞首的一段，否定孔子所謂襄子善賞的評斷，並推論襄子既有驕侮之臣，是失罰。乍看似乎言之成理，細加剖析，又不無缺漏。綜合韓非子十過篇、史記趙世家、戰國策趙策一的資料，襄子守晉陽，還能君臣親和，全賴父親的賢良家臣董閼于「稸積於民」⑪。但當危城苦苦撐持的時候，現實困境使人臣自約性的禮受到嚴重考驗，大多數臣子驕慢無禮，在「群臣皆有外心⑫」的劣勢下，襄子大約是不可能堅持號令，嚴加責罰「驕侮之臣」的。再說，罰不加於無罪，在襄子的時代，驕侮是否足以構成罪名，也不無疑問，因此襄子失罰的論評，仍待商榷。當然，政論方面，無功不宜賞，仍是本段的重點，也是精采的理論。

四　寫作章法的巧妙

素來研究韓非子的人，有揣玩其義理，批判其利弊得失的；也有品賞其詞章，剖析其結構章法的。雖說戰國時代的哲理散文，是以哲理發揮爲本旨，學者研究也泰半著力於此，但諸子之文，大多粲然可觀，因爲「言之無文，行而不遠」⑬！韓非子的難篇，義理上固有其多方面值得探究之處，在詞章上，也頗呈現一些寫作技巧。韓非子的文章，結構完密，議論酣暢，詞鋒犀利，語調活潑，難篇幾乎都具備了，最大的特色是有破有立，除起首援引古事之外，論難中更是舉證繁富，以史證事，夾敘夾議，痛快淋漓。

在論駁齊桓公告仲父的一段，可以見出結構的完密。它針對桓公「勞於索人，佚於使人」

發論：先以伊尹、百里奚等賢者憂世急切，往往主動蒙恥與君周旋，破「勞於索人」；人主以爵祿待賢者，士人自至，再陳述「索人不勞」。若論人主用人，法術都須顧及，那能安佚，破「佚於使人」。第二部分由君臣利異及人君用術，集中筆力於桓公、管仲君臣關係種種可能上探討：桓公得管仲不難，證伊尹、百里奚之例，破「勞於索人」；得管仲之後，反問：「奚遽易哉」，疑「佚於使人」；再以周公旦比照，見「佚於使人」實難；假設管仲賢，可能如湯、武革命，焉能「佚」？假設管仲不賢，可能如田常弒君，又焉能「佚」？層層遞進，剖陳比況，條理分明。如此歸納：無論管仲賢與不賢，桓公都不能安佚。最後再就另一種可能破解：也許桓公知道管仲賢而不欺主，因而任之久而專；但筆鋒一轉，便以管仲死後豎刁、易牙被信用，終至蟲流出戶而不葬，反證桓公並不能認淸臣子。那麼桓公遇管仲，建立霸業，豈不僥倖？把五霸之首稱爲「闇主」，純就不能用術評斷，却警醒有力，也是韓文特色。

辯難文章，最大的特色在於突破對方的論點，韓非子難篇有多處翻案的手法極爲俐落，單刀直入，一二句便指出要害，力加抨擊，這近似快刀斬亂麻之法。難三篇第四節，孔子答覆葉公子高、魯哀公、齊景公問政，各有重點，第二部分「政在選賢」，是衡量魯哀公的政治環境而下的斷語。韓非子的論難，要反對「選賢」，可說沒有道理可言，因爲擢拔人才，總不外選賢而任之，法家也不例外。韓非子拈出一句名言，說哀公「選其心之所謂賢者也」，可說一針見血，切中肯綮。意思是，哀公早知道要選賢，只是主觀地認定，常被人臣的僞飾姿態所蒙騙，孔子提的不過是理論性的原則，並不能有所帮助。韓非子藉此便提出一套客觀公允的遴選辦法，破而立，理論提出明潔有力。在論駁文王獻地請解炮格酷刑的一段文字中，韓非子指出「輕地以收人心」正好加重紂王的疑忌，而文王被拘羑里正顯現紂王對他猜忌極深，一語中的，把問題的困結道破，藉此再推出「不輕炫示」的術論，也輕易地推翻了孔子「智哉文王」的論評。更有趣的是，韓非子理智的論析只就「智」推駁，對於「仁哉文王」並不涉及，足見他言必有據，毫不意氣逞强，雖批評文王、孔子，也不過就事論事，並無不敬之意。

韓非子善用矛盾法，如有關舜耕歷山的論辯，認爲聖堯與賢舜是矛盾衝突的，藉以否定舜的德化。他也善用比喻，在引述晉平公與叔向、師曠論霸業誰之功的一段，叔向的應對，用做衣服、穿衣服做比喻，臣子們分工合作，把衣服做好了，國君穿上就是，結論是「臣之力也。」師曠的應對，比喻廚師做菜，調五味的美食，進獻給君主，吃不吃，還看爲君者。他又比喻植物生長，君是土壤，臣子是草木，必須土壤肥沃，草木才能結實碩大。結論是「君之力也。」在論難踊貴屨賤一段，也用駢偶句比論：「夫惜草茅者耗禾穗，惠盜賊者傷良民。」由於文句華美，義理深刻，唐太宗與侍臣談論赦宥只姑息小人，使愚者心存僥倖，也轉化使用，說：「凡養稂莠者傷禾稼，惠姦宄者賊良人。」句法、意義相近。

余培林先生孟子的辯論術一文，談及矛盾法、比喻法，還有援古法，是援引古事以爲證明。韓非子難篇的體例，是先援引古事，再加論難，而在論難中，又往往援引古事以爲印證，這是求事實於歷史，最具說服力的一種辯論手法。在霸業誰之功一節，論證霸業須賴君臣協力一段文字中，以「宮之奇在虞，僖負羈在曹……而虞、曹俱亡」，論證「有臣無君」不免亡國；又以百里奚在虞虞亡，在秦秦霸，印證君主乃存亡關鍵，推翻叔向「臣之力」之說。進而以君主爲立論中心，舉齊桓公得管仲而霸，用豎刁而蟲流的事例，略加鋪陳，與前部分繁簡錯綜有致，印證人臣爲興衰關鍵，既證「君之力」不完全可取，亦反證單言「臣之力」或「君之力」皆欠周妥。再舉公子重耳得助於咎犯，併合齊桓公得力於管仲，反駁「君之力」之說，歸結到非君臣協力不爲功。援古論證，條貫精闢，是議論文的佳構。在桓公三難一節，針對管仲提出「君老而晚置太子」一事，韓非子的論難，援引楚太子商臣弒成王，及周公子根以東周叛的事例，證明早置太子未必就不出問題，還得保持信賴，不輕易變更，愛寵不能使庶子超過太子。接着便順勢提到制度問題，大談正名的道理了。而在陽虎奔齊一節，第二難中，舉或仁或貪四例：「公子目夷辭宋，而楚商臣弒父，鄭去疾予弟，而魯桓弒兄。」對偶襯比，極爲工穩。

曾國藩爲文，主剛柔相濟，奇偶互用⓮。韓非子的文筆正是駢散相間，也正是奇偶互用。它的長處，在於穿插排偶句式，既具駢儷工穩之美，又多以散句調劑，氣勢貫暢，不致迫促，也沒有勉强拼湊之失，因而議論恣肆磅礴，形成特有的風格。散句之美，不勝枚舉；駢句之美，試看難一篇第一節兵不厭詐：

　　繁禮君子，不厭忠信；戰陣之間，不厭詐僞。

　　舅犯言，一時之權也；雍季言，萬世之利也。

　　既知一時之權，又知萬世之利。

　　忠所以愛其下也，信所以不欺其民也。

第一組補充關係的複句，用「厭」字類疊，顯得活潑；第二組平行複句，是最工穩的對句；第三組是加合關係構成的複句；第四組是平行結構，照理可以在「愛」上下加一字，或把「不欺」濃縮成一字，大約是議論文求其明白曉暢，所以不刻意琢磨。

　　難一篇第二節舜耕歷山，起筆用三個大排句，以平行關係組成，中嵌「舜往耕焉」、「舜往漁焉」、「舜往陶焉」的類句，變化中仍具有工整的美。至於字詞的精雕細琢，韓魏孰與始强一節，中期援述知伯說：「汾水可以灌安邑，絳水可以灌平陽。」結果：「魏桓子肘韓康子，康子踐桓子之足；肘足接乎車上，而知氏分於晉陽之下。」首句「肘」字轉品，名詞做動詞用，是「以肘碰觸」的意思，生動簡潔。兩人各以肘、足碰觸對方，暗示得小心提防；而末兩句壓縮時空的距離，反映肇禍之速，夸飾中加强了警示效果。

　　難篇是辯難體式文章的雛型，却是駁議明快，推論精闢，已奠定議論文的好楷模。後人爲文，如柳宗元取法論辯技巧，如蘇洵取裁論辯旨意，都可以證明韓非子難篇確實有精采的論議，有高妙的手法。而它援述的古事，有許多具有警惕性傳奇性，也被後人輾轉傳誦，見於呂氏春秋、史記、淮南子、戰國策、說苑、新序、韓詩外傳、孔子家語等書；有些論議被直接承錄，也有更動少數字詞虛詞，大體傳承了法家思想。這些資料相當繁多，不能備引，相關問題之研討，散見於各節研究文字，韓非子的難篇有足資探討的價值，由此可見一斑。

註

❶ 詳見拙作韓非子難勢篇的幾個論點，中華文化復興月刊第七卷第八期。

❷ 詳見謝雲飛韓非子析論頁一六至一八。

❸ 見陳奇猷韓非子集釋頁一一六七，附錄韓非子舊注考。

❹ 見文史通義匡謬篇。

❺ 論衡校釋頁一二九九，附編四錄胡適撰王充的論衡按語。

❻ 見木鐸第八期，瑞安林景伊先生七秩誕辰論文集頁一一二二。

❼ 史記孟荀列傳：「孟軻……見以爲迂遠而闊於事情。當是之時，秦用商君，富國彊兵，楚、魏用吳起，戰勝弱敵。齊威王、宣王用孫子、田忌之徒，而諸侯東面朝齊。」

❽ 見政道與治道頁三八、三九。

❾ 見論語子路篇。

❿ 見梁啓超先秦政治思想史頁一四八：「法家最大缺點，在立法權不能正本清源。」

⓫ 見淮南子人間訓。

⓬ 史記趙世家。

⓭ 左傳襄公二十五年。

⑭ 見送荇農南歸序。

輯餘

一 難勢篇——威勢統治的辯難

韓非子的難勢篇，原列於第四十篇，和難一、難二、難三、難四等難篇一樣，是辯難體式的議論文章，但體例却大不相同。難，讀去聲，是論議反駁之意。難篇體例，先引述古事，再以「或曰」論難，借題發揮，以申說法家思想；難勢篇則是以「勢」爲論辯的主題，先引述前輩法家愼到的任勢理論，再假設儒者尚賢派的詰難，最後韓非子就愼到理論發揮，提出人爲之勢補充論點，反駁儒者的議論。在韓非子的思想體系中，法、術、勢三者具有連鎖關聯性，其重要性幾乎相等，但由於倡論君國政治的理想，威勢是先決條件，終究以任勢爲大前提，所以這篇以威勢統治爲論辯主題的論文格外值得重視。

㈠ 愼到恃勢不慕賢

難勢篇論辯的焦點，在威勢統治與賢者政治孰優孰劣，其中牽涉到法家法治主義與儒家人本主義的立論根據。儒家的尚賢說，是人本政治的主脈，法家却承道家「不尙賢❶」的理念，轉化出以法、勢爲控御的手段，愼到正是此間的關鍵人物。莊子把愼到與彭蒙、田駢並列，說他們欣悅「決然無主」「於物無擇」，主張「齊萬物以爲首」：

> 慎到棄知（智）去己，而緣不得已，泠汰於物，以為道理。……謑髁无任而笑天下之尚賢也，縱脫无行而非天下之大聖也，椎拍輐斷，與物宛轉❷。

息慮棄智，忘身去己，笑賢非聖，大抵具道家虛靜無爲的精神；但無法把握超越而又內在的形上本體。既刻意要求人人均齊畫一的平等，於是排除主觀的偏頗，求之於無知的權衡，依賴客觀標準的法度❸。法的施行，須靠威勢，因而有慎子恃勢不慕賢的主張，韓非子難勢篇引述：

> 慎子曰：「飛龍乘雲，騰蛇❹遊霧。雲罷、霧霽，而龍蛇與蚓螘❺同矣，則失其所乘也。故賢人而詘於不肖者，則權輕位卑也；不肖而能服賢者，則權重位尊也。堯為匹夫，不能治三人；而桀為天子，能亂天下。吾以此知勢位之足恃，而賢智之不足慕也。夫弩弱而矢高者，激於風也。身不肖而令行者，得助於勢❻也。堯教於隸屬，而民不聽。至於南面而王天下，令則行，禁則止。由此觀之，賢智未足以服眾，而勢位足以詘賢❼者也。」

以飛龍、騰蛇憑藉雲、霧騰遊於空中作比喻，強調人君須憑藉威勢，號令臣民。拿賢智聖明的堯來說，如果是個平凡的匹夫，無權無勢，連三個人都治不了；當他微賤時，管教奴隸下屬，他們也不肯聽從，一旦南面稱王天下，就令行禁止。這方面的例證，愼子設說極爲周延。其次，賢者無勢，便屈於不肖者；不肖者有勢，便控制賢者，這是事實。在封建世襲體制之下，貴賤有別，天生的不平等，對權輕位卑的賢者，似乎早就是無可奈何，韓非子談論過孔子做魯哀公臣子的道理：

> 仲尼，天下聖人也，修行明道以遊海內，海內說其仁，美其義，而為服役者七十人。蓋貴仁者寡，能義者難也。故以天下之大，而為服役者七十人，而仁義者一人。魯哀公，下主也，南面君國，境內之民，莫敢不臣。民者固服於勢，勢誠易以服人。故仲尼反為臣，哀公顧為君，仲尼非懷其義，服其勢也。故以義，則仲尼不服於哀公；乘勢，則哀公臣仲尼❽。

正因爲政治地位是憑藉權勢，而不是憑藉德義來認定，孔子雖有德義，既無勢，只有稱臣的分。孔子有可能是基於名分上的守禮，謹行君臣的儀節，未必有恐懼卑屈之意；但在客觀情況下，確實是「服其勢」的。愼子仍然保有道家順其自然的準則，他的任勢說，並不曾設想這種不平等問題的解決或改進方案，相反的，還順理成章地推論出：「桀爲天子，能亂天下」

的說辭。儘管愼子眞正的目的，在於藉此論定「勢位足恃，賢智不足慕」，政治運作也確實是「勢」的條件比「賢」的條件重要得多，因爲沒有「勢」，根本「賢」無從施展。但是，愼子由此否定「賢智」，而且引發了「亂天下」的危機，在設辭立論上，便是一大漏洞。難勢篇的第二段假設論難便由此拓衍而出。

淮南子中，有幾句酷肖難勢篇首段的文句：

堯為匹夫，不能仁化一里；桀在上位，令行禁止。由此觀之，賢不足以為治，而勢可以易俗明矣❾。

語調較爲緩和，對「賢」沒有完全否定，桀「令行禁止」也不及「亂天下」嚴重，造句則多模仿，立意大抵也近似。

韓非子功名篇共二節，第二節重在勢論，是很詳盡的一大段補充資料，其中「桀爲天子，能制天下，非賢也，勢重也。堯爲匹夫，不能正三家，非不肖也，位卑也。」揉合了難勢篇前後數句的蘊意，可以並讀會觀。

(二) 儒者主張賢者任勢

難勢篇第二段假設儒者尙賢理論，對愼子的說辭提出辯難。文筆活絡，也由飛龍騰蛇設喩說起，多層轉折，才帶入正題：承認設喩極佳，但懷疑「釋賢專任勢」的可行性，援用愼子的比喩，推述材質優劣才是決定性因素，唯有賢者任勢才能平治天下，若不肖之人用勢，必然釀成大禍害：

> 夫勢者、非能必使賢者用己，而不肖者不用己⑩也。賢者用之，則天下治；不肖者用之，則天下亂。人之情性，賢者寡，而不肖者眾。而以威勢之利，濟亂世之不肖人，則是以勢亂天下者多矣，以勢治天下者寡矣。夫勢者、便治而利亂者也。故周書曰：「毋為虎傅翼，將飛入邑，擇人而食之。」夫乘不肖人於勢，是為虎傅翼也。桀、紂為高臺深池以盡民力，為炮烙以傷民性⑪。桀、紂得成肆行者⑫，南面之威為之翼也。使桀、紂為匹夫，未始行一，而身在刑戮矣。勢者、養虎狼之心，而成暴亂之事者也。此天下之大患也。勢之於治亂，本未有位也。而語專言勢之足以治天下者，則其智之所至者淺矣。

這段駁論，強調純任威勢不論賢德，不肖之人用勢就如虎添翼，禍國殃民，論據充足，駁斥有力。顯然這是由愼子「桀爲天子，能亂天下」的語病痛加撻伐；孟子所謂的：「惟仁者宜在上位，不仁而在高位，是播其惡於眾也⑬。」命意正好相同。儒家並不曾把「賢」與「勢」

看做對立排斥，不否認任勢的必要，只是強調有條件的任勢，要由賢者來用勢，這「賢者任勢」，是儒家人治德化的基本條件，唯獨賢者在位，做臣民的表率，才有可能風行草偃，使不肖之人遷過改善，吏治清明，民風淳正。韓非子善用比喻法，在這段設論的後半，再援舉繫車駕馬要選駕車好手，來加強賢者任勢的必要性：

> 夫良馬固車，使臧獲御之，則為人笑；王良御之，而日取千里。車馬，非異也，或至乎千里，或為人笑，則巧拙相去遠矣。今以國為車，以勢為馬，以號令為轡銜，以刑罰為鞭筴，使堯、舜御之，則天下治，桀、紂御之，則天下亂，則賢不肖相去遠矣。夫欲追速致遠，不知任王良⑭；欲進利除害，不知任賢能，此則不知類之患也。夫堯、舜，亦治民之王良也。

堯、舜是儒者理想的賢君，是治國的良才。儒家「祖述堯、舜」⑮，目的在期勉人君學爲堯、舜，日修其德，勤政愛民，可以「考諸三王而不謬」⑯，承傳歷史文化中的賢君風範，這正是賢者任勢說的最高標準。

本段「追速致遠」一語，意思是「走得快走得遠」⑰，荀子及淮南子有近似的造語及設喻：

> 欲得善射射遠中微，則莫若羿、逢門矣。欲得善馭及速致遠，則莫若王良、造父矣。
> 欲得調一天下，制秦、楚，則莫若聰明君子矣⑱。
> 欲得善馭及速致遠者，一日而千里⑲。
> 造父者，天下之善御者也，無輿馬，則無所見其能。羿者，天下之善射者也，無弓矢，則無所見其巧。大儒者，善調一天下者也，無百里之地，則無所見其功。輿固馬選矣，而不能以至遠，一日而千里，則非造父也⑳。
> 羿之所以射遠中微者，非弓矢也；造父之所以追速致遠者，非轡銜也㉑。
> 夫載重而馬羸，雖造父不能以致遠；車輕馬良，雖中工可使追速㉒。

前三則荀子文句，以羿、蠭門之善射，王良、造父之善御，比喻君子善於治國，和難勢篇第二段假設的儒者尙賢理論用意相同。荀子「及速致遠」，到了韓非子轉爲「追速致遠」；「一日千里」的夸飾，則荀、韓仍見出師承關係。後二則淮南子的文句，內涵與荀子、韓非子不盡相同，以羿善射與造父善御對舉，出自荀子；而「追速致遠」的詞語則承自韓非子。

王靜芝先生曾辨析難勢篇一、二段「飛龍乘雲、騰蛇遊霧」的設喻不盡貼切，第一段失雲霧而爲蚓蟻，喻人君無權勢則與平民等同，立意明確；第二段以蚓蟻材薄不能乘雲遊霧，比況桀、紂材薄不能治天下，便不切合實際。因爲蚓蟻不能乘雲遊霧是事實，却並非愼子設喻的原意；而桀、紂也並非不能乘勢，只能說不善用威勢。這些辨析極爲細密，道出了兩段設喻的似是而非之處。但王先生自始至終把第二段看做是韓非子的思想，以致與末段推論不能貫串㉓，筆者認爲很有商榷的必要。第二段必須是假設對立性的詰難，才能緊扣題目，三段論辯，正負正的格局也才顯得壁壘分明，針鋒相對，合於辯難體式的議論程序；而就內容探析，「賢者任勢」的提出，也正是對愼子一味肯定威勢，否定賢智的對立主張；末段所謂「客曰」、「客議」，正是以相對立的論辯語氣自然承接，顯現第二段與第一段對立，末段與第二段對立。因此，第二段是韓非子假設儒者尚賢說，以反駁首段愼子任勢說，當無庸置疑。

㈢ 韓非子提出人設之勢

難勢篇的末段，是全文的重心，乃是韓非子就愼子勢論，略加彌縫補充，以反駁次段儒者尚賢說。前文敍及，賢者任勢之說：針對首段愼子的語病「亂天下」而批駁的「不肖者用勢，如虎添翼」，極爲有力；而賢者任勢，就政治運作而言，也毫無瑕疵可議。然而，韓非子卻有令人讚佩的論辯手法，他提出了「人設之勢」：

復應之曰：其人以勢為足恃以治官，客曰：「必待賢乃治，」則不然矣。夫勢者、名一而變無數者也。勢必於自然，則無為言於勢矣。吾所為言勢者，言人之所設也。今曰：堯、舜得勢而治，桀、紂得勢而亂，吾非以堯、舜為不然也。雖然，非人之所得設也㉔。夫堯、舜生而在上位，雖有十桀、紂不能亂者，則勢治也。桀、紂亦生而在上位，雖有十堯、舜而亦不能治者，則勢亂也。故曰：「勢治者則不可亂，而勢亂者則不可治也。」此自然之勢也，非人之所得設也。若吾所言，謂人之所得設也而已矣，賢何事焉！何以明其然也？人有鬻矛與楯者，譽其楯之堅，物莫能陷也。俄而又譽其矛曰：「吾矛之利，物無不陷也。」人應之曰：「以子之矛，陷子之楯，何如？」其人弗能應也。以不可陷之楯與無不陷之矛，為名不可兩立也。夫賢之為勢不可禁，而勢之為道也無不禁；以不可禁之賢與無不禁之勢㉕，此矛楯之說也。夫賢勢之不相容，亦明矣。

韓非子指出「勢」有多種意涵，可能指自然之勢，也可能指人設之勢。自然之勢，指帝位傳襲，既已固定，不能改變，慎子言勢，仍是限於自然之勢，它有缺失，也不能避免；而人設之勢，包括了「慶賞之勸，刑罰之威」的運用，有藉法固勢之意義，事實上也就指著韓非子所反覆闡述的整套法、術、勢兼施的統治理論而言。漢代賈誼也曾用過近似的詞彙：

> 夫立君臣，等上下，使父子有禮，六親有紀，此非天之所為，人之所設也。夫人之所設，不為不立，不植則僵，不修則壞㉖。

賈誼認爲人倫禮紀，是人所設定，不是先天存在的，「人之所設」承自韓非子難勢篇，韓非子意謂帝王世襲，君主賢不肖，非人力所能安排，其缺失，反映在愼子任勢說中的，也無可如何；而韓非子所要補足的，則是提出人設之勢，他非常自信，只要有人設之勢，「抱法處勢」，中主就可以治好國家，賢君固然更好，暴君也不怕他亂國，所以說：「賢何事焉！」意思是「賢」的條件並沒有什麼重要，這是第一波對「賢者任勢」的反駁。

韓非子對「賢者任勢」的第二波反駁，則是「賢勢不相容」。他援述「矛盾」的故事來印證「賢勢不相容」。故事裡「其盾之堅，物莫能陷也」和「吾矛之利，物無不陷也」，是兩個命題間的矛盾關係，而且是絕對排中的矛盾關係。客觀事實上，這樣的矛和盾是不能同時並存的，二者只有一樣實在，「不可陷之盾」與「無不陷之矛」這一絕對矛盾的概念在思維上是不能並存的。韓非子邏輯的矛盾律（Law of Contradiction），相當於亞里斯多德邏輯的排中律（Law of Excluded middle），但又不完全相同。它們同樣判斷一眞一假，一對一錯。而相異的是：就表示方法上看，亞里斯多德排中律的表示法是抽象的公式；韓非子的矛盾說的表示法則是具體的陳述。再就應用範圍上來說，亞氏的排中律是指同一主詞對矛盾詞說的，往往是同一主詞，而有矛盾謂詞構成的兩個命題；韓非子的矛盾說，是指不同主詞對不同謂詞說的，是具有不同主詞而有矛盾謂詞的兩個命題㉗。

韓非子用「不可陷之盾」與「無不陷之矛」不能並存，比喻「不可禁之賢」與「無不禁之勢」不能相容，設喻靈活生動，藉此推翻了「賢者任勢」之說，頗爲猛悍。「賢勢不相容」的解釋，大致有兩種：一則將「賢」指爲「賢人」，賢人威武不能屈，不怕威勢的恐嚇，是沒法強制的，然而威勢統治卻須全面干涉，所以賢人與威勢不能相容。一則將「賢」解爲「賢治」，指儒家稱揚的「仁者在位」的德化政治，重在以身示教，以德化民，是不作興採取強制手段的，但就實際政治而言，即使賢人也勢不能不用威勢，威勢統治是任何方面都得採取強制手段的，所以說「賢勢不相容」㉘。筆者贊同後一說，主張解爲「賢治」與「勢治」不能相容，也就是明斥儒者倡言賢人秉權任勢自相矛盾，不能施行。如此解說，和前文「客曰必待賢乃治，則不然矣」及認爲有人設之勢，「賢」便不成其爲重要條件，所以說「賢何事焉」，便相貫串。由「賢勢不相容」，推翻「賢者任勢」之說，進一步更推斷「賢君不易得」，「待賢不濟急」，也就連貫一氣。若是解爲賢者威武不能屈，不懼強制，只是被統治的臣子，和前後「賢者」的統治者角色不相應，執著此解，義理便不能統貫。

韓非子「賢勢不相容」的批駁雖然有力，但無可諱言的，與儒家思想並不盡相應。因爲儒家的賢者德化政治固然以臻於刑措爲最高標的，在施行過程並不排斥用強制手段，只是較爲寬輕，以德化爲主就是了。荀子有「孔子誅少正卯」之說㉙，呂氏春秋、說苑、家語、史記皆有記載，但其事可疑，陸瑞家誅少正卯辨、閻若璩四書釋地又續、崔述洙泗考信錄、梁玉繩史記志疑都極辨其無[30]；錢穆並辨其不可信，疑與左傳駟歂殺鄧析事混淆所致[31]。不過，孔子未必誅少正卯，並不表示儒者眞能不用強制手段，尙書記載舜攝政之初，有明文規定：

> 象以典刑，流宥五刑，鞭作官刑，扑作教刑，金作贖刑，眚災肆赦，怙終賊刑，欽哉欽哉，惟刑之恤哉[32]！

竹書紀年登錄舜攝政三年即規定刑法[33]，雖然不完備，至少可了解，聖君爲政亦不能不用刑。孔子與孟子論政都偏談德化，但孟子仍然談到政刑：

> 仁則榮，不仁則辱，今惡辱而居不仁，是猶惡溼而居下也。如惡之，莫如貴德而尊士，賢者在位，能者在職，國家閒暇，及是時，明其政刑，雖大國，必畏之矣[34]。

仁君行政，尊賢使能，要嚴明政教與刑罰，便是儒家尚賢任勢的最好證明。荀子時代稍晚，主張禮、刑並重，書中往往禮義與法度比論，甚而還一反孟子輕刑之說，主張重刑。如此說來，賢者任勢，正是儒家學說「人存政擧」[35]，使政治轉見生機的關鍵，並非如韓非子所謂賢人爲勢「不可禁」。

韓非子的矛盾設喩頗爲巧緻，又見於難一篇第二節，用來說明「聖堯」「賢舜」不能兩譽，事實上二者也未必完全對立，因爲內聖外王之功，連孔子對堯、舜都不曾求全責備，聖堯在位，仍有可能需要舜去做感化工作㊱。話雖如此，韓非子兩處運用矛盾設喩，在思想律（Law of Thought）運用上居然合於邏輯的精密思考原則，即使論辯方面囿於主觀與強辯，不盡周妥，在義理論辯的氣勢及詞章寓託的巧妙，仍有其不可磨滅的價値存在。

㈣ 中主抱法處勢

繼「賢勢不相容」的論難之後，韓非子有「賢君難求」的推述，破斥「賢者任勢」之不可必得，倡論如有人設之勢，絕大多數的中主就可以「抱法處勢」，而達到治平，這個論據相當薄弱。說中主佔絕大多數是有道理的，但說賢與不肖千世一出，便很難令人首肯。這說法雖比次段「賢者寡而不肖者衆」切合實情，在數據上仍只是誇張對比法，再說不肖之君亂國的問題仍然沒有徹底解決。不肖之君很可能百年之間數見！即令眞個千世一出，一次大擾亂，也往往就動搖國本，貽毒百世，只怕不能等閒視之。試看隋文帝何等勤儉，輕徭薄賦，愛養百姓，雖「猜忌苛察」㊲，大抵不失爲好君主；而煬帝陰沈譎詐，計奪君位，弑父殺兄，窮奢極慾，不過十二年，就把天下給斷送了，只兩代呀！文帝擬廢太子勇時，曾說過：「我雖德慚堯、舜，終不以萬姓付不肖子！㊳」不幸，最後仍是不肖子斷送了兩代的功業。韓非子難勢篇，以「治千亂一」輕輕帶過，並不能解決「桀、紂亂天下」的問題。這個癥結在於：韓非子倡導君國政治理想，國君代表國家，地位崇高，他們賢不賢全來自世襲，實在無可如何，他主張絕對主權論，君臣不論賢不賢，國君享無上的權利，臣子盡無盡的義務，所以「人主雖不肖，臣不敢侵也」❸❾，臣子再賢能，也得聽命於君，即使暴君在位，也認爲難免，而堯、舜禪讓，湯、武征誅等儒家所稱揚的賢王行徑，在他看來也只不過是貪得暴亂罷了❹⓿。既不主張湯、武征誅，又不能否認確有桀、紂一類的君主殘暴酷虐，韓非子的設說便陷入兩難了。

就韓非子的論議剖析，他唯一能圓妥解決問題的方案，得倚賴人設之勢，如果人設之勢強調「抱法處勢」，要求國君能奉守法度，以法度做爲行事的最高標準；如果「法」能有周密的制度，對國君和臣民都有相當的約束力，可以杜防國君濫用職權、酷虐百姓，那麼，便接近君主立憲的理想，國君大有可能成爲開明的專制君王，便不致有「桀、紂亂天下」的危機，連儒者也無法疵議了。可惜的是，「抱法處勢」雖具有以法治彌縫「人亡政息❹❶」弊病的內涵，韓非子書中却沒有管子所謂：「君臣上下貴賤皆從法❹❷」的讜論，立法權並未能正本清源❹❸，君權無限制擴張，却毫無制衡的辦法。

當然，從韓非子的立說本旨看來，他絕無意讓自己法家學說演變爲暴君獨裁的依據。他列舉過不少「不辟親貴，法行所愛」❹❹、兢兢守法的明君；立法的原則，也要求法律條文易知易行，它絕非動輒得咎、囹圄成市的恐怖政策。只是因爲倡議集權政治，強調君主必須獨擅獨裁，勢成了大前提，法與術成了副題，政治的良窳，倒眞像儒家說的，是決定於君主的賢或不肖了。

韓非子反駁「賢者任勢」的第四波論辯，是「待賢不濟急」：

> 客曰：「必待賢乃治」，則不然矣。……且夫百日不食，以待粱肉，餓者不活。今待堯、舜之賢，乃治當世之民，是猶待粱肉而救餓之說也。夫曰：「良馬固車，臧獲御之，則為人笑；王良御之，則日取乎千里，」吾不以為然。夫待越人之善游者，以救中國之溺人，越人善游矣，而溺者不濟矣。夫待古之王良，以馭今之馬，亦猶越人救溺之說也，不可亦明矣。夫良馬固車，五十里而一置，使中手御之，追速致遠，可以及也，而千里可日致也，何必待古之王良乎！且御，非使王良也，則必使臧獲敗之；治，非使堯、舜也，則必使桀、紂亂之。此味，非飴、蜜也，必苦菜、亭歷也。此則積辯累辭，離理失術，兩末之議也，奚可以難夫道理之言乎哉！客議未及此論也。

「待賢」二字，是韓非子爲儒者尙賢說而界定的。儒者既說：「人之情性，賢者寡而不肖者衆」，又說只有賢者才能任勢，並譽堯、舜爲治國好人才。既執着於堯、舜那樣的賢君，沒有堯、舜那樣人選時，豈不是得「待賢」？反覆論辯，詞鋒銳利。辯難還嫌不夠有力，另舉

「粱肉救餓」、「越人救中國之溺者」兩個妙喻，以見緩不濟急，可憐可笑。設筆靈巧，諷刺儒家學說陳義過高，不如法家學說切實可行，是何等沾沾自喜。

不過，細細辨思，不能不承認設喻巧妙，也不能不說「待賢」之言不符合事實。徧檢儒家經典，只有國不可一日無君的觀念，沒有虛位以待賢君的說法，空著冢宰大位尚且不可，何況元首之位？除了無政府主義倡言原始洪荒時代的理想以外，古今中外任何政治理論都沒有把國君的位子空著，等待理想人選的道理。韓非子把儒者的「尚賢」「任賢」解爲「待賢」，在論辯上名不符實，是難以服人的。儒家的尚賢說，一則指人君以德化民，一則指人君選賢任賢。韓非子因應時代的環境需要，選擇了君主集權政治做爲理想[45]，既論君主集權，眼光便局限在君主本人，所以他看待儒家的尚賢說，便把焦點全放在君賢與不賢上，而忽略選賢臣而任之的一義。再者，儒家確信可以爲堯、舜，君主修身成德，可與爲善，善選輔弼賢臣，往往也可以陶塑出賢君來。資治通鑑記載隋文帝廢黜太子勇，召東宮官屬切責，其洗馬李綱大膽抗議：

> 太子性本中人，可與為善，可與為惡。曏使陛下擇正人輔之，足以嗣守鴻基。今乃以唐令則為左庶子，鄒文騰為家令，二人唯知以絃歌鷹犬娛悅太子，安得不至於是邪！此乃陛下之過，非太子之罪也[46]。

韓非子的人設之勢，是爲中主而設，正是李綱所謂的中人，可以爲堯、舜，也可以爲桀、紂。但「韓非論勢，乃畫道德於政治領域之外，而建立含有近代意味純政治之政治哲學。㊼」他既不信人君可爲堯、舜，又不留意選賢臣而任之的意義，便只有挑剔待賢不能濟急了。

韓非子的中主抱法處勢足以治國之說，大致顯現實用的觀點。守道篇說：「立法非所以備曾、史也，所以使庸主能止盜跖也。」也能見出爲中主立法的深義；難一篇第二節說：「處勢而矯下者，庸主之所易也。」也確信中主處勢治國不難。但從整部韓非子看來，韓非子對於國君有相當嚴苛的要求：「身居至高之位，手握無上之權，而能明燭群姦，操縱百吏，不耽嗜好，不阿親幸，不動聲色，不撓議論，不出好惡，不昧利害。㊽」這樣的理想君主，須是陰鷙沈著、絕頂聰明、極端理智的人物，豈僅是難勢篇所謂的中主而已。當然，唯一的理解是：絕大多數的中主，只是守法守成，眞正要融貫韓非子的全套政治理想的，則非中主所能達致了。

至於「良馬固車，五十里而一置，使中手御之，追速致遠，可以及也，而千里可日致也。」也是極爲切實的主張，用來比喻中主治國自然生動有力。荀子：「騏驥一躍，不能十步；駑馬十駕，功在不舍。㊾」淮南子：「夫騏驥千里，一日而通；駑馬十舍，旬亦至之。㊿」都重在強調勤勉以補短拙。韓非子之說，則是籌畫好規模，利用既有的條件，憑藉好的制度，達成不遜於優等條件的好效果。以中等條件達致高水準的績效，這種構意流露了法家面對現實去研擬解決方策的務實精神，相當難得。在文末，韓非子又設喻抨擊儒者說辭是只顧及兩端特例，不夠周遍。淮南子云：

夫上不及堯、舜，下不及商均；美不及西施，惡不若嫫母，此教訓之所諭也，而芳澤之所施。……所謂言者，齊於衆而同於俗，今不稱九天之頂，則言黃泉之底，是兩末之端議，何可以公論乎[51]。

前半言爲中人論、施；後半評議論欠周，章法語句皆脫胎於難勢。韓非子之文最終仍站在愼子立場，以爲儒者之論不能駁難，而儒者之論亦終究不如人設之勢，總結全文，條理分明。

(五) 人治與法治

熊十力先生評韓非子難勢云：

韓子遮儒者尚賢，而融愼子之言勢，以申法，其說頗有趣。……儒者尚賢，何嘗盡定一至高無上之格，必堯、舜而始為賢乎。其尊堯、舜者，取其足為希仰之標的耳。……韓子之所謂中，實即儒者之所謂賢。不賢，則不能抱法用勢以治，不能抱法用勢以治者，由其無希堯、舜之志也。……孟子曰：「徒善不足以為政，徒法不能以自行。」二語道盡六經底蘊。人治、法治，本以相待相須而成其治，若執一邊，終為戲論[52]。

熊氏主張折衷於孟子，謂難勢乃遮譴儒者尚賢之說，融愼子言勢以申法，皆簡切著明。孟子云：「堯舜之道，不以仁政，不能平治天下。」[53]即表明：有堯舜聖善之心，尚須遵行先王法度，施行不忍人之政，才能平治天下。熊氏揭示儒者以堯、舜爲標的，旨在激勵爲人君者希仰聖賢之心，未必就是刻板要求爲人君者必賢必聖；換言之，儒者說辭可以看做象徵性的看法。但若說儒者之賢，即韓子之中主，那麼全篇難勢的曲折論駁就全無意義了。竊以爲熊氏完全認同次段儒者尚賢之說，此段說辭也盡符孟子義理。但愼子恃勢不慕賢，實際上道家意味還相當重，是因任自然狀況，以爲勢位足恃，並未完全排斥賢，不過認定有賢無勢不能治國罷了。至於韓非子，確實有意把「賢」摒除在任勢理論之外，荀子說：「愼子蔽於法而不知賢，申子蔽於埶而不知知（智）。」[54]倒都可以拿來批判韓非子，只是其中的義理仍相當繁雜。

禮記云：「選賢與能」[55]，孟子說：「尊賢使能」[56]、「賢者在位，能者在職」[57]，荀子說：「上好禮義，尚賢使能」、「論德而定次，量能而授官」[58]。「賢」與「能」，一指德操，一指才幹，原具不同的定義，儒家學說中究竟如何界定二者的區分，安排不同的職位？大抵是相當籠統的，「賢」「能」原不一定能兼具於一身，但是儒家的尚賢說，大致把它看成二而一的。韓非子的理論，既盡道德於政治領域之外，他把「賢」也離析出來，因爲「賢」不易認定，沒有客觀標準可循；賢智之人也不易求，天下官吏名額又多，所以他改採「能」爲標準，韓非子說：

釋法術而任心治，堯不能正一國，去規矩而妄意度，奚仲不能成一輪。廢尺寸而差短長，王爾不能半中。使中主守法術，拙匠執規矩尺寸，則萬不失矣[59]。

哀公不知選賢，選其心之所謂賢[60]。

人主好賢，則群臣飾行以要君欲，則是群臣之情不效；群臣之情不效，則人主無以異其臣矣。……燕子噲好賢，故子之明不受國。……故子之託於賢以奪其君者也。……其卒，子噲以亂死[61]。

世之所謂賢者，貞信之行也。……若夫賢貞信之行者，必將貴不欺之士。貴不欺之士者，亦無不可欺之術也。……今貞信之士不盈於十，而境內之官以百數；必任貞信之士，則人不足官。人不足官，則治者寡而亂者衆矣[62]。

照韓非子的看法，標榜選賢，往往只能做到主觀的取捨，未必符合客觀的事實；人臣爲了富貴，常常飾僞表態，以投合人主好惡，人主誤判誤用，足以亡國亡身；而眞正的賢者畢竟有限，不夠任派官職。因此韓非子主張考核才能就好：「因任而授官，循名而責實」[63]，「試之官職，課其功伐」[64]。只要求實際辦事能力夠，績效好，「賢」與否，不在考慮範圍之內。不過，這種合格的「能士」[65]，多數奉公守法，大致該是「循令而從事，案法而治官」的循吏，是否大多就相當於儒者的「賢者」呢？遴選的標準不一，得出的結果可能接近。以上是就任用臣子而言，在難勢篇中的論辯始終以君主任勢爲主體，但儒者的尚賢說實賅涵選用賢臣而言，而韓非子的學說却又完全不討論選賢的問題，這樣比較儒、法兩家遴選人臣的標準，多少有助於了解熊十力先生所謂的「韓子之所謂中，實即儒者之所謂賢」，筆者認爲，二者實質並不同，只是有可能很接近罷了。

熊先生以爲人治、法治宜相待相須以成其治，是人選與法度並重，無疑是最理想的政治；不過戰國以前的儒、法爭議，却正是各執一端。儒家認爲「爲政在人」[66]，論語中多談德化：

> 政者，正也。子帥以正，孰敢不正[67]？
>
> 子欲善，而民善矣。君子之德，風也；小人之德，草也。草上之風，必偃[68]。

孟子說過「徒善不足以爲政，徒法不能以自行」，但他的法，指先王之道，意即遵守先代聖王之典章法制，固然已留意及遵守若干客觀性的原則，及由此等原則而形成的制度或設施[69]；這種法概念，和法家顯然不同，他仍然強調德化的人治，他說：「君仁莫不仁，君義莫不義，君正莫不正。一正君，則國定矣。[70]」荀子是儒家轉入法家的橋樑人物，他德禮與刑賞並重，但人治與法治相較，他肯定「人」的效應在「法」之上：

有亂君，無亂國。有治人，無治法。羿之法非亡也，而羿不世中。禹之法猶存，而夏不世王。故法不能獨立，類不能自行。得其人則存，失其人則亡⑪。法而議，職而通，無隱謀，無遺善，而百事無過，非君子莫能。……故有良法而亂者，有之矣；有君子而亂者，自古及今未嘗聞也⑫。

畢竟，法是機械的、呆板的；人是靈活的、變通的。有再好的法，也得靠賢人去推行；如法令不夠周密，只要有賢人在，他可以改良舊法，可以創擬新法，所以荀子可說是透徹解說了人治的長處。不過，韓非子之前，已有法家思慮及賢君難求，人治未必可期：

夫釋權衡而斷輕重，廢尺寸而意長短，雖察，商賈不用，為其不必也。……不以法論知能賢不肖者，惟堯，而世不盡為堯，是故先王知自議譽私之不可任也，故立法明分，中程者賞之，毀公者誅之⑬。

此處仍把「法」與「堯」對立來說，難勢篇則直敍堯、舜與桀、紂皆千世一出，極爲難得。再則人治涉主觀心裁，流弊滋多：

> 君人者舍法而以身治，則誅賞予奪從君心出74。

為避免人治的缺失，必突顯「法」的決斷作用：

> 使法擇人，不自舉也；使法量功，不自度也75。

由此看來，韓非子在難勢篇提出「中主抱法處勢」的主張，一則是切實的對策，一則也具有崇法抑人的意義。法，總是人設的，可以竭智盡慮預為設想，若能有完善的法制，可以垂諸後世，中主可以守成，不肖之君無由肆虐，不是相當理想嗎？姑不論立法能做到何種程度，兩千多年前，韓非子已經構想設定永久可資依循的法制，儘管不無瑕疵，這種構意的創發性，已足以證明韓非子是難得的政論家了。

註

1. 老子第三章：「不尚賢，使民不爭。」
2. 天下篇。莊子集釋頁一〇八八。
3. 參閱徐復觀中國人性論史頁四三三，王邦雄韓非子的哲學頁四二—四六。
4. 騰蛇，慎子「騰」作「螣」。荀子勸學篇：「螣蛇無足而飛。」爾雅釋魚注：「螣蛇，龍類。」

❺ 後漢書隗囂傳注引作：「雲罷霧除，與蚯蚓同。」

❻ 原文「勢」作「衆」，從陳啓天校釋改。上文「風」爲「矢高」之憑藉，此句「勢」爲「令行」之憑藉，意義貫串。

❼ 「詘」原作「缶」，劉師培韓非子斠補以爲「御」壞字，俞樾諸子平議以爲「詘（同屈）」之誤，按群書治要引作「屈賢」，玆從俞說。

❽ 見五蠹篇。

❾ 見主術訓。

❿ 「己」通「之」。

⓫ 「炮烙」，見本書頁一四六，註❼。

⓬ 「桀、紂得成肆行」，如依顧廣圻說，認爲下文「未始行一」承此而言，「肆行」當作「四行」，便可從李師曰剛先秦文彙徵墨子明鬼篇於「炮烙」下補「刳剔」二字，合上句「高臺、深池」恰爲「四行」，文字亦對仗整齊。

⓭ 見孟子離婁上篇①。

⓮ 「知任王良」上原有「不」字，從校釋刪。

⓯ 見中庸第三十章。

⓰ 見中庸第二十九章。

⓱ 見校釋頁六九。

⓲ 「逄門」或作「逢蒙」，見荀子王霸篇。

⓳ 見荀子君道篇。

⓴ 見荀子儒效篇。

㉑ 見淮南子說林訓。

㉒ 見淮南子主術訓。

㉓ 見韓非思想體系難勢解。

㉔ 「非人之所得設也」，各舊本「人」上衍「一」字，據太田方翼毳刪。

㉕ 「人有鬻矛」句上原有「客曰」二字，依纂聞刪。「以不可禁之賢，與無不禁之勢」，各本訛亂，依顧廣圻識誤說校改。

㉖ 賈誼治安策，見漢書賈誼傳。

㉗ 見周鍾靈韓非子的邏輯，收入嚴靈峰編無求備齋韓非子集成冊三十九，頁四一一、四一二。原文中「判斷」（jubgement），是以前講法，筆著易爲「命題」（proposition），求其通用也，參牟宗三理則學頁一五。

㉘ 見梁啓雄韓子淺解頁三九六：「韓子用矛盾律的邏輯，來說明賢治和勢治不相容之理。」

㉙ 見宥坐篇：「孔子爲魯攝相，朝七日而誅少正卯。」

㉚ 詳見史記會注考證冊八，頁三三。

㉛ 見先秦諸子繫年頁二六。

㉜ 見舜典。

㉝ 見徐朝陽中國刑法溯源頁二十一。

㉞ 見公孫丑上篇④。

㉟ 見中庸第二十章「其人存，則其政舉。」

㊱ 詳見本書頁四五、四六。

㊲ 見資治通鑑隋紀，頁五六〇二。

㊳ 見資治通鑑隋紀，頁五五七九。

㊴ 見韓非子忠孝篇。
㊵ 同㊴：「堯爲人君，而君其臣；舜爲人臣，而臣其君；湯、武爲人臣，而弒其主，刑其尸。而天下譽之，此天下所以至今不治者也。」
㊶ 見中庸第二十章。
㊷ 見管子法法篇。
㊸ 梁啓超先秦政治思想史頁一四八：「法家最大缺點，在立法權不能正本清源。」
㊹ 見外儲說右上篇。
㊺ 章太炎國學略說：「在貴族用事之世，唯恐國君之不能專制耳；國君苟能專制，其必有愈於世卿專政之局。」頁一六一。
㊻ 見資治通鑑頁五五八三、五五八四。
㊼ 見蕭公權中國政治思想史頁二三四。
㊽ 見蕭公權中國政治思想史頁二四九。
㊾ 見勸學篇。
㊿ 見齊俗訓。
51 見脩務訓。
52 見韓非子評論頁四六、四九。
53 見孟子離婁上篇①。
54 見荀子解蔽篇。
55 見禮記禮運大同篇。
56 見孟子公孫丑上篇⑤。
57 見孟子公孫丑上篇④。

㊳ 見荀子君道篇。
㊴ 見用人篇。
㊵ 見難三篇第四節。
㊶ 見二柄篇。
㊷ 見五蠹篇。
㊸ 見定法篇。
㊹ 見顯學篇。
㊺ 見說難篇。
㊻ 見中庸第二十章。
㊼ 見顏淵篇⑰。
㊽ 見顏淵篇⑲。
㊾ 參閱陳弘治孟子導讀，國學導讀叢編頁三六九。
㊿ 離婁上篇⑳。
(71) 見荀子君道篇。
(72) 見荀子王制篇。
(73) 見商君書修權篇。
(74) 見慎子佚文。
(75) 見管子明法篇。

二 說難篇——諫說艱難的省思

韓非子五十五篇中，篇名帶有「難」字的，共有七篇。以辯難取義的，讀去聲，有難一、二、三、四等難篇，及難勢；以困難取義的，讀陽平，有第三篇的難言，和第十二篇的說難。司馬遷撰韓非傳，把說難全篇謄錄，足見太史公對它相當欣賞。說難篇陳述遊說諫諍的困難，分析遊說諫諍成敗的因素，縷記委曲陳辭的各種方法，條理清晰，舉證完備，布局精巧，文筆講究。明代孫鑛評論說：「奇古精陗，章法字句無間。」張榜評論說：「天地間乃有此等文字，鳳洲謂其人巧極，天工錯，非虛也。❶」讚譽之詞，其來有自。

史記韓非本傳說：「非見韓之削弱，數以書諫韓王，韓王不能用。❷」他個人是屢遭挫折，有志不能伸展，也許在遊說諫諍方面，體會深刻，因而能設說周到，留傳千古。「說難」的旨趣，大致與韓非子整體法家思想不相干，但是却反映出戰國時期君主的威勢，可提供研究古史的參考；而韓非子主張積極進取的觀點以及標示最高的遊說諫諍成功境界，顯現崇高的政治理想，也很值得注意。

荀子有說難之說云：

> 凡說之難，以至高遇至卑，以至治接至亂，未可直至（致）也。遠舉則病繆，近世則病傭❸。

前半與韓非子說難篇相近，起句完全相同；末二句與韓非子難言篇「言而近世，……言而遠俗，……」取義相似。荀子粗具綱領，韓非子則詳備完密，可見遊說諫諍之道，在戰國時期多麼受士人重視，由種種困難的比況，也可以看出當代士人迫於環境，不能不勤練說辭，以求仕託，而動輒得咎，勝算又有多少？

清代林雲銘編撰古文析義，對說難篇的結構、章法曾做過細密的剖析。說難的「說」，就內容看來，兼賅遊說諫諍之意，林氏以「遊說」解說，意嫌不足。說難篇第五段云：「諫說談論之士，不可不察愛憎之主而後說焉。」筆者斟酌補充，以「諫說」包括諫諍遊說之意，列出綱目如左：

㈠首揭應合人主之心極難。

1. 諫說之具在我，雖難未難。
2. 須當人主心意，求合實難。

㈡足以危身者七，遭輕視者八。

1. 偶有觸犯，則避害難。
2. 既不相投，則見信難。

㈢鋪敘委曲陳辭之方，揭示諫說最高境界。

1. 蒙恥周旋，委曲陳辭，尤難之極。
2. 深計引爭，欲求人主不罪，更見其難。

㈣舉證說明處知不易，迎合之難。

㈤舉證說明人主愛憎有變，要結之難。

㈥攖鱗是戒，總極寫其難。

段段是難，步步爲營，確實是曲盡其妙❹。更難得的是，韓非子譬解的道理都相當切實，清代高似孫說：「說難一篇，殊爲切於事情者。❺」文章貴在言之有物，而又精采華美，貴在華采並非虛飾。筆者擬於內容探析之餘，援引史實加以印證，司馬光云：「（說難）蓋（韓）非最得意之文。❻」應該不是過譽。

㈠知所說之心實難

文心雕龍神思篇，論及孕育情思、構思爲文的方術，有云：「積學以儲寶，酌理以富才，研閱以窮照，馴致以繹辭。」前三句：儲備珍貴的材料，調理豐沛的才情，培養洞徹的識見，有其一貫性。如果把創作論運用於批評論，就相當於劉知幾所謂的：「史有三長：才、學、識。」不過次序是「學、才、識」而已❼。孔門四科中有言語一科，宰我、子貢屬之，曾國藩把孔門的言語科，歸入「詞章」一系❽，主要是因爲：言語說辭與吐屬爲文，都是表達能力的考驗。說難篇首揭三種困難，却全採否定句法，以見出難者不難，烘襯出眞正困難之難：

> 凡說之難：非吾知之有以說之之難也，又非吾辯之能明吾意之難也，又非吾敢橫佚而能盡之難也。凡說之難，在所知說之心，可以吾說當之。

三種困難中：「知（智）之有以說之」，兼賅了學與識，要靠平日累積學養，培養洞見，臨場才有豐富的材料，洞徹的見解，足夠說服人主。「辯之能明意」，屬於「才」的一部分，辯才無礙，口齒滑利，只是才情的一種表現。而遊說諫諍不同於搦筆爲文之處，還在於必須面對人主，或達官貴人，在顯赫的聲威壓迫之下，要具備臨場的穩定力。大部分遊士缺乏臨場經驗，初上殿廷，眼看朝班森嚴羅列，君主儀容嚴肅，不免怯懼心虛，有再好的學識、辯才，也往往發揮不了，因此，「敢橫佚而能盡」正是遊說諫諍的一大困難。一般說者，不是苦於資料不足、見識不深，就是口才不夠流利，再就是膽量不夠，只要欠缺其一，便沒有成功的希望，甚至還可能性命不保。尤其戰國時代的遊士，要想運用一席話去打動威嚴十足的「多疑之主」❾，「智慮」「才辯」「膽量」當然是極大的考驗。不過，這三樣困難，難固然難，說者只要肯刻苦歷鍊，却是可以憑個人努力去克服的，終究不算太難。說難篇一口氣用三個否定句，正見難者並非眞難，眞正難的還在後頭。「凡說之難」以類疊手法起筆，

「在知所說之心，可以吾說當之。」收束簡潔有力。三個否定句之後，緊接一肯定短句，排宕推衍之餘，判斷性特別突顯，緊峭無比。

韓非子之文，有先總綱提示，再進而演繹鋪陳的，首段後半，即旨在說明「知所說之心」「以吾說當之」如何困難。這兩句原是上文的小結論，對下文而言，又成了總綱：

所說出於為名高者也，而說之以厚利，則見下節而遇卑賤，必棄遠矣。所說出於厚利者也，而說之以名高，則見無心而遠事情，必不收矣。所說陰為厚利而顯為名高者也，而說之以名高，則陽收其身而實疏之；說之以厚利，則陰用其言，顯棄其身矣。此不可不察也。

說者應該先揣測，最好是徹底了解，所要遊說諫諍的對象究竟是什麼心理？問題是人心很複雜，尤其在繁遽變化中的戰國時代那些有權位的人。要是對合有誤，是要失敗的；如果只把握了表象，忽略內在眞正的意欲，還是要失敗的。孟子書首章云：

孟子見梁惠王，王曰：「叟，不遠千里而來，亦將有以利吾國乎？」孟子對曰：「王何必曰利？亦有仁義而已矣。……」⑩

孟子書嚴義利之辨，開宗明義，起始就標舉「仁義」，企盼能扭轉當時功利導向的狂瀾，孟子學說的精義在此。但由另一角度觀察，梁惠王一心求利，正反映當代兵家、法家、縱橫家當令的功利觀點；孟子的義利之辨固然具有對人類終極關懷的崇高境界，但好利的梁惠王並未能聽納，難怪孟子終究被認爲是「迂遠而闊於事情。⑪」這正是說難篇所謂的：「所說出於厚利者也，而說之以名高，則見無心而遠事情，必不收矣。」

孟子在齊國的時間比較久，對齊宣王也耐心誘導，最後却仍然不得遇而去，孟子書云：

> 孟子致為臣而歸，王就見孟子曰：「前日願見而不可得，得侍同朝，甚喜。今又棄寡人而歸，不識可以繼此而得見乎？」對曰：「不敢請耳，固所願也。」他日，王謂時子曰：「我欲中國而授孟子室，養弟子以萬鍾，使諸大夫國人，皆有所矜式。子盍為我言之。」時子因陳子以先孟子，孟子曰：「然，夫時子惡知其不可也？如使予欲富，辭十萬而受萬，是為欲富乎？……」⑫

孟子辭了客卿的職位，齊宣王口頭非常客氣，輾轉派人表示「欲中國而授孟子室，養弟子以萬鍾」，看來條件不壞，孟子可以回頭嗎？「中國」是「國中」的意思⑬，在齊國都會臨淄城撥房子給孟子講學，撥萬鍾粟給他供養弟子，似乎禮遇優厚，無奈只是「欲」而已，並且輾轉告知，不過故做姿態而已。公孫丑下篇有數則「孟子去齊」的記載，且看孟子自己說明：

夫尹士惡知予哉！千里而見王，是予所欲也；不遇故去，豈予所欲哉？予不得已也！予三宿而出晝，於予心猶以為速；王庶幾改之。王如改諸，則必反予。夫出晝而不予追也，予然後浩然有歸志。予雖然，豈舍王哉？王由（猶）足用為善；王如用予，則豈徒齊民安，天下之民舉安⑭。

這些話澄清了「孟子去齊」的種種惡意的譏諷。孟子確實有心求用，而且故作勾留，臨離去前，還等待齊宣王「追」他回來，足見齊宣王當時不過禮貌上充充場面，說要如何對待孟子，並沒有誠意，更不曾付諸行動。推究因由，是孟子所言種種，粗合其好名之意，實不合其求利之心，這正是說難篇所謂：「所說陰為厚利而顯為名高者也，而說之以名高，則陽收其身，而實疏之。」

韓非子難一篇第一節記述晉文公與楚人的城濮之戰，對陣之前，問計於舅犯與雍季，舅犯說：「戰陣之間，不厭詐偽。」雍季說：「以詐遇民，偷取一時，後必無復。」結果，晉文公用舅犯之謀與楚人戰，大敗楚國，遏阻了楚國北向發展的勢力，但論功行賞，却「先雍季而後舅犯。」認為是：「舅犯言，一時之權也；雍季言，萬世之利也。⑮」細究其因，舅犯言論切實，是深合其利，却不合於晉文公標榜的高遠目標，這正是說難篇所謂的：「說之以厚利，則陰用其言，顯棄其身矣。」

如果不拘泥遊說的主題，單就人際相對待的心理來說，王衍稱錢爲「阿堵物」的事蹟，可以說明「名高」與「厚利」不能相得：

王夷甫（王衍）雅尚玄遠，常嫉其婦貪濁，口中未嘗言「錢」。婦欲試之，令婢以錢繞牀，不得行。夷甫晨起，見錢閡行，謂婢曰：「舉阿堵物却！」⑯

晉書說：「衍儁秀有令望，希心玄遠，未嘗語利。」又說：「疾郭之貪鄙。⑰」足見王衍尚清高，郭婦貪利，郭氏與賈氏有親戚關係，又剛愎好強，王衍對她無可奈何，但心中認定她「貪濁」「貪鄙」。「阿堵物」意即「這東西」，「阿」發語詞，「堵」通「者」、「這」⑱，由一句：「把這東西給我拿開！」足以看出一避利、一重利的夫妻長久不能相得的惡劣關係。這大致可以解說：以「厚利」對待「名高」者，只有被看做「下節」，若是仰賴施予，自然待遇不會太好。「下節」有解爲「人格卑下」的，有解爲「鄙俚」的⑲。韓非子的立論，並不重視私德的要求，根據張景陽雜詩：「陽春無和者，巴人皆下節」⑳，把「下節」解作「鄙俚粗俗」，正好與清高相對，筆者贊同此種解說。

㈡ 避害不易，取信亦難

說難篇第二段，推述七種足以危身的禁忌：

> 夫事以密成，語以泄敗，未必其身泄之也，而語及所匿之事，如此者身危。彼顯有所出事，而乃以成他故，說者不徒知所出而已矣，又知其所以為，如此者身危。規異事而當，知者揣之外而得之，事泄於外，必以為己也，如此者身危。周澤未渥也，而語極知，說行而有功，則見忌[21]；說不行而有敗，則見疑，如此者身危。貴人有過端，而說者明言禮義以挑其惡，如此者身危。貴人或得計而欲自以為功，說者與知焉，如此者身危。彊以其所不能為，止以其所不能已，如此者身危。

一連七句，都用「如此者身危」收束，類疊的手法格外加強迫促緊張的感覺。「語以泄敗」，「語」字史記作「而」，意較明晰。後文所舉關其思言伐胡被殺之事，正因爲鄭武公雖有意伐胡，但還在保密階段，關其思可說是觸犯了禁忌。而曹魏時代曹操殺楊脩的前後因由，則更是最佳例證。

三國志提及楊脩的下場說：

> 太祖慮終始之變，以楊脩頗有才策，而又袁氏之甥也，於是以罪誅脩。[22]

據裴松之三國志注所引典略云：「至（建安）二十四年（西元二一九年）秋，公以脩前後漏泄言教，交關諸侯，乃收殺之。㉓」原來三國志不過隱約其詞，楊脩致死的最大因素，該是「漏泄言教」。郭頒世語記載：

> 脩與賈逵、王淩並為主簿，而為植所友。每當就植，慮事有闕，忖度太祖意，豫作答教十餘條，教出以次答。教裁出，答已入，太祖怪其捷，推問始泄。太祖遣太子及植各出鄴城一門，密敕門不得出，以觀其所為。太子至門，不得出而還。脩先戒植：「若門不出侯，侯受王命，可斬守者。」植從之。故脩遂以交搆賜死㉔。

曹操性猜忌多疑，常想各種怪異辦法考驗兒子們，偏偏楊脩揣摸得一清二楚，不僅知道曹操的外在行為，還可透視內心。曹操原想炫耀一番的，却一一被識破。楊脩的機智聰明，能先意知事，眞有些令人驚異。當夏侯淵與劉備戰於陽平，被劉備殺了，曹操想退兵，九州春秋記載：

> 時王欲還，出令曰：「鷄肋」，官屬不知所謂。主簿楊脩便自嚴裝，人驚問脩：「何以知之？」脩曰：「夫鷄肋，棄之如可惜，食之無所得，以比漢中，知王欲還也。」㉕

他果然料中。劉義慶的世說新語，也記述好幾則軼事：他看見曹操在相國府剛動工的架構榱桷上提了「活」字，就派人把它拆除，因爲「門中活，闊字，王正嫌門大也。[26]」曹操在一桮酪上題「合」字以示衆，楊脩拿了就吃，說：「公教人噉一口，復何疑？[27]」又如：楊脩與曹操一起參解曹娥碑背上題字：「黃絹幼婦外孫齏臼」，他比曹操反應快捷得多，曹操多走了三十里才想通是「絕妙好辭」[28]。由以上例子看來，楊脩聰明外露，又欠謹愼，他甚至把自己的絕頂智慧作爲曹丕、曹植政爭的籌碼。這樣的人才，或許有知音激賞，偏偏曹操性「狐疑」[29]，「機警，有權數」[30]，「諸將有計畫勝出己者，隨以法誅之。[31]」他見不得別人比自己出色，楊脩正觸犯了大忌，而且是一而再，再而三地觸犯！以韓非子說難篇的分析來衡量，楊脩犯了「語及所匿之事」、「彼顯有所出事，乃以成他故，……不徒知其所出而已矣，又知其所以爲」、「說行而有功則見忌」、「貴人或得計，而欲自以爲功，說者與知焉」等四項禁忌，可憐楊脩少讀道家哲學，不懂謙虛韞藉，露才揚己，一身而犯四大忌，怎能逃脫一死？

說難篇第四段，所舉鄰人之父勸築牆而被疑的事例，正是交淺言深，「說不行而有敗，則見疑。」後漢書記載，田豐勸袁紹：「宜早圖許，奉迎天子，動託詔令，響號海內。[32]」又當劉備背叛曹操時，田豐勸發兵襲擊曹操。袁紹都不聽納，後來袁紹與曹操戰於官渡，大敗，竟然說：「吾不用田豐言，果爲所笑。[33]」就殺了田豐。袁紹固然是「貌寬而內忌」的土霸王，田豐被殺，正印證了說難：「如此者身危」！

第五則「禮義」二字，史記作「善議」，取義較廣。韓愈諫迎佛骨表有云：「漢明帝時始有佛法，明帝在位纔十八年耳。其後亂亡相繼，運祚不長。宋、齊、梁、陳、元魏以下，事佛漸謹，年代尤促。惟梁武帝……竟爲侯景所逼，餓死臺城，國亦尋滅。事佛求福，乃更得禍。[34]」韓愈本意是想學證說明「佛不足事」。唐憲宗元和十四年（西元八一九年），帝由鳳翔法門寺奉迎釋迦文佛指骨一節，留禁中三日，「王公士庶，奔走捨施，唯恐在後。百姓有廢業破產，燒頂灼臂而求供養者。」韓愈眼見君民迷惑，於是上表直諫，但表中列舉事例，對憲宗來說，非常刺眼，因此盛怒，要殺韓愈。裴度等一再勸諫，憲宗說：「愈言我奉佛太過，我猶爲容之。至謂東漢奉佛之後，帝王咸致夭促，何言之乖剌也？愈爲人臣，敢爾狂妄，固不可赦。[35]」由憲宗一段話看來，他頗能體諒忠臣諫言，但覺韓愈太狂妄，引喻不敬，簡直有些詛咒的意味，他怪罪韓愈，也不無道理。諫表後文，並設想陛下不過文飾政教，以祈福祥，必不致迷惑，又鋪敍當時士庶瘋迷狀況，以爲「傷風敗俗，傳笑四方」。且云：「今無故取朽穢之物，親臨觀之，……臣實恥之。」以憲宗當時狀況，已是「惑」於佛，這些光明正大的嚴肅論題，實在更烘襯出憲宗的不是，他惱羞成怒，自然要殺人了。這正是：「明言禮義以挑其惡」。依筆者意見，詛咒君王，固是大罪，諫說太直露，也是惹怒憲宗的因素，韓愈貶潮州，已是大幸。

司馬遷寫史記，把項羽列入本紀，實因爲楚漢對峙一段時間，號令都出自楚霸王。而太史公對項羽的英雄形象，刻畫之生動，其他人物都不能及，他的個性優劣互見，他入咸陽，燒宮室，搜刮寶貨，強擄婦女。史記云：

人或說項王曰：「關中阻山河四塞，地肥饒，可都以霸。」項王：曰：「富貴不歸故鄉，如衣繡夜行，誰知之者。」說者曰：「人言楚人沐猴而冠耳，果然。」項王聞之，烹說者㊱。

說者之所以喪命，雖說多嘮叨了一句不敬之辭，也有關係；主要還是因爲：他所勸諫的話，項羽根本聽不進去，這正是：「彊以其所不能爲，止以其所不能已，如此者身危。」其他像：關龍逢被斬，比干被剖心，都是由於直言強諫，勉強人主做些做不到的事，強力要阻止他無法自我克制之事。這些也是好註脚。

如果不必緊扣「身危」致殺戮的重點，「彼顯有所出事，乃以成他故」的複雜心態，事例不少，齊桓公伐楚，據左傳的記載：

齊侯與蔡姬乘舟于囿，蕩公，公懼變色，禁之，不可，公怒歸之，未之絕也。蔡人嫁之。春。（僖公）四年（西元前六五六年）春，齊侯以諸侯之師侵蔡，蔡潰，遂伐楚㊲。

史記取材左傳，說法相同。齊桓公對於當時勢力不斷擴張的楚國，積謀討伐，已有二十餘年，當然不會眞的爲了蔡姬之故。不過，由於夫婦勃谿，對蔡人的強悍先予懲戒，似乎很自然，避去蔡親楚的敏感問題，糾合諸侯比較容易，楚國也不致先預爲防備。等蔡師潰敗，突然轉向楚國，疾驅而進㊳。所以，侵蔡，是「顯有所出事」，伐楚，是「乃以成他故」。有趣的是，韓非子外儲說有一段完全不同的記載：

蔡女為桓公妻，桓公與之乘舟，夫人蕩舟，桓公大懼，禁之不止，怒而出之。乃且復召之，因復更嫁之。桓公大怒，將伐蔡。仲父諫曰：「夫以寢席之戲，不足以伐人之國，功業不可冀也，請無以此為稽也。」桓公不聽。仲父曰：「必不得已，楚之菁茅不貢於天子三年矣，君不如舉兵為天子伐楚。楚服，因還襲蔡，曰：余為天子伐楚，而蔡不以兵從，因遂滅之。此義於名，而利於實。故必有為天子誅之名，而有報讎之實。」㊴

這是說桓公要發洩怒氣，非伐蔡不可，管仲教他先爲天子討伐楚，出師有名，再轉而襲蔡，一舉兩得。照韓非子之說，「伐楚」是「顯有所出事」；「怒蔡姬」伐蔡才是「乃以成他故」。若分析史實，出兵先後，當以左傳爲根據，但伐蔡又伐楚，仍是兼顧了公私兩種目的。

另外，像魯僖公二年，晉獻公向虞國借道伐虢國的事例，「伐虢」是「顯有所出事」，虢、虞兼取，則是「他故」了㊵。

有關「規異事而當，智者揣之外而得之」，漢代夏侯勝就是個智者：

昌邑王嗣立，數出，勝當乘輿前諫曰：「天久陰不雨，臣下有謀上者。陛下出，欲何之？」王怒，謂勝為袄言，縛以屬吏，吏白大將軍霍光，光不舉法。是時，光與車騎將軍張安世謀欲廢昌邑王，光讓安世，以為泄語，安世實不泄㊶。

霍光、張安世謀廢昌邑王，夏侯勝剛巧勸諫此事，霍光難免要聯想到張安世泄密。管子也記載一個近似的事例：

桓公與管仲闔門而謀伐莒。未發也，而已聞於國矣。桓公怒，謂管仲曰：「寡人與仲父闔門而謀伐莒，未發也，而已聞於國，其故何也？」管仲曰：「國必有聖人。」桓公曰：「然夫日之役者，有執席食以視上者，必彼是耶！」……東郭郵對曰：「臣聞之，君子善謀，而小人善意，臣意之也。」㊷

說苑權謀篇亦載其事，人名作「東郭垂」，文句略有小異。春秋時人，心胸坦蕩，桓公君臣並不相疑，而對善於猜度的小民，也能禮遇，管子說要「與之同之」，說苑說：「尊祿而禮之」。這事例足證：「智者揣之外而得之」確有可能。

在當代環境，說者往往有求於所說者，人主大多刻忌，不能完全信任說者。因此，儘管說者嘗試多方進言，人主都可能從各種角度去理解，往往是由最壞的動機上去設想。說難篇第二段後半，縷陳八種說者可能被輕視的狀況：

> 故與之論大人，則以為閒己；與之論細人，則以為賣重。論其所愛，則以為藉資；論其所憎，則以為嘗己也。徑省其說，則以為不智而拙之；米鹽博辯，則以為多而史之㊸。略事陳意，則曰怯懦而不盡；慮事廣肆，則曰草野而倨侮。此說之難，不可不知也。

八句中，兩句一組，除第五句多一字之外，都用平行複句，立意上則剛好對比，極言說者動輒得咎之狀。前兩句，上下涵蘊的意思，可以比照出來：如果和他談到有地位的公卿大人，有些什麼錯失，他就認爲是要離間他們君臣之情。要是和他談論到一些沒什麼地位的小人物有些什麼特殊的專長，他就要認爲是有意借重君主的權勢推薦這些人。其中論及的人物地位剛好對比，其內容也應該是反襯的。這八句，全採用假然命題，換言之，是假設性的推論。每個後果小句中的「以爲」和「曰」，同樣是內在意謂動詞，都表示聽者內心的想法，事實上未必即是眞象，由此顯見說者可能滿懷委屈。

第七句，人君可能有的判斷，是認爲說者「怯懦」，不能盡暢其言。穀梁傳記載：荀息評斷宮之奇「達心而懦」㊹，這「懦」即指膽怯，膽怯自然無法盡暢所言。國語記載：

柯陵之會，單襄公見晉厲公視遠步高。晉郤錡見，其語犯；郤犫見，其語迂；郤至見，其語伐。齊國佐見，其語盡。……至於淫亂之國，而好盡言，以招人過，怨之本也。唯善人能受盡言，齊其有乎㊺？

「盡」，是指詳盡之意，有時候是長處，但也得看環境，齊國佐語盡，就令人擔心。「怯懦而不盡」，大致是呼應首段「吾敢橫佚而能盡」的條件，人主原則上還是欣賞有膽量，能從容進言，委婉詳盡的士人。

㈢ 諫說之方及終極理想

說難篇第三段，以「知飾所說之所矜，而滅其所恥」總領大綱，積極提出許多委曲陳辭的方法，旨在突破「說難」，可以說是積極立言。每個人總有自負自矜之處，也有自疚內愧之處，遊說諫諍的要訣，就在於懂得如何去美化對方自負自傲的優點，替他委婉掩蓋自疚內愧的缺點。這是總綱，此下的各項細目都由此拓衍而來。韓非子云：

凡說之務，在知飾所說之所矜而滅其所恥。彼有私急也，必以公義示而強之。其意有下也，然而不能已，說者因為之飾其美而少其不為也。其心有高也，而實不能及，說者為之舉其過而見其惡而多其不行也。有欲矜以智能，則為之舉異事之同類者，多為之地，使之資說於我，而佯不知也，以資其智。欲內相存之言，則必以美名明之，而微見其合於私利也。欲陳危害之事，則顯其毀誹，而微見其合於私患也。譽異人與同行者，規異事與同計者。有與同汙者，則必以大飾其無傷也；有與同敗者，則必以明飾其無失也。彼自多其力，則毋以其難概之；自勇其斷，則無以其謫怒之；自智其計，則毋以其敗窮之。大意無所拂忤，辭言無所擊摩[46]，然後極騁智辯焉，此所道親近不疑而得盡辭也[47]。

就第一項方法而言，孟子書記載：孟子勸齊宣王保天下，保其國，齊宣王推辭說：「寡人有疾，寡人好勇。」孟子告訴他，文王和武王都是「一怒而安天下之民」，「今王亦一怒而安天下之民，民惟恐王之不好勇也。[48]」又：孟子勸齊宣王行王政，齊宣王推辭說：「寡人有疾，寡人好貨」，「寡人有疾，寡人好色。」孟子開導說：「公劉好貨，……居者有積倉，行者有裹糧也，……王如好貨，與百姓同之，於王何有？」「大王好色，愛厥妃，……內無怨女，外無曠夫。王如好色，與百姓同之，於王何有？[49]」孟子循循誘導，原本是「私急」，經他指點途徑，一做就成了「公義」，這種轉化，簡直是神妙之極。

就第二項而言，君主不是聖人，不能在道德上求全責備，法家對君主的道德要求較寬，管子記載：

（桓公）曰：「寡人有大邪三。……寡人不幸而好田，……好酒，……好色。」……（管仲）對曰：「惡則惡矣，然非其急者也。」……「人君唯優與不敏為不可。優則亡衆；不敏，不及事。」㊿

齊桓公以好田、好酒、好色愧疚於心，管子一譬解，只要不影響政治，公事不馬虎，這些小毛病不算什麼大不了。如此一來，就巧妙地把君主內愧不能自已的心理負荷消除了。

就第三項而言，齊宣王很慚愧沒聽孟子的話，早早從燕國撤兵，結果燕人背叛，不肯歸附。齊大夫陳賈安慰他說：「王無患焉，王自以為與周公孰仁且智？」「仁智，周公未之盡也，而況於王乎？」51齊宣王好高騖遠，却又達不到理想的挫折感，因陳賈這麼一說，就被隱匿掩蓋了，似乎不及大聖人已不足恥了，陳賈可謂善於說辭。

就第四項而言，教育上所謂啓發式教學，原理有些類似。希臘大哲學家蘇格拉底提倡產婆教學法，把教師比喻為助產士，他主張啓發式引導，引導學生思考、學習，發現學生潛存的能力，而不做灌輸52，這便是「多為之地」的作法。

就第五項而言，戰國策記載「趙太后新用事」，觸讋勸太后讓長安君為質於齊，以便請兵抗秦，那樣就「有功於國」，亦可「自託於趙」53。上句是就公而論，下句是就私而言，這正是「以美名明之，而微見其合於私利也。」

就第六項而言，南宋胡銓「戊午上高宗封事」，先鋪論金人詐僞，力言絕不可屈膝求和，這是公開示以大義，「顯其毀誹」；又說萬一眞用奸臣之計求和，「天下後世謂陛下何如主？」拿後代史評，千秋萬世之名，來暗示如此於君不利，這正是「微見其合於私患也」，正是陳述危害之事的技巧。

以上五、六兩句，平行兼對比；往下又有兩組平行句，再加上三句排比的平行句，然後總結。像觸讋諫趙太后，避開易於惹惱的主題，先敍身體狀況，再談少子，然後突然引出：「媼之愛燕后賢於長安君」，太后辯明，便落入彀中，最後自然完成諫諍的使命[54]。觸讋的作法，便留意到「大意無所拂忤，辭言無所擊摩」，因而可以「極騁智辯」了。其他像「海大魚」的事例[55]，說者也是巧妙避開靖郭君的盛怒，掉弄玄虛，等保證接納諫言之後，再從容陳辭。都是說難篇理論的好見證。

在鋪陳各種委曲陳辭的辦法之後，也許予人一種卑汚，有損尊嚴的無奈之感；說難篇的高妙，就在於由此轉入遊說諫諍境界的描摹：

> 伊尹為宰，百里奚為虜，皆所以干其上也，此二人者，皆聖人也，然猶不能無役身以進，如此其汙也。今以吾為宰虜[56]，而可以聽用而振世，此非能士之所恥也。夫曠日彌久[57]，而周澤既渥，深計而不疑，引爭而不罪，則明割利害以致其功，直指是

非以飾其身，以此相持，此說之成也。

「此說之成也」，強調以上種種，必得如此，才算成功。換言之，如不能如此，則只是游宦獵取富貴。戰國策記載蘇秦刻苦讀書，引錐刺股，說：

安有說人主，不能出其金玉錦繡，取卿相之尊者乎[58]！

蘇秦自己說，遊說人主的目的是富貴，並沒有什麼理想。又如：蔡澤被唐舉算定可能再活四十三年，就說：

吾持粱齧肥，躍馬疾驅，懷黃金之印，結紫綬於要（腰），揖讓人主之前，食肉富貴，四十三年足矣[59]。

腦裡想的也是個人的富貴，一般辯士所希圖的似乎只到這種境界。相較之下，韓非子所稱述的，就相當難能可貴了。孔門四科，言語應對也是讀書人必習的項目。照上段委婉陳辭的辦法，很有些傲骨才人要不屑一為；但看韓非子把「深入計謀」、「據理力爭」、「明割利害」、「直指是非」當做遊說諫諍的最後目標，即使儒家講求的耿介骨鯁的諫諍大臣也不過如此。

從這段文字，我們可以了解：韓非子急欲用世，却又具備了輔弼諫諍的大臣風範，絕不是逞口舌之利，夤緣巴結，求取利祿而已。

問題是，要如何達到這種高境界，君臣相輔相成，國君能不計較，不怪罪，必須要有長久信賴的協和關係，而這種關係之建立伊始，還在於以一席話說服人君。照韓非子的看法，士人不妨採取主動，因爲枯候人君來訪求賢才，機率顯然少得多，所以說難篇拿伊尹做厨子、百里奚做奴僕當榜樣，認爲要是能達到「聽用而振世」的目的，即使卑躬屈膝，也在所不惜。類似的觀點，見於難一篇、難二篇：

> 伊尹以中國為亂，道為宰干湯；百里奚以秦為亂，道為虜干穆公——皆憂天下之害，趨一國之患，不辭卑辱，故謂之仁義[60]。
>
> 伊尹自以為宰干湯，百里奚自以為虜干穆公。虜，所辱也，宰，所羞也。蒙羞辱而接君上，賢者之憂世急也[61]。

賢人急於謀求「振世」之方，因此積極找機會求見人主，史記也說：

> 伊尹負鼎，而勉湯以王；百里奚飯牛車下，而繆公用霸。作（詐）先合，然後引之大道，騶衍其言雖不軌，儻亦有牛、鼎之意乎[62]！

認爲伊尹、百里奚是用變通辦法，先委屈投合人君，藉機再引導君主步入正道。淮南子說得更廣泛而具體：

> 伊尹負鼎而干湯，呂望鼓刀而入周，百里奚轉鬻，管仲束縛，孔子無黔突，墨子無煖席。是以聖人不高山，不廣河，蒙恥辱，以干世主，非以貪祿慕位，欲事起天下利，而除萬民之害……聖人憂勞百姓甚矣[63]。

包括孔子、墨子在內，都是爲了替萬民興利除害，不惜跋山涉水，棲棲遑遑，主動去求取出仕機會，並非貪求祿位啊！墨子尚賢篇，呂氏春秋本味篇，史記殷本紀、秦本紀、晉世家，說苑臣術，也都有關於伊尹、百里奚相近的資料。孟子分析過伊尹的從政心態，說：「何事非君？何使非民？治亦進，亂亦進。[64]」任何典型的君主，任何型態的百姓，他都有辦法輔佐、治理；天下太平抑或混亂，他都有因應之道。這該是最積極進取的政治哲學，伊尹也該是最有自信的政治家了。韓非子救世心切，要以伊尹、百里奚爲榜樣，他的心志自然也令人敬佩。

韓非子說難篇所提的出處之道，是認爲只要能獲取人主的信任，可以施展抱負，振救時局，小節出入不必計較，這顯示法家面對現實，因應制宜的權變。但孟子卻是非常注重個人立身出處的操守，不主張過分逢迎。他承認士人求仕的必要性：

> 士之失位也，猶諸侯之失國家也。……士之仕也，猶農夫之耕也。……古之人未嘗不欲仕也，又惡不由其道；不由其道而往者，與鑽穴隙之類也[65]。

士的「工作」就是仕，和農夫耕田一樣，但總要照道理來，不能不招而往，有失尊嚴；也不能只見利而忘了義，所以即使「枉尺而直尋」，也不可為，因為不能安心，也枉屈正道。就儒學修養，下學上達一貫來說，「不由其道而仕」也說不通的，因為「枉己者，未有能直人者也。」[66]

由於孟子具有一套君子如何出仕的獨特觀點，他講述伊尹、百里奚出仕的故事，就與衆不同：

> 伊尹耕於有莘之野，……湯使人以幣聘之，囂囂然曰：「我何以湯之聘幣為哉！我豈若處畎畝之中，由是以樂堯、舜之道哉！」湯之使往聘之，既而幡然改曰：「與我處畎畝之中，由是以樂堯、舜之道，吾豈若使是君為堯、舜之君哉！吾豈若使是民為堯、舜之民哉！吾豈若於吾身親見之哉！……」思天下之民，匹夫匹婦，有不被堯、舜之澤者，若己推而內之溝中，其自任以天下之重如此！……吾聞其以堯、舜之道要湯，未聞以割烹也[67]。

伊尹原來只想獨善其身，不受利誘；後來湯多次派人聘問，他便改變主意，要兼善天下，讓天下所有百姓都能受堯、舜仁政的恩澤。這是典型的儒家出仕理論，既維護賢者尊嚴，也傳達了爲天下造福、輔佐聖君的理想。墨子尚賢下篇：「湯得而舉之。」比較接近孟子的觀念。孟子談百里奚，同樣否定「自鬻於秦養牲者，五羊之皮，食牛，以要穆公」的說辭，認爲「自鬻以成其君，鄉黨之自好者不爲，而謂賢者爲之哉！[68]」大抵出於同樣的觀點。如果從建安年間，劉備接受徐庶建議，親自往訪諸葛亮，「凡三往，乃見。」便可以了解，士人「可就見，不可屈致[69]」的道理。也可以了解孟子爲何貶斥公孫衍、張儀「以順爲正」，沒有獨立人格，欠缺終極關懷，是「妾婦之道」[70]。事實上，孟子藉伊尹的故事已爲士人的出處樹立了崇高的典範。

究竟伊尹、百里奚是主動干人主，還是靜候人主禮聘的？筆者以爲，諸子爲了證成自家學說，舉例多少受主觀判斷的影響，兩種說法都有其可能性，重要的是，兩種說辭也都有其遠程理想。說難篇的說辭，後代的學者大多採納；孟子的說法，也有諸葛亮活生生的例子。值得留意的是：說難篇提揭了高遠的遊說諫諍的理想，士人卑屈以進，只是權宜之計，目的在於藉此達成理想，這是忍辱負重！儒者標榜的「富貴不能淫，貧賤不能移」[71]，固然要有「固窮[72]」的定慧與定力，要忍受物質的缺乏，但精神上是安適自足的；法家的忍辱負重之說，則有可能物質、精神兩困，唯一支撐的，是爲天下興利除害的理想。說難篇就因爲有理想，使得前此一切委屈，都成爲歷鍊過程；前此一切卑汚，都成爲未來高明的基石。這是極其偉大的構意。

㈣ 迎合要結，無攖逆鱗

說難篇第四段，援引兩個事例，證明：即使判斷正確，還得考慮客觀環境，應對合宜：

> 昔者鄭武公欲伐胡，故先以其女妻胡君以娛其意。因問於羣臣：「吾欲用兵，誰可伐者？」大夫關其思對曰：「胡可伐。」武公怒而戮之，曰：「胡，兄弟之國也73，子言伐之，何也？」胡君聞之，以鄭為親己，遂不備鄭，鄭人襲胡，取之。宋有富人，天雨牆壞，其子曰：「不築，必將有盜。」其鄰人之父亦云。暮而果大亡其財，其家甚智其子，而疑鄰人之父。此二人說者皆當矣，厚者為戮，薄者見疑，則非知之難也，處知則難也。故繞朝之言當矣，其為聖人於晉，而為戮於秦也。此不可不察74。

鄭武公把女兒嫁給胡君，純粹是政治謀略，即連問群臣云云，也是故做姿態。伐胡的計畫，還在保密階段，關其思明白揭出，即使武公不想殺他，也得做個樣子給胡國看。鄰家老頭說話有道理，但關係不深厚，交淺言深，不能取信於人，說不定他還是個富家瞧不起的窮老頭，被懷疑是難免的了。「知」本來不易，判斷事理準確，要有相當的智慧才識，「非知之難，處知則難」的筆法，類似首段否定之後再推述的筆法。「知」原本難，但相較之下，知之後，尚須考慮客觀條件，該如何表達這個事理，才是眞正困難所在。該說不該說？該如何說？都要拿得準，合乎對方需求。「史記」云：「非死者難也，處死者難。[75]」「者」通「之」，句式和說難篇相同。太史公暢論藺相如的智勇，意思是：死，不算什麼大難（原本艱難惟一死），而是該怎麼個死法，才眞正是困難。「處知則難」關係到很多說者未必能掌握的條件，極言迎合之難。

本段「故繞朝」以下，史記本傳無。魯文公六年（西元前六二一年），晉大夫士會因迎立公子雍而至秦，趙盾又改變主意立了靈公，士會只好留在秦國，至此已七年。士會向有賢名，既無罪，去年的河曲之役，又識透晉軍的策略，因此成了晉國極欲爭取的對象。於是晉人設計詐誘士會回國，繞朝勸阻秦穆公不要遣士會出使，穆公未採納。臨行，繞朝「贈之以策」，說：「子無謂秦無人，吾謀適不用也。[76]」繞朝識破晉人的計謀，固然受讚美，在秦却不被重視，但史料中不曾有繞朝被殺的記載，或者韓非子別有所本。折衷的解說，可以把「戮」通釋爲「辱」，指繞朝之言在秦國不受重視，不過是自取其辱。這幾句話，除去「言當」與前文多少相關，前後文意並不貫串，史記既無，有可能是後代注文羼入。

說難篇第五段又舉彌子瑕爲例，說明人主愛憎多變，要結實難：

昔者彌子瑕有寵於衛君。衛國之法，竊駕君車者罪刖。彌子瑕母病，人閒往夜告彌子，彌子矯駕君車以出，君聞而賢之曰：「孝哉，為母之故，忘其刖罪。」異日，與君遊於果園，食桃而甘，不盡，以其半啗君，君曰：「愛我哉，忘其口味，以啗寡人。」及彌子色衰愛弛，得罪於君，君曰：「是固嘗矯駕吾車，又嘗啗我以餘桃。」故彌子之行未變於初也，而以前之所以見賢，而後獲罪者，愛憎之變也。故有愛於主，則智當而加親，有憎於主，則智不當，見罪而加疏。故諫說談論之士，不可不察愛憎之主而後說焉。

彌子瑕被寵愛，後被疏遠，寵愛時一切行爲都可以找出很好的讚美理由，即使犯罪也不妨礙；等到寵愛疏淡了，一點小事就足以得罪君主，還要翻翻老帳，對過去讚美過的行爲重新科定罪過。因喜謬賞，因怒濫刑，本就妨礙治道，而君主的愛憎還可能多變，就更顯得巴結人主確實困難。彌子瑕事例亦見說苑[77]、淵鑑類函、佩文韻府，及文選注、群書治要、藝文類聚、白孔六帖引，皆微有小異。「忘其口味，以啗寡人」，史記作「忘其口而念我」，群書治要、佩文韻府無「味」字。太田方云：「忘其口，忘己口澤之汚也。[78]」解說生動，則是認爲衍「味」字。口澤之汚，於君大不敬，但當時彌子瑕正得寵，一時忘形所以。無奈時光消逝，他青春不再，衛靈公竟然由憎生惡，對已然無法改變的過往行爲嚴辭譴責，犯刖罪和不敬君都是相當嚴重的事，身爲君主的人，可能沒有想到事後論罪是否有效，抑或將爲人不齒的問題；更不曾想到是否「人臣有大罪，人主有大失[79]」的問題。試論若非衞靈公過分變幸，彌子瑕怎敢「竊駕君車」？怎敢「以其半啗君」？事實上，衞靈公何嘗沒有縱容之失？只是一般君主缺乏自省，而總是一味苛求臣子，說難篇反映了許多人臣缺乏保障的事例，這不過其一而已。

韓非子內儲說上篇七術一(一)，及難四篇(四)，記載有彌子瑕「一人煬君」之說，似乎衞靈公寵信彌子瑕，曾經專聽一人，耳目爲之閉塞，關涉到政治大局。孟子記載：彌子瑕曾邀請孔子借宿到家裡，說有把握爲孔子求取「衞卿」之位，但孔子寧可寄宿顏讎由家[80]。由此可知，彌子瑕顯然頗有影響力，却並非正派的賢者[81]，說難篇的「色衰愛弛」，也大致點出了彌子瑕所恃者原是不盡可恃的條件，這就難怪衞君愛憎生變了。

說難篇於文末，以龍之有逆鱗，比況人主皆有特殊禁忌：

夫龍之爲蟲也，可柔狎而騎也[82]，然其喉下有逆鱗徑尺，若人有嬰之者，則必殺人。人主亦有逆鱗，說者能無嬰人主之逆鱗，則幾矣。

龍這種動物，可以馴熟了騎在身上的，只要不碰著牠的逆鱗就好；國君也可以和臣子相處嫻熟的，只要不碰觸他的禁忌就好。要諫說，求得君主的信任，以便施展抱負，救世匡俗，首先得摸清人君的特殊習癖，避免觸犯他的忌諱。這是總結全篇大意，也與首段「知所說之心，可以吾說當之」呼應。第二段足以危身者七，其所以危身，正因碰觸了逆鱗；第三段「大意無所拂忤，辭言無所擊摩」，不也是「無嬰人主之逆鱗」？說難篇結構謹嚴，首尾呼應，承轉貫串，「逆鱗」之喻，正是畫龍點睛之筆。

史上君臣相得，諫諍輔弼，最爲人稱道的，是唐太宗與魏徵。尤其魏徵原是隱太子部屬，太宗能棄嫌器重，而魏徵也是知無不言，言無不盡，從不顧慮鯁直之言，君主是否能消受。他說過：「願陛下俾臣爲良臣，毋俾臣爲忠臣。[83]」君明兼聽，便能讓臣子做進諫匡弼的良臣；君暗偏信，便會使臣子不得不成爲強諫喪身的忠臣。人主肯虛心納諫，須有相當克制的工夫，太宗儘管謙懷納言，有時還是會被惹惱，一次罷朝回宮，竟怒氣冲冲地說：「會須殺此田舍翁！」難得長孫皇后賢德，便恭賀他：「主明臣直」[84]。長孫皇后自言：「妾與陛下結爲夫婦，曲承恩禮，每言必先候顏色，不敢輕犯威嚴；況以人臣之疏遠，乃能抗言如是，陛下不可不從。[85]」分析比較，更顯出魏徵犯顏直諫之難得。太宗曾經藉著酒意調侃魏徵：「每諫我不從，我發言輒不即應，何哉！」最後大笑：「人言徵舉動疏慢，我但見其嫵媚耳！」魏徵聞言再拜，說：「陛下導臣使言，所以敢然；若不受，臣敢數批逆鱗哉！[86]」這堪稱千古難見的好應對，正因太宗虛心納諫，不怪罪魏徵的「疏慢」，一再誘發，魏徵才敢於一再「批逆鱗」。

如以韓非子說難篇衡量：魏徵早已跨越「無嬰人主之逆鱗」的初試階段，進入「曠日彌久，周澤既渥」，可以「批逆鱗」的相得狀況，所以「引爭」、「深計」、「明割利害」、「直指是非」，竟都能實現。愚以爲古代君主權勢過大，人臣犯顏直諫要想得到寬諒，大致要靠君主本身的自律，及左右的旁襯。如太宗者，一心求治，便能了解人臣直諫的善意；而長孫皇后在太宗盛怒時的理性疏解，化戾氣爲祥和，賢后輔君，也是太宗政績卓著的因素之一。魏徵卒後，太宗臨朝感歎說：「以銅爲鑑，可正衣冠；以古爲鑑，可知興替；以人爲鑑，可明得失。……今魏徵逝，一鑑亡矣。」試看史書，魏徵病重，太宗去探視，當晚就夢見魏徵和往常一般，天亮卻聽到死訊，「帝臨哭，爲之慟，罷朝五日。[87]」在在顯出君臣之間深刻的情誼。太宗還事後檢點，找到魏徵的半張遺稿，仍不脫勸諫人主任人的細節：「……任善人則國安，任惡人則國弊。公卿之內，情有愛憎，憎者惟見其惡，愛者止見其善。愛憎之間，所宜詳愼。若愛而知其惡，憎而知其善，去邪勿疑，任賢勿猜，可以興矣！」說難篇所述的「愛憎生變」，魏徵是如何拿來警惕人主的？人情難免愛憎，任人卻非得就事論事，不能因人情而誤事。太宗要求群臣「書之於笏，知而必諫」[88]，他的納諫之誠仍然不減，無奈此後再不見第二個魏徵！韓非子頻頻感歎「說難」，確實不無道理。

註

❶ 見韓子迂評、日人松皐圓韓非子纂聞引。鳳洲，明代王世貞自號鳳洲，與李攀龍齊名，主盟文壇二十年。張榜，字賓王，明人，萬曆年間題有韓非子序。

❷ 見史記老莊申韓列傳。

❸ 見荀子非相篇。

❹ 見林雲銘古文析義頁一二一：「看來遊說之術，從未有如此之描寫曲盡者。」

❺ 見高似孫子略，陳啓天韓非子校釋頁一〇〇六。

❻ 見松皐圓韓非子纂聞引司馬光：「蓋非最得意之文，最失意之遇。」

❼ 參閱李師曰剛文心雕龍斠詮頁二二〇六。

❽ 見聖哲畫像記。

❾ 曾國藩聖哲畫像記讚美陸贄：「事多疑之主，馭難馴之將。」

❿ 見梁惠王上篇①。

⓫ 見史記孟荀列傳。

⓬ 見孟子公孫丑下⑩。

⓭ 見許世瑛先生論文集册二頁五六九。

⓮ 見公孫丑下篇⑫。

⓯ 詳見本書第一輯四。

⓰ 見世說新語規箴⑨，楊勇世說新語校箋頁四二三。

⓱ 見晉書王衍傳，頁一二三八、一二三六。

⑱ 見世說新語校箋德行㉝、文學㉓，頁二九、一六四。
⑲ 見松皐圓纂聞、太田方翼毳引張景陽詩，陳啓天校釋云：「謂被認爲鄙俚也。」
⑳ 見文選卷二十九詩己，頁四二九。
㉑ 「見忌」，舊本作「德忘」，史記作「見亡」，索隱引作「見忘」，從陶鴻慶札記說改。
㉒ 魏書陳思王傳，三國志頁五五。
㉓ 裴注引，見三國志頁五六〇。
㉔ 裴注引，見三國志頁五六〇、五六一。
㉕ 裴注引，見三國志頁五二。
㉖ 見世說新語捷悟①，頁四四〇。
㉗ 見世說新語捷悟②，頁四四一。
㉘ 見世說新語捷悟③，頁四四一。
㉙ 見魏書陳思王傳，頁五五七。
㉚ 見魏書武帝紀，三國志頁二。
㉛ 裴注引吳人曹瞞傳，三國志頁五五。
㉜ 後漢書袁紹劉表列傳，頁二三九〇。
㉝ 後漢書袁紹劉表列傳，頁二四〇二。
㉞ 見舊唐書頁四一九九，册五。
㉟ 見舊唐書頁四一九八、四二〇〇，册五。
㊱ 見史記項羽本紀。
㊲ 見左傳僖公三、四年。
㊳ 參閱竹添光鴻左傳會箋引顧棟高說。

㊴ 外儲說左上三㊃。襲蔡滅之，該看作韓非子的夸飾手法。

㊵ 春秋經：「僖公四年夏，虞師晉師滅夏陽」，三傳皆有疏解，韓非子十過篇「顧小利則大利之殘」、喻老篇⑪，亦引述其事，事又見於呂氏春秋權勳篇、淮南子人間訓。

㊶ 見漢書夏侯勝傳，頁一三九五、一三九六。「安世實不泄」，末字原作「言」，從宋祁說改。

㊷ 見管子小問篇，管子校正頁二七八。

㊸ 「史之」原作「交之」，史記作「久之」，從顧廣圻識誤徵難言篇改。

㊹ 見僖公二年，頁七一。左傳也分析：「宮之奇之爲人也，懦而不能強諫。」

㊺ 見國語周語下，頁八九、九二。

㊻ 「忤」原作「悟」，從顧廣圻識誤徵今本、藏本改。「擊摩」，乾道本、趙本作「繫縻」，茲從迂評本、凌本、藏本，謂摩擦也。

㊼ 「所道」，原作「道所得」，從俞樾諸子平議刪乙。

㊽ 見孟子梁惠王下篇③。

㊾ 見孟子梁惠王下篇⑤。

㊿ 見管子小匡篇，管子校正頁一二八、一二九。

(51) 見孟子公孫丑下篇⑨。

(52) 見師範專科學校教育史下册頁二三、二四。

(53) 見戰國策趙策四，頁七七〇。

(54) 見戰國策趙策四，頁七六八—七七〇。

(55) 見戰國策齊策一，頁三〇四、三〇五。亦見韓非子說林下篇㉞、淮南子人間訓、新序雜事二⑰。

(56) 「吾」下舊本有「言」字，據高亨韓非子補箋刪。

(57) 「彌」各舊本作「離」，從王先愼韓非子集解徵乾道本改。

❺❽ 戰國策秦策一，頁八五。
❺❾ 見史記范睢蔡澤列傳。
❻⓿ 見韓非子難一篇㈥。
❻❶ 見韓非子難二篇㈤。
❻❷ 見史記孟荀列傳。
❻❸ 見淮南子脩務訓。
❻❹ 見孟子公孫丑下篇②。
❻❺ 見孟子滕文公下篇③。
❻❻ 詳見孟子滕文公下篇①。
❻❼ 見孟子萬章上篇⑦。
❻❽ 見孟子萬章上篇⑨。
❻❾ 見三國志諸葛亮傳，頁九一二。
❼⓿ 見孟子滕文公下篇②。
❼❶ 同❼⓿。
❼❷ 見論語衛靈公篇①。
❼❸ 胡、鄭異姓，此指有婚姻關係之國，史記張儀傳：「秦楚取婦嫁女，長爲兄弟之國。」
❼❹ 「故繞朝」以下，史記無。
❼❺ 見史記廉頗藺相如列傳。
❼❻ 見左傳文公十三年。
❼❼ 見說苑雜言，頁一三六。
❼❽ 見韓非子翼毳，頁一五七，無求備齋韓非子集成册48。

⑲ 見韓非子孤憤篇。韓非子以爲：人臣犯了大罪，人主不能辭其咎，蓋因不能用術也。

⑳ 見孟子萬章篇上⑧。

㉑ 詳見本書頁一七五、一七六。

㉒ 「可柔狎」，各舊本作「柔可狎」，從高亨韓非子補箋校乙。「柔」，史記作「擾」，意同，皆馴也。

㉓ 見新唐書頁三八六八，冊五。

㉔ 見資治通鑑頁六〇九三，冊九。

㉕ 見資治通鑑頁六〇九五，冊九。

㉖ 見新唐書頁三八七一，冊五。

㉗ 見新唐書頁三八八〇，冊五。

㉘ 同㉗。

三　難言篇——難於進言的感慨

韓非子的第三篇難言篇，「難」字也唸陽平，旨在說明人臣難於進言的苦況。它和說難篇有些相似之處，「既用推理來說明論題，也用具體事例來說明論題。……是推理性質的解釋式的議論文。❶」但是，說難篇結構謹嚴，多方議論，推理多，舉證少，而通篇首尾相貫，義理明暢。難言篇所推述的，則只是說難篇的一小部分；舉證却又龐雜之極，牽扯二十幾個事例，並未能完全貼切。因此，竊認爲說難是精心錘鍊的不朽傑作，難言則是粗略拼湊的急就章。說難全篇謄錄在史記韓非子本傳中，向來沒有人懷疑過；難言則是雖無有力證據，却不免可疑❷。

㈠ 難言而重患

在封建制度還未崩壞以前，國君任人分職，有階級宗法做爲標準，國君不得任意進退，也就少負衡量品評遴選的責任。後來階級逐漸泯滅，孔子、墨子大力推廣教育，士人只要有一技一才，不拘國籍、門閥，常有仕進的機會，於是遊談炫技的人日益增多。做君主的人得要有相當的方術，才能區分眞僞，任用眞才。何況士人多爲勢爲利而來，其心多數叵測多端❸，國君難免要由多方面去假設，在士人看來，無論用何種說辭去向人主進言，都不易取信。韓非子說難篇第二段後半，談論易遭輕視者八，便談及這個問題；難言篇首段「所以難言者」發端，以迄「此臣非之所以難言而重患也」小結，重申前義，中間縷舉十二項「被認爲」如何的種種寃抑不平，其實也正是說難篇所言易遭輕視的問題。

韓非子用十二個並列的假然命題，把「難言」的狀況表達出來❹，大致是條件句兩句，後果小句一句。虛擬的條件句所述大體上是作者認可的一種相當不壞的進言方式，結論則是出人意表，爲君主所否定，皆用「見以爲」承接，具類疊的效果。「見以爲」是指進言者的種種表現，被看做是……，表示君主意謂如此，是主觀認定，未必就是事實；而主觀認定，往往是因爲國君防備心態，極盡挑剔之能事：

臣非非難言也，所以難言者：言順比滑澤，洋洋纚纚然，則見以為華而不實。敦祗恭厚，鯁固慎完，則見以為拙而不倫。多言繁稱，連類比物，則見以為虛而無用。總微說約，徑省而不飾，則見以為劌而不辯。激急親近，探知人情，則見以為譖而不讓。閎大廣博，妙遠不測，則見以為夸而無用。家計小談，以具數言，則見以為陋。言而近世，辭不悖逆，則見以為貪生而諛上。言而遠俗，詭躁人間，則見以為誕。捷敏辯給，繁於文采，則見以為史。殊釋文學，以質性言，則見以為鄙。時稱詩書，道法往古，則見以為誦。此臣非之所以難言而重患也。

㈠㈢㈥重複「無用」的觀念，多少反映戰國時代重實用的潮流，其他各條也有一些值得探究的問題。

第四「總微說約」一則，與說難「徑省其說，則以爲不智而拙之。」有些近似。荀子云：「少言則徑而省，論而法，若佚之以繩，是士君子之知也。❺」直捷了當，簡省文詞，這種言簡意賅，原也是士君子之言，卻被認爲是「劌而不辯」。「劌」讀ㄍㄨㄟˋ，刺傷也，老子云：「廉而不劌」❻，指語言傷人，沒有口才。另一說，通「昧」字，指事理欠明，沒有辯才❼。筆者贊同後說，簡省文詞，缺點在於太過簡約，並沒有傷人之意；過於簡約，便有欠明白曉暢的缺失。而君主之所以認定事理欠明，和說難所謂「不智」、「拙」，意思也相近。

第五「激急親近」一則，可說是交淺言深，以疏論親的缺失。君主的反映，明顯是人情徇私護短的狀況。說難篇：「與之論大人，則以爲間己」，「論其所愛，則以爲藉資」，可以參看。

第七「家計小談」一則，「家計」凌本作「纖計」，茲從乾道本，指家常瑣計，王先愼集解以爲，即說難篇所謂「米鹽博辯」。愚以爲「米鹽」是，「博辯」則不盡同。「小談」，太田方翼毳云：謂財利運籌瑣猥之言，「具數」當即件數，既是家常財利瑣碎之言，又一一縷舉，難免被認爲「愚陋」。

第八、九兩則，立意正好對比，文句也幾乎平行。兩種完全相反的說法，都未必有被肯定的機運，更見出進言的困難。「詭躁」，高亨解說得最貼切。高氏援引方言「秦、晉之間曰獪，楚謂之剽」，證明躁通剽、譟，即詐字之意。韓非子中：「險躁反覆，謂之智。」及「社稷之所以立者，安靜也；而譟險讒諛者任」❽，「險躁不得關其佞」❾，「譟詐之人不敢北面立談」❿，用詞皆相近⓫。荀子云：「凡說之難，以至高遇至卑，以至治接至亂，未可直至（致）也。遠舉則病繆，近世則病傭。⓬」已約略道出諫說之難，而荀、韓的師承關係，在此也有具體線索。荀子這段話，韓非子發揮得淋漓盡致，前半乃說難篇首段的源流；後半則是難言篇這兩個複句的綱領。

第十「捷敏辯給」一則，「史」的意義，儀禮云：

> 辭無常，孫而說，辭多則史，少則不達，辭苟足以達，義之至也⓭。

辭貴明達，多或少各有弊病。「史」指策書祝辭一類，虛文少實。論語：「子曰：『質勝文則野，文勝質則史，文質彬彬，然後君子。』⓮」所謂史官文勝質，就指當時記載，有被譏爲「浮誇」的就是⓯。虛泛文飾浮誇，剛好與韓非子的實用觀牴觸。說難篇：「米鹽博辯，則見以爲多而史之。」其所以遭輕視，非不博學也，正嫌堆砌過多，有浮誇之失。

第十一、十二兩則，文句平行，立意對比，所敍都與儒者相關，「文學」、「詩書」是儒者所學，向人主進言難免要稱述，由此可以看出當代儒學為「顯學」的痕跡。「文學」實賅括詩書，兼指儒者所學的整套學術，在這兩句中，變換語詞，有互文的作用。兩種完全相反的應對，同樣都遭貶抑，正見進言實難。值得注意的是，韓非子散見於其他各篇的設論，多以儒學為不切實際，此處由兩極端作為，得出兩極端結果，就韓非子思想體系衡量，必定只有一項相合，一項不合。很顯然的，以韓非子的選擇，可能寧可「質性」而被認為「鄙野」；大約不會贊同「時稱詩書，道法往古」的。若依門無子迂評、陳啓天校釋的推論，難言可能是在秦時獄中上秦王書[16]，秦王不喜「文學」、「詩書」，必不致特意留心是否不涉「文學」，以此斷定為「鄙」；亦必不能耐心聽著儒者「時稱詩書，道法往古」。此中不無可疑。

以上十二例中，一、二及八、九，十一、十二大致平行兼對比，奇偶不一，思路遠不如說難篇細密，選材大不如說難篇精緻妥貼。末句「難言而重患也」總綰前言，重新點題，迂評引趙用賢曰：「一語束上，關鍵極緊。」簡切道出了結句的妙處。

難言篇的第二段，先用數句賅括性推論，再詳細學例說明：

> 故度量雖正，未必聽也；義理雖全，未必用也。大王若以此不信，則小者以為毀訾誹謗，大者患禍災害死亡及其身。故子胥善謀而吳戮之，仲尼善說而匡圍之，管夷吾實賢而魯囚之。故此三大夫豈不賢哉？而三君不明也。上古有湯至聖也，伊尹至

> 智也；夫至智說至聖，然且七十說而不受，身執鼎俎為庖宰，昵近習親，而湯乃僅知其賢而用之。故曰以至智說至聖，未必至而見受，伊尹說湯是也；以智說愚，必不聽，文王說紂是也。故文王說紂而紂囚之，……

此中也有許多尚待探索的問題。以「度量正」、「義理全」總括人臣進言，與前段所述，不盡相合，若另有所起，似又不須加「故」字。小者毀謗，大者禍亡，該是總示下列各例中的人物之下場。說難篇：「厚者爲戮，薄者見疑」筆法近似，但說難篇該段只舉二例，又極貼切；難言篇則涵蓋頗廣，不免含胡。子胥、仲尼、管夷吾三例就顯然各有殊異。子胥一例是最貼合的，確實是因進言不合而遭身亡之禍，而且所言果然是「度量正」、「義理全」。仲尼被圍於匡，與進言無干，匡人亦非「君」，說苑所謂：

> 匡簡子將殺陽虎，孔子似之，甲士以圍孔子之舍。……子路歌，孔子和之，三終而甲罷[17]。

「匡簡子」云云，可能是因趙簡子而誤，實際並無其人。「子畏於匡」初見於論語子罕及先進篇，又見於莊子秋水篇、史記孔子世家，都只述及「匡人」。至韓詩外傳六、說苑雜言及孔子家語困誓，才記載「匡簡子」其人，錢穆認爲：「益（愈）下而益詳，要之與論語之言不符。今匡簡子亦無考，余疑涉趙簡子而誤也。[18]」孟子提過孔子善爲說辭：

> 宰我、子貢，善為說辭。冉牛、閔子、顏淵，善言德行。孔子兼之[19]。

孔門四科：德行、言語、政事、文學，孔子弟子各有所長，孔子聖者，自然兼集衆長。左傳記述孔子重辭令之訓練：

> 仲尼曰：「志有之：言以足志，文以足言。不言，誰知其志？言之無文，行而不遠。」[20]

言辭，用以表達心志，不僅要求通達，還要文采，以求行諸久遠！孔門弟子學詩，不僅了解詩義而已，還要引申發揮，以求「使於四方」可以「專對」[21]，可見言辭應對在孔門是重要的訓練重點，孔子當然善爲說辭。不過，難言篇舉例却不妥。孔子「畏於匡」，並非由於「說」得不中聽；他解圍，也不是靠「善說」，更不是以臣子身分向長上進言。這個例子，至多只能說是遭厄而已，與「難言」不切。

「管仲」的事例也不妥。管仲志在求免一死，等候時機，再爲齊國效力[22]，他不曾向魯君進言，魯君囚之，不過外交友好作爲，並非由於管仲「進言」如何，「賢」與否的問題。

因此，這也是遭厄之例，與「難言」不切。

昔人解韓非子，以爲「三大夫」云云，「三君」云云，只是「屬文之宜」㉓，言外之意，似乎不算什麼大毛病，竊認爲實是曲爲迴護的態度。事實上，孔子過匡時，並非大夫；管仲被囚時，也不是大夫；而匡簡子乃後人杜撰。再說，前後事義並不相貫，確實是敗筆。

「伊尹說湯」一段，鋪陳生動周詳，舉證有力，略帶夸飾，松皋圓說：「七十說爲宰，雜家之說也。㉔」以至智說至聖，還得七十次，足見「難言」。「伊尹爲宰干湯」與「百里奚爲虜干穆公」，在韓非子中雙例並舉，重見於難一㈥、難二㈤及說難篇。前二則說明二人以天下之憂而憂，所以不避危難，忍受恥辱，卑躬屈節去求見君主；說難篇更具體說明，只要能「聽用振世」，如此「役身以進」是值得的，這表現了法家積極進取的用世哲學，已詳於說難篇探究中，不再贅述。

至於以「文王說紂」說明「以智說愚」，大抵只是推論而已。文王被囚於羑里屬實，但史書並無文王說紂的資料。照松皋圓的看法，韓非子這種解說「近得實」，文王看見九侯、鄂侯死得悲慘，去勸諫是可能的。如果「畏罪噤口，不得已而竊歎，鄉黨自好者不爲也。史記所傳，策士之談也。㉕」也許可以聊備一說。

晉代葛洪抱朴子有云：

夫以賢說聖，猶未必即受，故伊尹干湯，至於七十也；以智告愚，則必不入，故文王諫紂，終於不納也㉖。

顯然直承韓非子難言篇的語意。其文雖旨在悲憤遭時難遇，而旁引曲喻，以難言篇所述推論，足見深受韓非子的影響。

(二)難免死亡戮辱

第二大段後半，由「翼侯炙」以下共舉了二十一個人的事例——宓子賤、西門豹並提，如果看成一例，就是二十個事例，最後結論說：

此十數人者，皆世之仁賢忠良有道術之士也，不幸而遇悖亂闇惑之主而死，然則雖賢聖不能逃死亡，避戮辱者何也？則愚者難說也，故君子難言也㉗。且至言忤於耳而倒於心，非賢聖莫能聽，願大王孰察之也。

前文以「小者毀訾誹謗，大者患禍災害死亡及其身」賅括，此處又以「不能逃死亡，避戮辱」總述衆賢的遭遇。「戮辱」當指受刑罰之辱。戰國策記載蔡澤之言云：「是有忠臣孝子，國家滅亂，何也？無明君賢父以聽之。故天下以其君父爲戮辱，憐其臣子。㉘」「戮辱」即用此意。賈誼新書云：「廉恥禮節，所以治君子，故有賜死而無戮辱。是以係縛、榜笞、髡、刖、黥、劓之罪，不及士大夫。㉙」戮辱乃受刑罰之辱，意極明顯。戮辱和死亡畢竟有區分。難言篇用來總賅衆賢的遭遇，幅度大些，自然設詞較方便。以下筆者嘗試將所學事例略加剖析：

「翼侯炙，鬼侯腊，比干剖心，梅伯醢」：四者都與紂王有關。史記記載：

> 以西伯昌、九侯、鄂侯為三公。九侯有好女，入之紂。九侯女不憙淫，紂怒殺之，而醢九侯。鄂侯爭之彊，辨之疾，并脯鄂侯㉚。

徐廣以爲：九侯一作鬼侯㉛，松皐圓以爲：難言篇「翼侯」即史策之「鄂侯」㉜。難言篇的「炙」，當即是墨子明鬼篇的「焚炙」，王念孫認爲即指「炮烙」之刑㉝。韓非子難勢篇及難二篇㈢都述及炮烙酷刑。「腊」就是「脯」。兩人所受刑罰，韓非子與史記不同，其他書籍所述也不盡相同，但都是非人道的酷刑，則是一致的。翼侯強辯致死，還與難言有些關連，鬼侯之死，則與進言無干。

呂氏春秋云：「紂爲無道，殺梅伯而醢之，殺鬼侯而脯之。㉞」又云：「殺梅伯而遺文王其醢，不適也；……殺比干而視其心，不適也。㉟」鬼侯事蹟同韓非子，梅伯醢，亦同，但原因不明，高誘注則點明：「說鬼侯之女美好……」則是因爲紂怪罪他薦女不當了。淮南子云：「剖賢人之心……醢鬼侯之女，菹梅伯之骸。㊱」高注同呂氏春秋，另有：「一曰紂爲無道，梅伯數諫，故菹其骸。」淮南子又云：「紂醢梅伯，文王與諸侯構之。㊲」楚辭天問云：「梅伯受醢，箕子佯狂。」春秋繁露亦云：「殺梅伯以爲醢。㊳」可見「梅伯醢」大致說法相同，只有高誘注呂氏春秋、淮南子，嘗試解釋其因由。賈誼作「惜誓」有云：「梅伯數諫而至醢兮……比干忠諫而剖心兮……」㊴，正式提到梅伯的死因是多次進諫，高誘比賈誼晚了三、四百年，他解呂氏春秋，可能受賈誼影響，而賈誼「數諫」之說，很有可能得自於難言篇。若果梅伯死因確定是「數諫」，難言篇的引證便是妥切的。

史記述及：比干強諫死爭，紂怒曰：「吾聞聖人心有七竅。」剖比干觀其心㊵。「比干剖心」事例貼切，散見於各書中，也大都一致，無庸置疑。

「夷吾束縛」，事例重出，已辨於前，不贅。

「曹羈奔陳」：事見魯莊公二十四年（西元前六七〇年）。左氏、穀梁無傳，公羊傳則云：「曹羈者何，曹大夫也。……戎將侵曹，曹羈諫曰：『戎衆以無義，君請勿自敵也。』曹伯曰：『不可。』三諫不從，遂去之，故君子以爲得君臣之義也。」就公羊傳「三諫」之說，大抵與難言篇相切。但曹羈不過是「奔陳」，只是受辱而已。兩年後「曹殺其大夫」，穀梁傳雖說：「爲曹羈崇也。」並不能證明所殺者即曹羈。左氏無傳，公羊傳則明言所殺乃「不死於曹君者」。此外，公羊、穀梁傳都不把曹羈當做曹君，正和韓非子難言篇的設意相同，與史記曹世家也相合。由此可證賈逵以曹羈爲曹君，杜預以曹羈爲曹世子，都未必可靠㊶。

「伯里子道乞」：「伯里子」當即「百里奚」，百或作伯[42]，史記鄒陽傳：「百里奚乞食於路。[43]」當係承自韓非子難言篇。一般提及百里奚，多言「轉鬻[44]」或「傳鬻」[45]，或韓非子所謂的「爲虜」[46]，說苑云：「百里奚自賣五羊之皮，爲秦人虜」[47]，便是綜括敍述。難言篇這種說辭，大約是未賣之前窘境，想當然耳的文學筆法，但只能說是「窘迫遭厄」，與進言何干？

「傳說轉鬻」：「轉鬻」涉上句百里奚而誤，當係「版築」，「鬻」或音築，聲轉致誤[48]。孟子云：「傳說舉於版築之間。[49]」這也是未遇之前，與進言無干。

「孫子臏脚於魏」：孫臏與龐涓俱學兵法，涓仕魏，召孫臏而害之，史記云：「以法刑斷其兩足而黥之。[50]」「臏」者，壞其膝骨，意不盡同。司馬遷報任少卿書云：「孫子臏脚，兵法修列。[51]」用詞與難言篇同。孫臏的事例，是受朋友陷害，至多也是遭厄，與人臣進言毫不相干。

「吳起抆泣[52]於岸門，痛西河之爲秦，卒枝解於楚」：吳起被毀謗，不忍西河將入秦手，因而揮淚，似乎不曾道出與進言困難有何關連；至多是表明他投訴無門。「枝解於楚」，是因吳起輔佐楚悼王「明法審令，捐不急之官，廢公族疏遠者[53]」的結果，那是悼王死後宗室貴族對他的報復，與進言也不相干。韓非子和氏、姦刧弑臣，也有「枝解於楚」之說，問田篇則云：「吳起支解」，枝支通。難言篇綜述吳起在魏、楚的事蹟，因果關係並不明晰，與題旨也不能切合。

「公叔痤言國器，反爲悖，公孫鞅奔秦」：公叔痤臨死，向魏惠王推薦商鞅，又說如不用商鞅，就殺了他。魏惠王不重視，反以爲公叔痤老病糊塗了，以致好人材被敵國所用。這個事例，如以公叔痤爲主體，就可緊扣「難言」的主題，正是「以智說愚」，「愚者難說」，極爲貼切。但從前頭擧例來看，作者的重點也有可能是在商鞅，商鞅是韓非子稱揚的前輩人物，他的悲劇下場也是韓非子屢屢慨嘆的對象。不過，如此一來，商鞅奔秦是政治生涯的起點，與「難言」就無關了。

「關龍逢斬」：桀無道，關龍逢諫而被殺，見於莊子。人間世篇與比干並提，胠篋及外物篇與比干、萇弘、伍子胥並提。韓非子見於說疑篇、人主篇。又見於韓詩外傳七、新序節士、孔子家語在厄篇。這個擧證是妥切的。

「萇弘胣」：「胣」，莊子胠篋作「肔」，韓非子宋本注：「磔裂」，意即枝解。淮南子氾論訓云：「萇弘鈹裂而死。[54]」今本淮南子作「車裂」，涉下文而誤，不如作「鈹」切意。左傳記載：萇弘死於哀公三年（西元前四九二年）。萇弘躬事劉文公，爲周室忠臣，有死後血化爲碧之說[55]，但究竟與進言何干？不得其詳。韓非子有「叔向讒萇弘」一則[56]，旨在藉以說明敵國廢置的道理，事實上，叔向早在五十年前左右即爲晉國重臣，是否有可能陷害萇弘，大有疑問；說苑權謀篇所述，是承韓非子而來。總之，萇弘忠而被冤死，是實，與「難言」的主旨却並不切合。

「尹子穽於棘」：尹子其人無考。尹桐陽韓非子新釋疑即立王子朝的尹文公固。按尹固當是尹文公圉之子，昭公廿三年圉立王子朝，廿六年固從子朝奉典籍奔楚，廿九年京師殺尹氏固。則立王子朝與死難者不同。尹氏固死難是實，其他亦不詳，姑備一說。于省吾韓非子新證疑「穽」乃古「刑」字訛變，「刑於棘」頗有值得探究處，說苑記載：

> 秦始皇帝太后不謹，幸郎嫪毒，封以為長信侯，為生兩子。……毒懼誅，因作亂，戰咸陽官。毒敗，始皇乃取毒四肢，車裂之……下令曰：「敢以太后事諫者，戮而殺之。」從蒺蔾其脊肉幹四肢，而積之闕下，諫而死者二十七人矣。……從蒺蔾於諫士，有桀、紂之治。……57

「漢書」翟方進傳亦載：

> 方進少子義，舉兵反莽……事敗，莽盡壞義第宅，汙池之，發父方進及先祖冢在汝昌者，燒其棺柩，夷滅三族，誅及種嗣，至皆同坑，以棘五毒并葬之58。

觀王莽之意，以棘五毒並葬，是畏懼翟氏祖靈佑護，欲其不得超生；始皇「從蒺蔾於諫士」，則是遷怒而施以酷刑，戮辱其屍。

易坎卦：「上六，係用徽纆，寘於叢棘，三歲不得，凶。」莆陽張氏云：「坎為刑獄，荀九家易坎為叢棘。」傳云：「叢棘若今之棘寺。59」則古亦以「叢棘」稱監獄，或與這種酷刑有關。

「司馬子期死而浮于江」：尹桐陽疑指楚子西之弟，公子結，爲大司馬，字子期。白公作亂，殺子西、子期於朝。事見左傳哀公十六年（西元前四七九年）。但是否浮于江，因由何在？與難言是否有關？皆不得而知。

「田明辜射」：尹桐陽以爲「田明」即「齊明」，「辜射」即「辜磔」。齊明事蹟，見於戰國策東周策、韓策二、楚策四、齊策六，蓋一辯士也。情由不詳，姑存備考。

「宓子賤、西門豹不鬥而死人手」：宓子賤，名不齊，孔子弟子，曾治單文；西門豹，魏文侯、武侯之臣，治鄴有政績。韓非子外儲說左上篇，藉有若之口，談治單父，須「有術而御之」[60]。呂氏春秋云：「宓子賤治單父，彈鳴琴，身不下堂而單父治。[61]」說苑稱其所治者大[62]，與史記仲尼弟子傳，孔子家語盛稱「君子哉若人」[63]，形象一致。大抵是德化有成的躬行君子。至於西門豹治鄴，說苑記述魏文侯勉勵他「全功成名布義」；韓非子記其「挾知而問」，佯亡車轄，以考驗僚屬[64]。史記褚先生所補傳記，則記述他改革「河伯娶婦」的陋俗，發動民夫鑿渠灌溉，是有先見、有魄力的政治家。褚先生並於文末，拿子產、宓子賤、西門豹做比較：「子產治鄭，民不能欺；宓子賤治單父，民不忍欺；西門豹治鄴，民不敢欺[65]。」大抵西門豹是比較有威嚴，採用較猛厲手段，傾向法家的政治家。

宓子賤、西門豹皆有政績，但二人不得善終之事，仍不得而知。

「董安于死而陳於市」：董安于，亦見韓非子其他篇目，十過、七術作「闞于」，觀行作「安于」，閼、安古通，左傳、國語、史記、說苑作「安」，淮南作「閼」。董安于是趙簡子的得力家臣，說苑有段資料，由晉陽到邯鄲行軍時，他獨獨落在後頭，簡子一再停車等候，君臣問答極妙：

> 簡主曰：「秦道之與晉國交者，吾忘令人塞之。」董安于曰：「此安于之所為後也。」簡主曰：「官之寶璧，吾忘令人載之。」對曰：「此安于之所為後也。」簡主曰：「行人燭過年長矣，言未嘗不為晉國法也，吾行忘令人辭且聘焉。」對曰：「此安于之所為後也。」[66]

他細心周到，主動為趙簡子分憂分勞。他治理晉陽，很有績效。他和西門豹治鄴一樣，是「稽積於民」[67]，韓非子十過篇和戰國策趙策一，都說直到趙襄子對抗知伯時，晉陽「餘教猶存」，因此知伯水灌晉陽，晉陽「沈竈產鼃」，竟然「民無叛意」[68]。

董安于絕不是好名爭先的人，國語記載他推辭戰功的褒賞，因為打仗不過是「一旦為狂疾[69]」而已。根據左傳，董安于有遠慮，曾勸趙簡子防備范氏、中行氏，後二氏作亂失敗，奔朝歌，知氏忌憚安于之才，指責：二氏為亂，「安于則發之。……始禍者死。」於是董安于說：「我死而晉國寧，趙氏定，將焉用生？」便自縊而死。趙簡子「尸諸市」，應付知氏之後，就「祀安于於廟」[70]。由此看來，董安于純粹是政爭的犧牲品，確實死得冤屈，也死得有價值。但是，事情發展及董安于屈死，錯都不在趙簡子。這個事例與難言旨意，及「愚者難說」的重點都不盡貼切。

韓非子曾就個性及補短以變化氣質，比較西門豹與董安于：

西門豹之性急，故佩韋以自緩；董安于之心緩，故佩弦以自急㉛。

對比有趣，可惜對於本篇論據求證方面並無助益。

「宰予不免於田常」：宰予善於辭令，如果被田常所殺，大致可以印證有口辯未必能逃避亡身之禍。呂氏春秋愼勢篇、淮南子人間訓、說苑指武篇、孔子家語七十二弟子解，及史記仲尼弟子列傳、李斯列傳，鹽鐵論殊路都有宰予被田常所殺的記載。不過，左傳記述田常、闞止爭權，田常殺闞止㉜。韓非子亦云：「田恆相齊，闞止重於簡公，二人相憎而欲相賊也㉝。」闞止，字子我，和田常爭權而被殺的，應該是闞止，因爲宰予的字號也是子我，於是由呂氏春秋以下便誤傳爲宰我被殺。史記弟子列傳和孔子家語還記明宰我「與田常作亂，以夷其族，孔子恥之。」看成田常同黨了。東坡志林引史記李斯列傳：「殺宰予于庭」，證明弟子列傳宰予與田常作亂之誤，但還是沒弄清楚李斯列傳所謂的「宰予」應是闞止之誤㉞。

淮南子大抵承襲呂氏春秋，那麼呂氏春秋可能受難言的誤導；孔子家語有可能是後人僞作，與史記雷同之處，應是家語抄襲史記。如此，難言這個事例根本以無爲有，不生效用。錢穆先秦諸子繫年，以史記爲實，辨宰我即闞止，可以參考㉟。但即令是實指孔子弟子宰我，如何以言忤人，迹象似仍欠明，闞止終究不過政爭的犧牲品而已。

「范睢折脅於魏」：范睢事魏中大夫須賈，使於齊國，頗受禮遇，須賈以爲范睢出賣魏國機密，告魏相魏齊，被鞭笞致「折脇摺齒」[76]。鄒陽獄中上書：「范睢摺脅折齒於魏，卒爲應侯。[77]」文句和難言篇近似。范睢後來佯死逃脫，這個事件是災厄，鄒陽譬喻恰當，在難言篇舉證，至多只能說，感慨范睢「辯口」[78]，却不能自衞，和首段諸多進言狀況，並未能照應。范睢能「忍詢於魏齊」[79]，大體是受戮辱，還不脫歸納範疇，但引證說明事理，過於簡約，事例也不盡貼切。

(三) 作者疑而難定

以上總共二十五個事例，除去「夷吾束縛」重見，宓子賤、西門豹二人並舉，總計二十四個事例，二十五個人物，在短短篇幅中，只有一段鋪敍理論，而舉證資料幾乎超出一倍，體例相當特殊。周鍾靈氏嘗說：「『難言』和『說難』的格局是互相類似的，甚至可以說是完全一樣的。它們都是前半篇說明道理，後半篇列舉事例。這說明道理和列舉事例都是用來解釋『難言』和『說難』的論題的，而且說理部分是主要的部分；因此把這兩篇文章看做是推理性質的解釋式的議論文。[80]」如果從議論的程序看，兩篇先說理後舉例，確實一樣，但事實上並不完全相同。「說難」說理占主要部分，面面俱到，鞭辟入裏，而舉例部分只有四例——若是採史記收錄的本子，消去繞朝一例，就只有三例，而舉例並非只在印證前面的理論，而是繼續推展理論。「難言」的舉例大致則是承上理論而來，旨在加以印證。「說難」舉例非常詳盡而貼切，「難言」舉例既多，有詳有約，有的可考，有的無考，有的貼切，有的不盡合宜。「難言」由於舉例龐雜，篇幅又長，其列舉事例部分的重要性不比首段差，甚且猶有過之。

難言篇次段：「以智說愚，必不聽，文王說紂是也。故文王說紂而紂囚之。……」松皐圓云：「結上起下，又粘著文王，從文王又拓開文字，眞變化。[81]」則是以文王被囚事例領起以下二十個事例，而由「愚者難說也」綰束貫串。明代孫鑛，則由伊尹以下的事例論評：「排敍二十三人，長短句錯出，音節鏗鏘，連類而不厭。」陳深亦云：「用古人寔事貫串，簇成一堆，齊而不齊，不齊之齊，妙！妙！[82]」皆就文句長短變化讚譽，而事義是否合理適切，却未曾留意。倘若拿韓非子其他篇目的比類推理技巧來衡量，難言篇的舉例其實相當駁雜，不合於「難言」題旨的，或無從了解是否合乎題旨的，二十五個人物中竟有十六個，這還是把公叔痤進言替代商鞅奔秦做主體，承認宰予即闞止，有辯才而不能逃死亡。這樣的比例確實有些離譜。而且，末段小結論，難言篇本身就不能自圓其說。「此十數人者……不幸而遇悖亂闇惑之主而死。然則雖賢聖不能逃死亡避戮辱者，何也，則愚者難說也，故君子難言也。」既先舉二十幾人，又說「十數人」；既說：「遇……而死」，又說：「……避戮辱」。如果「戮辱」不看做與死亡有區別，前面的事例不能賅括的更多。不過上下數句，便舛訛扞格如此，有些難以理解。難言篇舉證的事例，有的簡約到類似駢文用典。韓非子內外儲說的「經」部分，也很簡約，但它原是綱目，尚有「傳」或「說」加以鋪述演繹，難言篇的這些事義模糊的例子，却只有闕疑待考了。

學者們研究韓非子，由於難言篇起筆與首段句末有「臣非」的字詞，有些人便斷定是韓非子上韓王的奏書[83]；又有因次段兩稱「大王」，文章重在「難言而重患」，推定在秦時獄中上秦王奏書。因爲在獄中，所以憤悶孤抗，辭不暇擇，意有未盡[84]。但是難言篇可疑的地方還是有，劉汝霖因爲篇中「以智說愚」、「愚者難說」等語，不似人臣上書，雖用獄中情切辭激疏解，疑竇仍在；筆者以爲：由內容敍及文學、詩書；援引事例駁雜而不貼切，疑爲後人仿說難而作之說[85]，仍可參考。日人松皐圓亦云：「疑依說難而假託者。[86]」松皐圓氏原名蒲坂圓，由丁巳年謝病迄己巳（一八六九）年，專力潛研韓非子十二年，注說舉證，相當嚴謹，筆者認爲這句話並不突兀。難言篇是否韓非子原作，實在尚待商榷。以上筆者細就內容推究剖析，目的也在於藉此重加省思，信其可信，疑其當疑，正是董理舊籍的重要原則。難言篇有不少後人羼亂的痕跡，也很可能是後人仿說難而依託的作品。不過，難言篇雖不能算是韓非子書中重要代表性的精采傑作，它仍具有一些韓非子個人和時代的特色，它上書的體例，說理及援舉事例的筆法，在韓非子五十五篇也頗具特殊風格，這是不能輕易抹煞的。

註

❶見周鍾靈韓非子的邏輯，頁五七〇，無求備齋韓非子集成，册39。

❷謝雲飛韓非子析論列入「雖疑而無有力證據之諸篇」中，頁七。

❸參蕭公權中國政治思想史，頁二三一。

❹仝❶，周氏用「假然判斷」，一般用「假然命題」。

❺荀子性惡篇。

❻見老子第五十八章。

❼見韓子淺解徵于省吾韓非子新證之說。

❽見韓非子詭使篇。

❾見韓非子有度篇。

❿見韓非子說疑篇。

⓫參高亨韓非子補箋，校釋、集釋引。

⓬見荀子非相篇。

⓭見儀禮聘禮。

⓮見論語雍也篇⑱。

⓯見劉寶楠論語正義頁一二五：「史官文勝質，則當時紀載，或譏爲浮夸者是也。」

⓰見校釋頁二九九「考證」。

⓱見說苑雜言⑮。

⓲見錢穆先秦諸子繫年頁三三。

⑲ 見孟子公孫丑上篇②。

⑳ 見左傳襄公二十五年。

㉑ 論語子路篇⑤：「誦詩三百，授之以政，不達；使於四方，不能專對。雖多，亦奚以爲？」

㉒ 管子大匡篇：「夷吾之爲君臣也，將承君命、奉社稷以持宗廟，豈死一糾哉！夷吾之所死者，社稷破，宗廟滅，祭祀絶，則夷吾死之。非此三者，則夷吾生。」

㉓ 見松臯圓韓非子纂聞頁一一一。云「匡簡子，宋大夫也，而井曰三君，屬文之宜。」按：「匡」乃衛地，並非宋地，見郭慶藩莊子集釋頁五九三，錢穆先秦諸子繫年頁三二、三三。

㉔ 見韓非子纂聞頁一一二。

㉕ 仝㉔。

㉖ 見抱朴子外篇卷八時難篇。

㉗ 「難言」二字，乾道本作「不少」，玆從迂評本、趙本、凌本。

㉘ 見戰國策秦策三，頁二一三。

㉙ 見新書階級篇。

㉚ 見史記殷本紀。

㉛ 史記裴駰集解引。

㉜ 仝㉔，然松臯圓氏以淮南子之「息侯」亦同一人，今本俶眞訓「息侯」作「鬼侯」，則不盡然矣。

㉝ 見墨子集解卷八明鬼引王念孫讀書雜志說。

㉞ 見呂氏春秋行論篇。

㉟ 見呂氏春秋過理篇。

㊱ 見淮南子俶眞訓。

㊲ 見淮南子說林訓。

㊳ 見董仲舒春秋繁露王道第六，蘇輿春秋繁露義證頁七五。

㊴ 收入楚辭中，見傅錫壬新譯楚辭讀本頁一八二。惜誓，據洪興祖、王夫之、游國恩等之說，斷爲賈誼之作。

㊵ 仝㉚。

㊶ 賈、杜之說見竹添光鴻左傳會箋，參劉正浩太史公左氏春秋義述頁三〇。

㊷ 見太田方韓非子翼毳頁五〇。

㊸ 鄒陽獄中上書，見史記。

㊹ 如淮南子脩務訓。

㊺ 如呂氏春秋愼人篇。

㊻ 見說難篇、難一篇㈥、難二篇㈤。

㊼ 見說苑善說篇。

㊽ 參翼毳、校釋之說。

㊾ 見孟子告子下篇⑮。

㊿ 見史記孫子吳起列傳。

51 見昭明文選頁五九一。

52 「抆泣」原作「收泣」，徵呂氏春秋長見篇「抿泣」、觀表篇「雪泣」，從顧廣圻識誤改。「抿」「抆」同，「抆」、「收」形近而誤。

53 仝㊿。

54 郭慶藩莊子集釋中援舉釋文所引。

55 見莊子外物：「萇弘死于蜀，藏其血，三年而化爲碧。」莊子集釋頁九二〇。又見呂氏春秋必己：「萇弘死，藏其血，三年而爲碧。」

56 見韓非子內儲說下篇六㈦。
57 見說苑正諫⑧。
58 見漢書頁一四九〇。
59 見徐朝陽中國刑法溯源，頁二七二。
60 見外儲說左上篇一㈠。
61 見呂氏春秋任人篇。
62 見說苑政理篇㉓。
63 見孔子家語疏證頁一三一。說苑政理㉕亦有記述。
64 見說苑政理㉑、韓非子內儲說上篇六㈤。
65 見史記滑稽列傳「褚先生補曰」。
66 見說苑臣術⑨。
67 見淮南子人間訓。
68 見國語晉語九㉑。
69 見國語晉語九⑦。
70 見左傳定公十三、十四年。
71 見韓非子觀行篇。
72 見左傳哀公十四年。
73 見韓非子內儲說下篇五㈦。
74 參閱瀧川資言史記會注考證「仲尼弟子列傳」。
75 見「宰我死齊考」，先秦諸子繫年頁五五、五六。
76 見史記范雎蔡澤列傳。

77 見史記酈陽列傳。
78 仝76，王念孫云：一本作「辯有口」，謂辯給有口才也。史記會注考證引。
79 見史記太史公自序。
80 仝1。
81 仝24。
82 見門無子韓子迂評引。
83 如太田方翼毳卽是。
84 門無子迂評、陳啓天校釋主此說。
85 見劉汝霖周秦諸子考。
86 見韓非子纂聞。

參考書目

尙書注疏		藝文印書館
左傳會箋	日　竹添光鴻	廣文書局
穀梁傳注疏		藝文印書館
公羊傳注疏		藝文印書館
論語正義	清　劉寶楠	世界書局
孟子正義	清　焦循	世界書局
論語義理疏解	王邦雄　曾昭旭　楊祖漢	鵝湖出版社
孟子義理疏解	王邦雄　曾昭旭　楊祖漢	鵝湖出版社
四書集註	宋　朱熹	世界書局
四書讀本	謝冰瑩　李鍌　劉正浩　邱燮友　編譯	三民書局
禮記注疏		藝文印書館
禮記——儒家的理想國	周何	時報文化出版公司
國語	周　左丘明	九思出版社

史記	漢	司馬遷	廣文書局
史記會注考證	日	瀧川資言	藝文印書館
太史公左氏春秋義述		劉正浩	師大國研所集刊第六號
戰國策	漢	劉向	九思出版社
漢書	漢	班固	藝文印書館
後漢書	宋	范曄	明倫出版社
三國志	晉	陳壽	明倫出版社
資治通鑑	宋	司馬光	明倫出版社
舊唐書	後晉	劉昫	鼎文書局
新唐書	宋	歐陽修 宋祁	鼎文書局
明史	清	張廷玉	鼎文書局
老子億	明	王道	藝文印書館
老子哲學		張起鈞	中央文物供應社
老子章句新編		嚴靈峰	中華文化出版事業委員會
老子達解		嚴靈峰	藝文印書館
老子讀本		余培林註譯	三民書局
老子韓氏說		陳柱	藝文印書館

老子的哲學	王邦雄	東大圖書公司
管子校注	清 戴望	世界書局
管子探源	羅根澤	里仁書局
管子集斠	許蓋臣	龍門書店
管子評議	婁良樂	文史哲出版社
管子新論	王瑞英	大立出版社
墨子集解	張純一	文史哲出版社
墨子今註今譯	李漁叔	商務印書館
墨學新探	王冬珍	世界書局
校正莊子集釋	清 郭慶藩	世界書局
莊子讀本	黃錦鋐註譯	三民書局
列子讀本	莊萬壽註譯	三民書局
荀子學說	陳大齊	華岡出版部
荀子研究	楊筠如	商務印書館
荀子與古代哲學	韋政通	商務印書館
晏子春秋		中國子學名著集成編印基金會
晏子春秋研究	王更生	師大國研所集刊第十一號

儒墨平議　陳拱　商務印書館
愼子　周 愼到　新編諸子集成第五冊 世界書局
司馬法・商君書　中華書局
商鞅及其學派　鄭良樹　學生書局
司馬法思想研究　徐文助　師大國文學報第十四期
孫子兵法　周 孫武　中國子學名著集成 編印基金會
不朽的戰爭藝術——孫子兵法　徐瑜　時報文化出版公司
韓子迂評　明 門無子　中國子學名著集成 編印基金會
韓非子集解　清 王先愼　中華書局 藝文印書館
韓非子纂聞　日 蒲坂圓（松皐圓）　無求備齋韓非子集成42、43冊
韓非子翼毳　日 太田方　無求備齋韓非子集成48、49冊
韓非子校釋　陳啓天　商務印書館
韓子淺解　梁啓雄　學生書局
韓非子集釋　陳奇猷　世界書局 河洛出版社 華正書局
選註韓非子　唐敬杲　商務印書館
韓非子選　王煥鑣　聯貫出版社

韓非	謝无量	中華書局
韓非的著作考	容肇祖	古史辨第四冊 明倫出版社
韓非子考證	容肇祖	商務印書館
韓非子評論	熊十力	蘭臺書局
韓非著述考	潘重規	新亞書院學報
韓非學術思想	黃秀琴	華僑出版社
韓非學術原於老子說	羅宗濤	師大國研所集刊第八號
韓非法理之研討	熊公哲	陳百年先生執教五十週年暨八 秩大壽紀念論文集
韓非政治思想研究	荊知仁	嘉新水泥公司文化基金會
韓非子研究	趙海金	正中書局
以荀卿性惡論觀韓非學說	朱守亮	中華學苑第三期
韓非學說評述	韋日春	中華學苑第五期
韓非子思想體系	張素貞	師大國研所集刊第十五號 黎明文化事業公司
韓非與馬基維利比較研究	王讚源	幼獅學誌十卷四期
韓非子析論	謝雲飛	大林書店 東大圖書公司
六十年來之韓非子學	韋日春	六十年來之國學(四) 正中書局
韓非子的哲學	王邦雄	文化大學哲研所博士論文 東大圖書公司

韓非思想體系　李文標　幼獅文化事業公司

韓非思想體系　王靜芝　輔大文學部

韓非子難勢篇的幾個論點　張素貞　中華文化復興月刊第七卷第八期收入增訂本韓非子思想體系附錄

韓非子喻老篇析論　張素貞　巨人出版社

韓非解老喻老研究　張素貞　長歌出版社

韓非子　日 西野廣祥 編　市川宏 李君奭 譯　專心企業有限公司

韓非論民智如嬰兒　張素貞　中華文化復興月刊第十一卷第三期收入增訂本韓非子思想體系附錄

韓非與荀子思想之比較——兼論其與道墨思想之關係　宋淑萍　書目季刊一、二期合刊

韓非子研議　吳秀英　文史哲出版社

韓非子有關管仲遺言的論難　張素貞　師大國文學報第九期收入增訂本韓非子思想體系附錄

法術勢——韓非子的强者理論　日 岡本隆山 著　譚繼山 譯　星光出版社

韓非子的邏輯　周鍾靈　無求備齋韓非子集成39册

國家的秩序——韓非子　張素貞　時報文化出版公司

韓非子今註今譯　邵增樺　商務印書館

韓非思想的歷史研究　張純　王曉波　聯經出版事業公司

韓非郤子分謗駁議　張素貞　師大國文學報第十五期

呂氏春秋　漢　高誘註　藝文印書館

呂氏春秋研究　楊宗瑩　西南書局

周秦諸子述左傳考　劉正浩　商務印書館

淮南鴻烈集解　劉文典　商務印書館

淮南子引用先秦諸子考　麥文郁　台大中研所碩士論文

淮南子與法家的法論比較　王讚源　師大國文學報第十四期

新書　漢　賈誼　中華書局

說苑　漢　劉向　世界書局

新序　漢　劉向　世界書局

韓詩外傳　漢　韓嬰　商務印書館

孔子家語疏證　陳士珂　輯　商務印書館

兩漢諸子述左傳考　劉正浩　商務印書館

諸子考釋　梁啓超　中華書局

諸子通考　蔣伯潛　正中書局

經子解題	呂思勉	商務印書館
諸子平議	清 俞樾	世界書局
先秦諸子繫年	錢穆	東大圖書公司
先秦諸子導讀	徐文珊	幼獅書店
先秦諸子學	嵇哲	樂天出版社
諸子學述	羅焌	河洛出版社
讀子卮言	江瑔	泰順書局
先秦七大哲學家	韋政通	牧童出版社
法家與儒家之對照——一個哲學的評價	成中英著 萬先法譯	中華文化復興月刊第十五卷第九期
從春秋戰國時的社會變遷比較儒法二家的差異	董俊彥	八德教育文化出版社
僞書通考	張心澂	明倫出版社
國故論衡	章太炎	廣文書局
國學略說	章太炎	學藝出版社
國學概論	錢穆	商務印書館
國學概論	程發軔	廣文書局

國學概論	李曰剛	白雲書屋
國學導讀叢編	周何 田博元 主編	康橋事業出版公司
中國學術思想大綱	林尹	學生書局
中國哲學史大綱	胡適	商務印書館
中國哲學史話	張起鈞 吳怡	新天地書局
中國政治思想史	蕭公權	中國文化大學出版部
中國法律與中國社會	瞿同祖	里仁書局
中國法家概論	陳啓天	中華書局
中國人性論史	徐復觀	商務印書館
中國刑法溯源	徐朝陽	商務印書館
中國文化的省察	牟宗三	聯經出版事業公司
先秦政治思想史	梁啓超	中華書局
先秦政治思想	王雲五	商務印書館
歷史哲學	牟宗三	學生書局
政道與治道	牟宗三	學生書局
才性與玄理	牟宗三	學生書局
歷史與思想	余英時	聯經出版事業公司

蛻變中的中國社會　李樹青　九思出版社
秦漢思想研究　黃錦鋐　學海出版社
西漢儒家禮制之本質　黃錦鋐　木鐸第九期
鹽鐵論　漢　桓寬　中國子學名著集成編印基金會
漢代財經大辯論——鹽鐵論　詹宏志　時報文化出版公司
鹽鐵論析論與校補　林平和　文史哲出版社
論衡校釋　黃暉　商務印書館
王充懷疑精神之探究　林耀曾　瑞安林景伊先生七秩誕辰論文集　木鐸第八期
揚雄人格平議　李鍌　師大國文學報第二期
昭明文選　梁　蕭統編　藝文印書館
世說新語校箋　楊勇　明倫出版社
貞觀政要　唐　吳兢　中華書局
天可汗的時代——貞觀政要　雷家驥　時報文化出版公司
柳宗元文　胡懷琛選註　商務印書館
東塾讀書記　清　陳澧　商務印書館
文史通義　清　章學誠　新陸書局
龔自珍己亥雜詩注　萬尊嶷　河洛出版社

先秦文學	游國恩	商務印書館
先秦文學史參考資料		泰順書局
先秦諸子的文學觀	黃錦鋐	第三次文藝會談籌備會
戰國諸子散文的特色	史墨卿	古典文學第八集 學生書局
孟子的辯論術	余培林	中等教育第二十七卷第三期
揚雄之文學觀	李鍌	潘重規教授七秩誕辰論文集
理則學	牟宗三	正中書局
法實證主義	林文雄	臺大法學叢書編委會
修辭學	黃慶萱	三民書局
古文辭類纂	清 姚鼐	華正書局
古文析義	清 林雲銘	廣文書局
古文評註	清 過商侯	曾文出版社

國家圖書館出版品預行編目資料

韓非子難篇研究：韓非子的辯論術
／張素貞著. --增訂版. --臺北市：
臺灣學生，民77；
面； 公分，
參考書目：面

ISBN 957-15-0810-1 (精裝)
ISBN 957-15-0811-X (平裝)

1.韓非子 - 評論 2.法家

121.675 86010531

韓非子難篇研究
——韓非子的辯論術

著作者：張素貞
出版者：臺灣學生書局
發行人：孫善治
發行所：臺灣學生書局
臺北市和平東路一段一九八號
郵政劃撥帳號〇〇〇二四六六八號
電話：三六三四一五六
傳眞：三六三六三三四
本書局登記證字號：行政院新聞局局版北市業字第玖捌壹號
印刷所：宏輝彩色印刷公司
地址：中和市永和路三六三巷四二號
電話：二二六八八五三

定價平裝新臺幣三〇〇元

西元一九八七年三月初版
西元一九九七年八月增訂再版二刷

12120

ISBN 957-15-0810-1（精裝）
ISBN 957-15-0811-X（平裝）